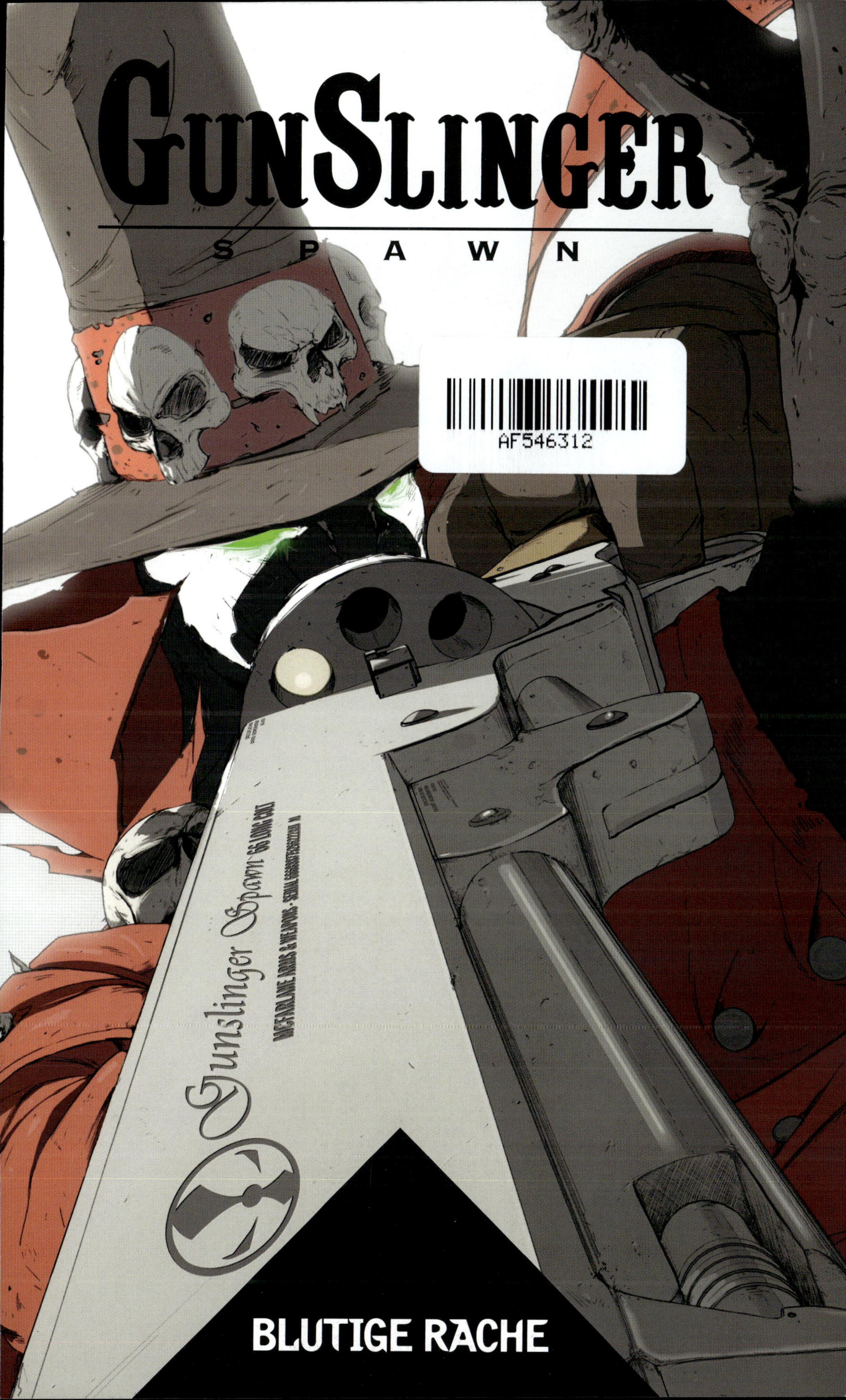
GUNSLINGER
SPAWN
AF546312
Gunslinger Spawn
BLUTIGE RACHE

BLUTIGE RACHE
TEIL 1
Untitled
Gunslinger Spawn (2021) 7
April 2022

BLUTIGE RACHE
TEIL 2
Untitled
Gunslinger Spawn (2021) 8
Mai 2022

BLUTIGE RACHE
TEIL 3
Untitled
Gunslinger Spawn (2021) 9
Juni 2022

BLUTIGE RACHE
TEIL 4
Untitled
Gunslinger Spawn (2021) 10
Juli 2022

BLUTIGE RACHE
TEIL 5
Untitled
Gunslinger Spawn (2021) 11
August 2022

BLUTIGE RACHE
ENDE
Untitled
Gunslinger Spawn (2021) 12
September 2022

TODD McFARLANE
SKRIPT & PLOT

BRETT BOOTH
ZEICHNUNGEN

ADELSO CORONA
COREY KING (7 & 9)
TUSCHE

IVAN NUNES
FARBEN

RAMONE
LETTERING

CLAUDIA FLIEGE
ÜBERSETZUNG

THOMAS HEALY
YVETTE ARTEAGA
ERIC STEPHENSON
REDAKTION USA

SPAWN GESCHAFFEN VON **TODD McFARLANE**

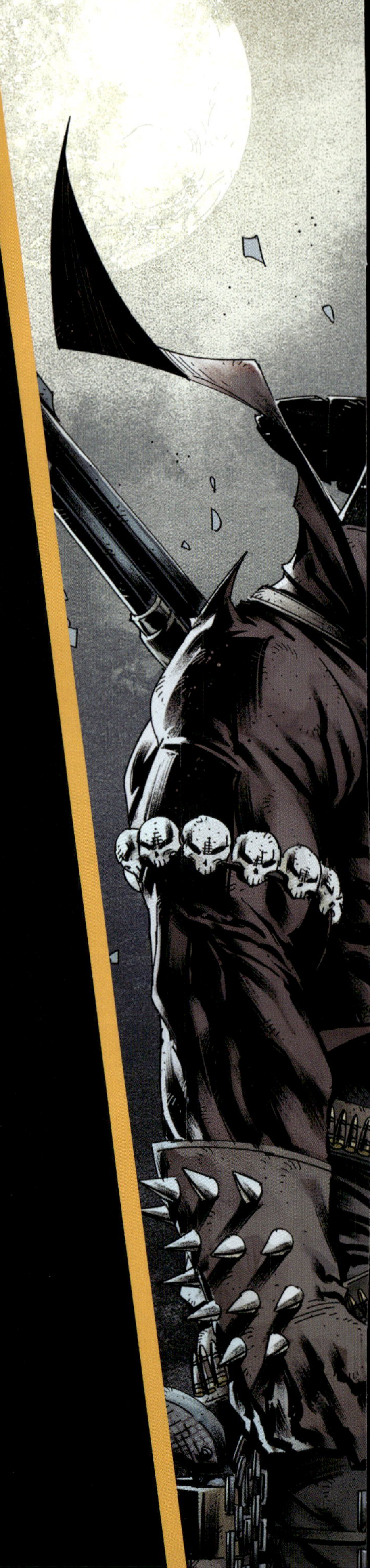

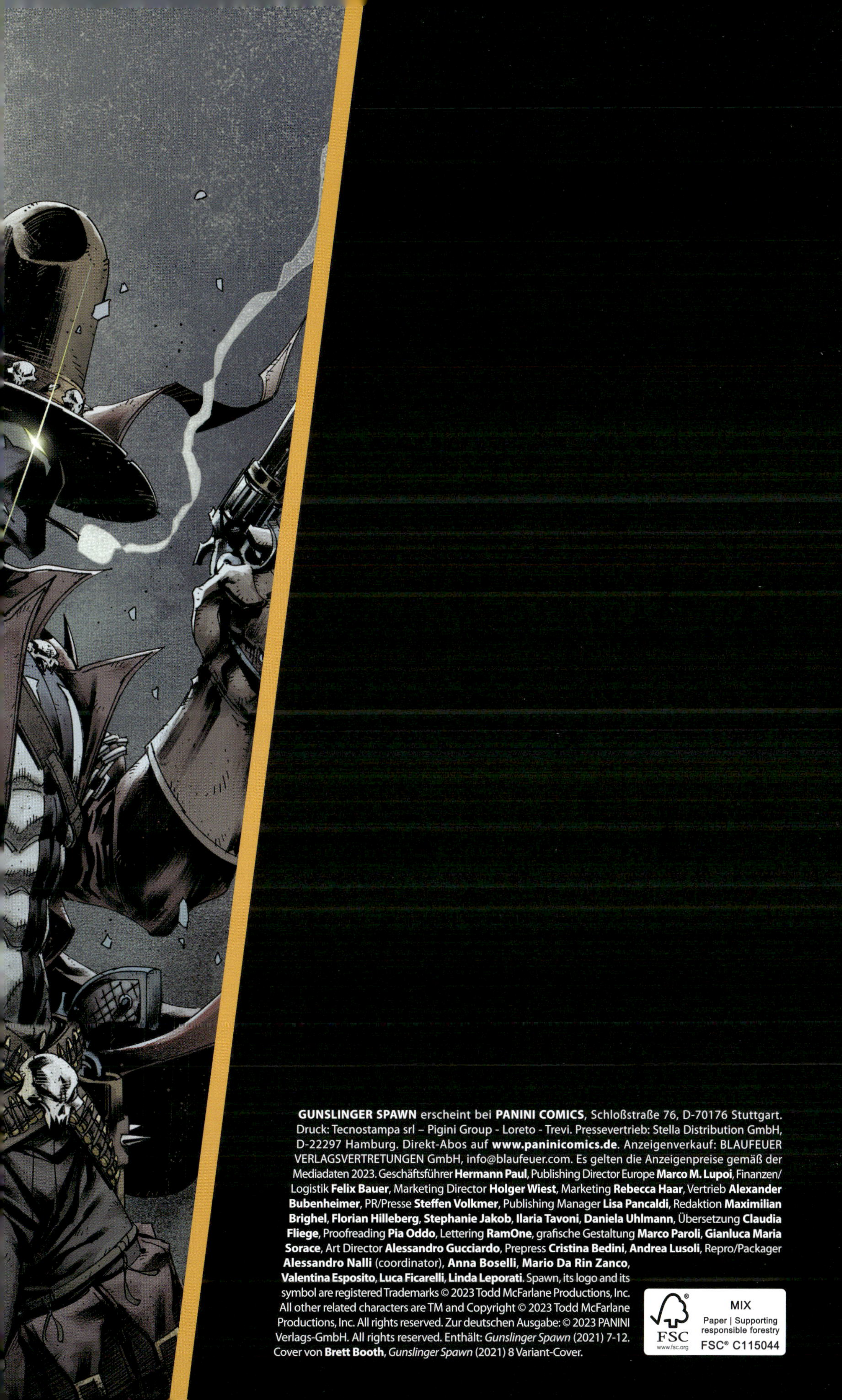

GUNSLINGER SPAWN erscheint bei **PANINI COMICS**, Schloßstraße 76, D-70176 Stuttgart. Druck: Tecnostampa srl – Pigini Group - Loreto - Trevi. Pressevertrieb: Stella Distribution GmbH, D-22297 Hamburg. Direkt-Abos auf **www.paninicomics.de**. Anzeigenverkauf: BLAUFEUER VERLAGSVERTRETUNGEN GmbH, info@blaufeuer.com. Es gelten die Anzeigenpreise gemäß der Mediadaten 2023. Geschäftsführer **Hermann Paul**, Publishing Director Europe **Marco M. Lupoi**, Finanzen/Logistik **Felix Bauer**, Marketing Director **Holger Wiest**, Marketing **Rebecca Haar**, Vertrieb **Alexander Bubenheimer**, PR/Presse **Steffen Volkmer**, Publishing Manager **Lisa Pancaldi**, Redaktion **Maximilian Brighel, Florian Hilleberg, Stephanie Jakob, Ilaria Tavoni, Daniela Uhlmann**, Übersetzung **Claudia Fliege**, Proofreading **Pia Oddo**, Lettering **RamOne**, grafische Gestaltung **Marco Paroli, Gianluca Maria Sorace**, Art Director **Alessandro Gucciardo**, Prepress **Cristina Bedini, Andrea Lusoli**, Repro/Packager **Alessandro Nalli** (coordinator), **Anna Boselli, Mario Da Rin Zanco, Valentina Esposito, Luca Ficarelli, Linda Leporati**. Enthält: *Gunslinger Spawn* (2021) 7-12. Cover von **Brett Booth**, *Gunslinger Spawn* (2021) 8 Variant-Cover.

HOWDY, SPAWNIES

von Florian Hilleberg

Bedenkt man, dass SPAWN im vergangenen Jahr 2022 erst seinen 30. Geburtstag gefeiert hat, ist es umso erstaunlicher, was für eine Entwicklung die Figuren aus dem von **Todd McFarlane** erdachten Universum gemacht haben. Allen voran natürlich **Al Simmons**, Held der Serie und einer der ersten Hellspawns, der sich dem höllischen Diktat verweigerte. Aber eben auch zahlreiche Nebenfiguren, die das expandierende Spawn-Universum bevölkern. Eine der beliebtesten ist **Gunslinger Spawn** alias **Jeremy Winston**, ein Zeitgenosse von Al Simmons' Urgroßvater, der sich aktuell im menschlichen Körper von Javier befindet. Winstons Familie wurde vor knapp 200 Jahren in Amerikas Wildem Westen ermordet, woraufhin der ehemalige Priester zum rächenden Revolverhelden wurde, der einen Pakt mit dem Dämon **Mammon** schloss. Nachdem Gunslinger versehentlich in der Gegenwart gestrandet war, bekam er es zunächst mit der zwielichtigen **Dakota** und schließlich sogar mit Simmons' Erzfeind, dem **Clown**, zu tun, der dank eines missglückten Experiments von Spawn (er hoffte, seinen Gegner durch einen Zeitriss ein für alle Mal loszuwerden) noch mächtiger geworden war. Mittlerweile beherrscht der Clown nicht nur Nekro-Kräfte, er existiert auch in zwei verschiedenen Inkarnationen. Zum einen als sinistrer, ränkeschmiedender Clown, zum anderen als schier unbesiegbare Bestie namens **Violator**. Wie Gunslinger Spawn, so ist auch der Clown auf der Erde gestrandet. Während Gunslinger jedoch danach strebt, in seine Zeit zurückzukehren (am besten natürlich vor dem Massaker an seiner Familie), will der Clown in die Hölle, um dort den Thron zu besteigen. Der Schlüssel für dieses Vorhaben ist kein Geringerer als Al Simmons, und so macht der Clown Gunslinger ein Angebot, das dieser nicht ausschlagen kann - und es dennoch tut. Statt sich Simmons' Vertrauen zu erschleichen und ihn zu verraten, gelingt es dem vermeintlich schwächsten aller Hellspawns, den Clown zu überlisten und in seine Schranken zu weisen. Aber Gunslinger weiß auch, dass der Clown recht hat. Will er zurück, muss er Simmons finden. Zum Glück kennt er jemanden, der weiß, wo er steckt: **Jessica Priest** alias **She-Spawn**. Die nutzt die Gelegenheit, um Gunslinger für ihre eigene Mission zu rekrutieren, die übrigens in SCORCHED 1 geschildert wird und zwischen Teil 4 und 5 dieses Band angesiedelt ist.

BLUTIGE RACHE, TEIL 1

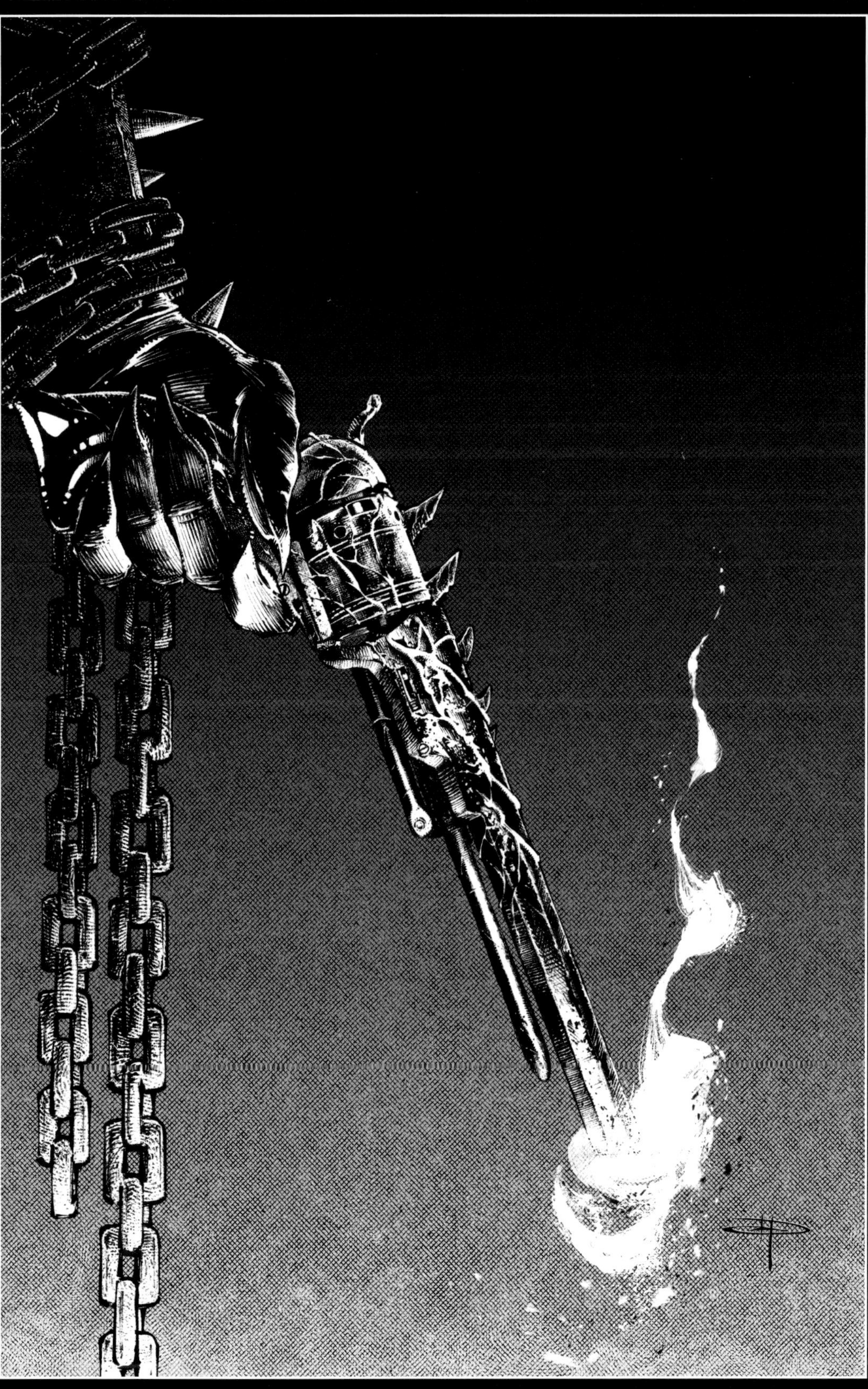

Gunslinger Spawn (2021) 7
Cover von **DANIEL HENRIQUES**

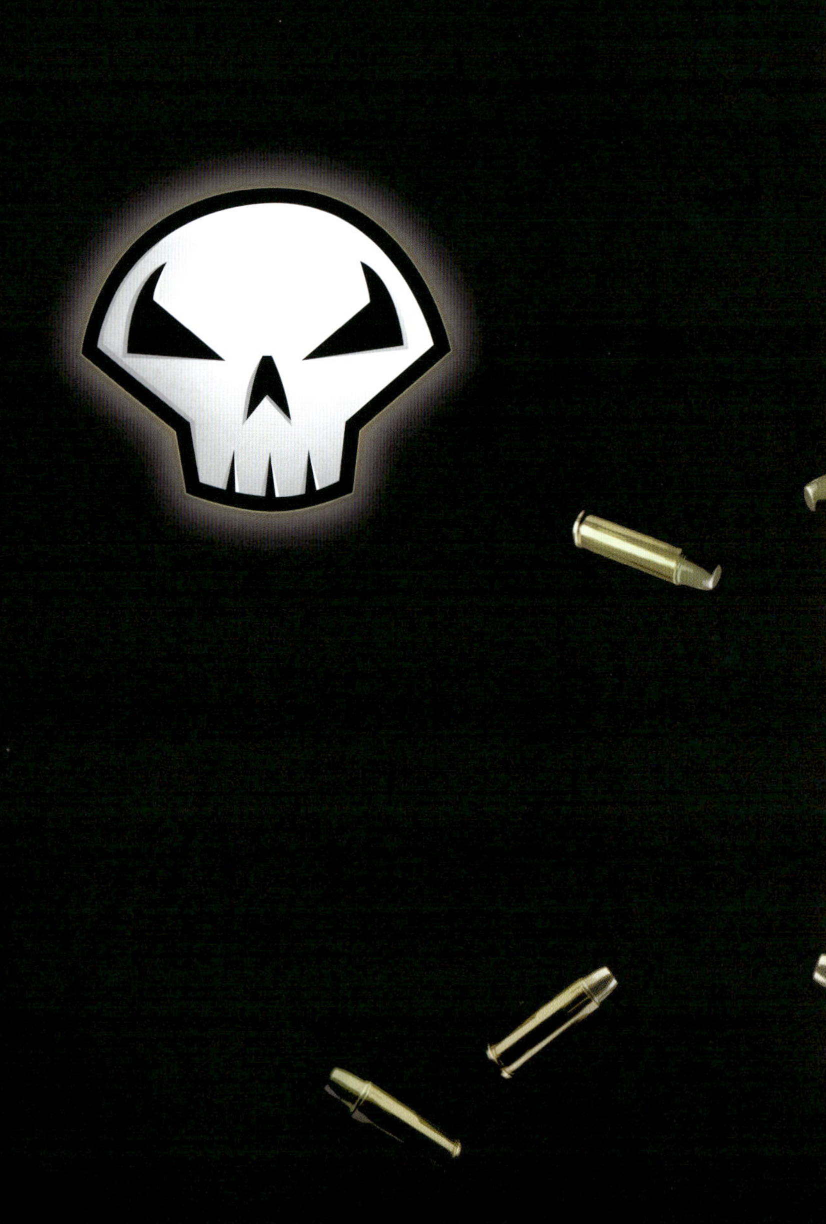

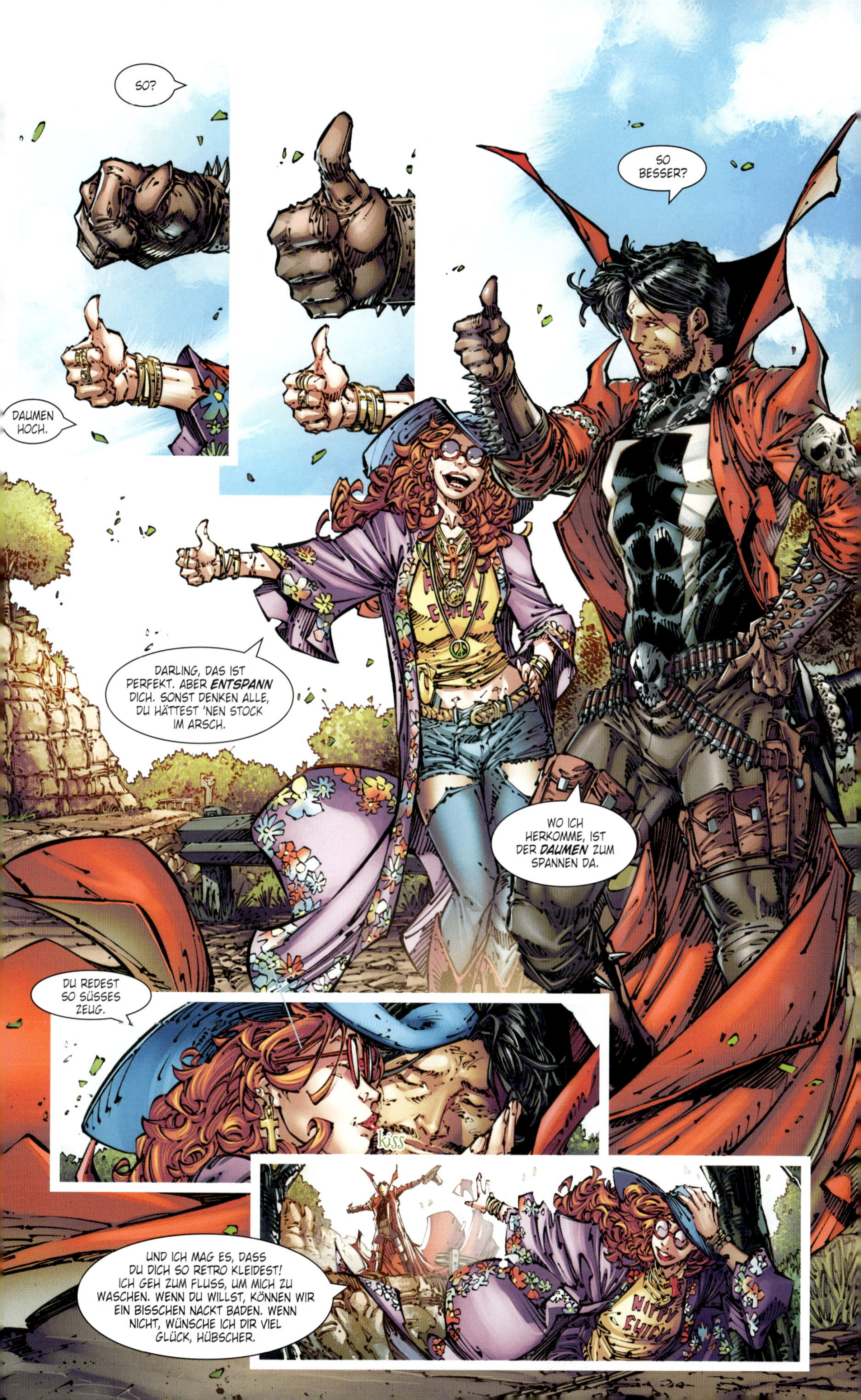
SO?
DAUMEN HOCH.
SO BESSER?
DARLING, DAS IST PERFEKT. ABER **ENTSPANN** DICH. SONST DENKEN ALLE, DU HÄTTEST 'NEN STOCK IM ARSCH.
WO ICH HERKOMME, IST DER **DAUMEN** ZUM SPANNEN DA.
DU REDEST SO SÜSSES ZEUG.
kiss
UND ICH MAG ES, DASS DU DICH SO RETRO KLEIDEST! ICH GEH ZUM FLUSS, UM MICH ZU WASCHEN. WENN DU WILLST, KÖNNEN WIR EIN BISSCHEN NACKT BADEN. WENN NICHT, WÜNSCHE ICH DIR VIEL GLÜCK, HÜBSCHER.

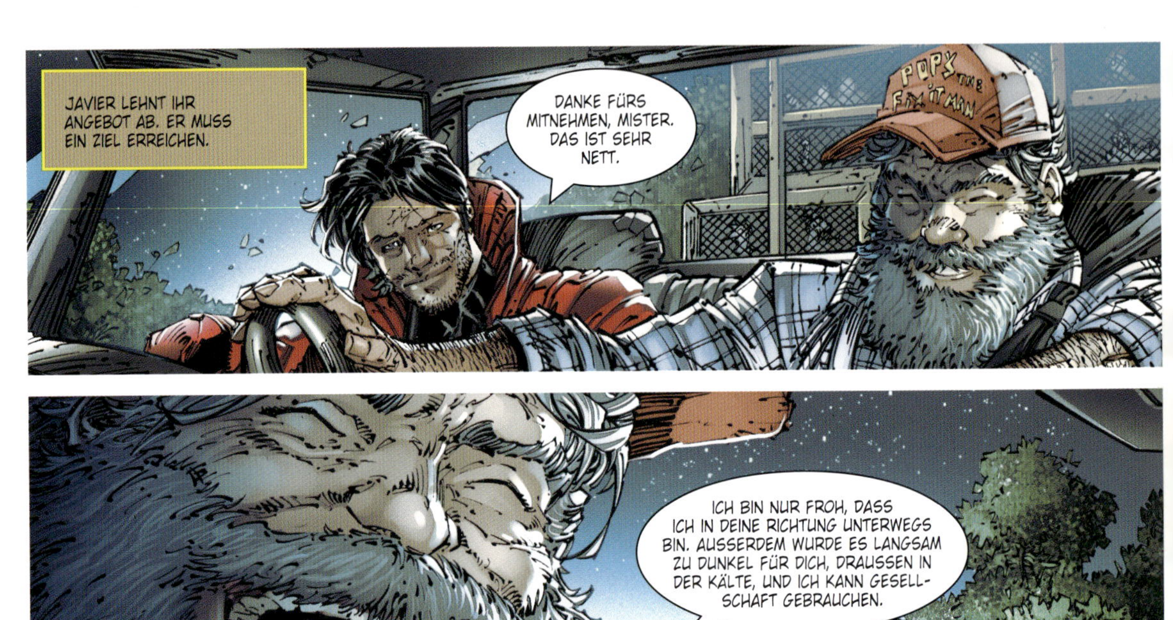
JAVIER LEHNT IHR ANGEBOT AB. ER MUSS EIN ZIEL ERREICHEN.
DANKE FÜRS MITNEHMEN, MISTER. DAS IST SEHR NETT.
POPS THE FIX IT MAN

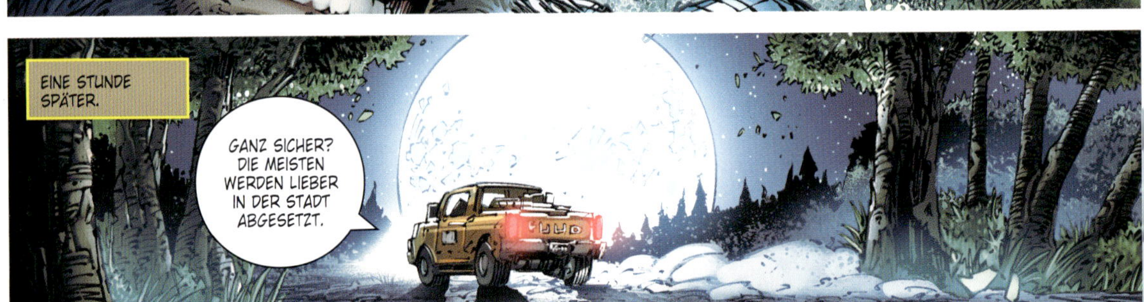
ICH BIN NUR FROH, DASS ICH IN DEINE RICHTUNG UNTERWEGS BIN. AUSSERDEM WURDE ES LANGSAM ZU DUNKEL FÜR DICH, DRAUSSEN IN DER KÄLTE, UND ICH KANN GESELL-SCHAFT GEBRAUCHEN.

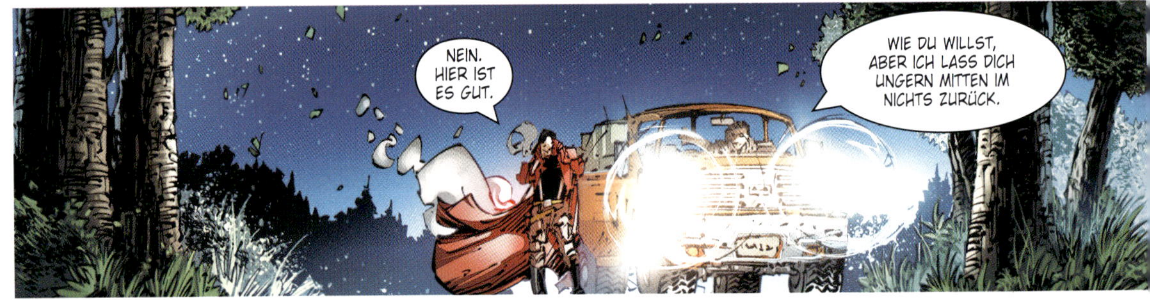
EINE STUNDE SPÄTER.
GANZ SICHER? DIE MEISTEN WERDEN LIEBER IN DER STADT ABGESETZT.

NEIN. HIER IST ES GUT.
WIE DU WILLST, ABER ICH LASS DICH UNGERN MITTEN IM NICHTS ZURÜCK.

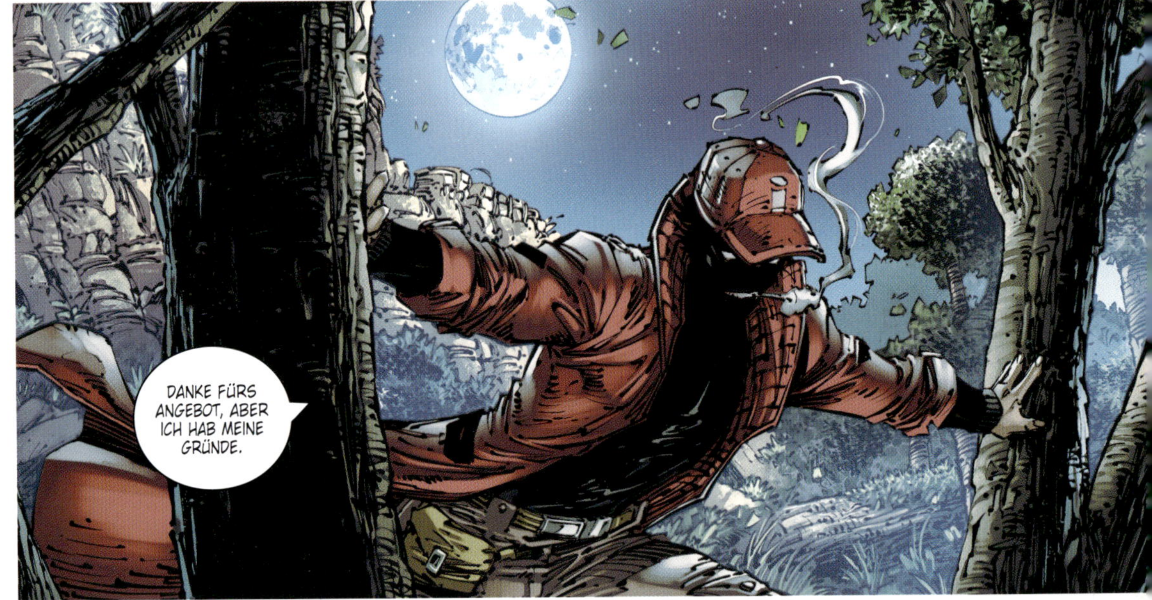
DANKE FÜRS ANGEBOT, ABER ICH HAB MEINE GRÜNDE.

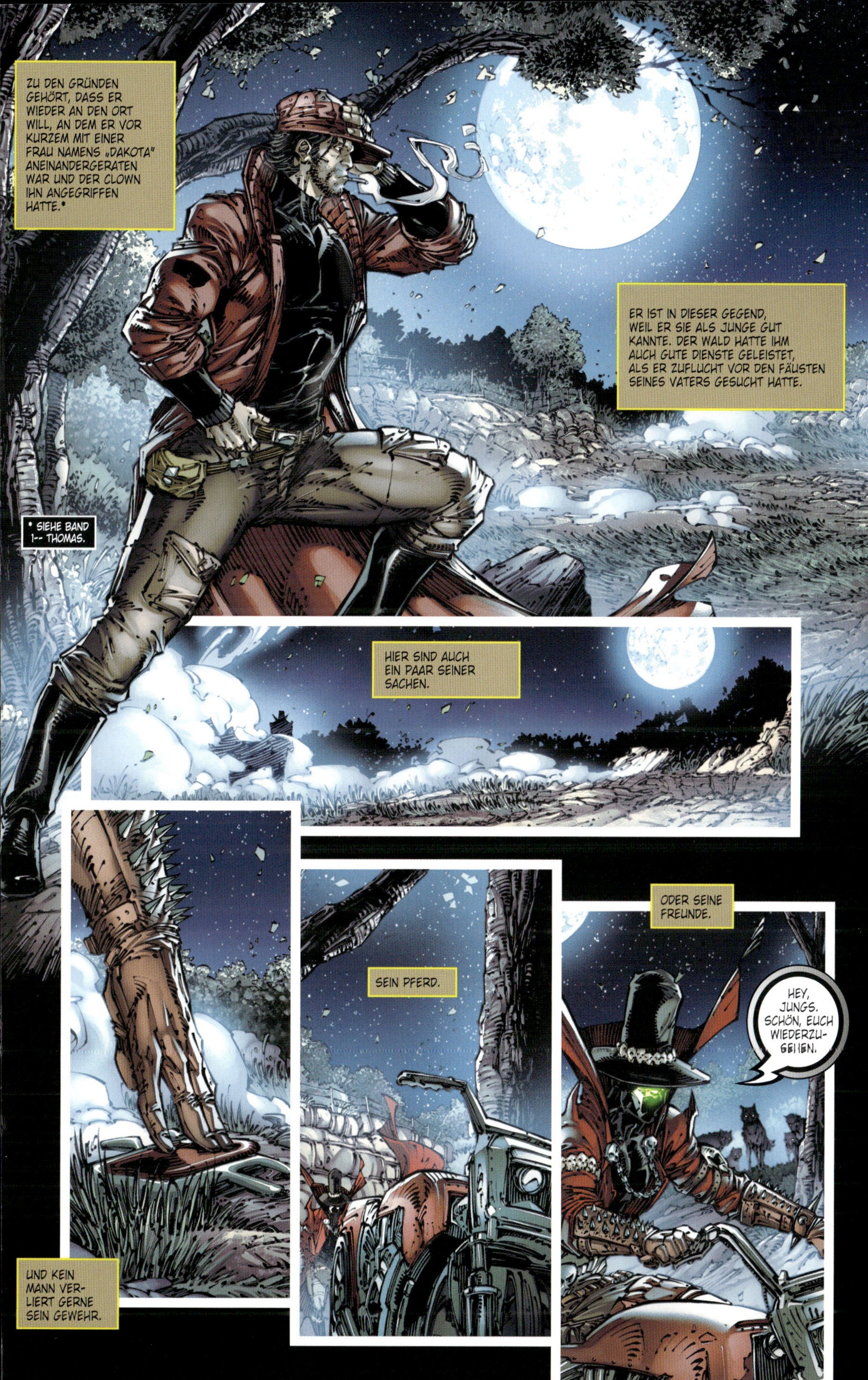
ZU DEN GRÜNDEN GEHÖRT, DASS ER WIEDER AN DEN ORT WILL, AN DEM ER VOR KURZEM MIT EINER FRAU NAMENS „DAKOTA" ANEINANDERGERATEN WAR UND DER CLOWN IHN ANGEGRIFFEN HATTE.*
ER IST IN DIESER GEGEND, WEIL ER SIE ALS JUNGE GUT KANNTE. DER WALD HATTE IHM AUCH GUTE DIENSTE GELEISTET, ALS ER ZUFLUCHT VOR DEN FÄUSTEN SEINES VATERS GESUCHT HATTE.
* SIEHE BAND 1-- THOMAS.
HIER SIND AUCH EIN PAAR SEINER SACHEN.
UND KEIN MANN VERLIERT GERNE SEIN GEWEHR.
SEIN PFERD.
ODER SEINE FREUNDE.
HEY, JUNGS. SCHÖN, EUCH WIEDERZUSEHEN.

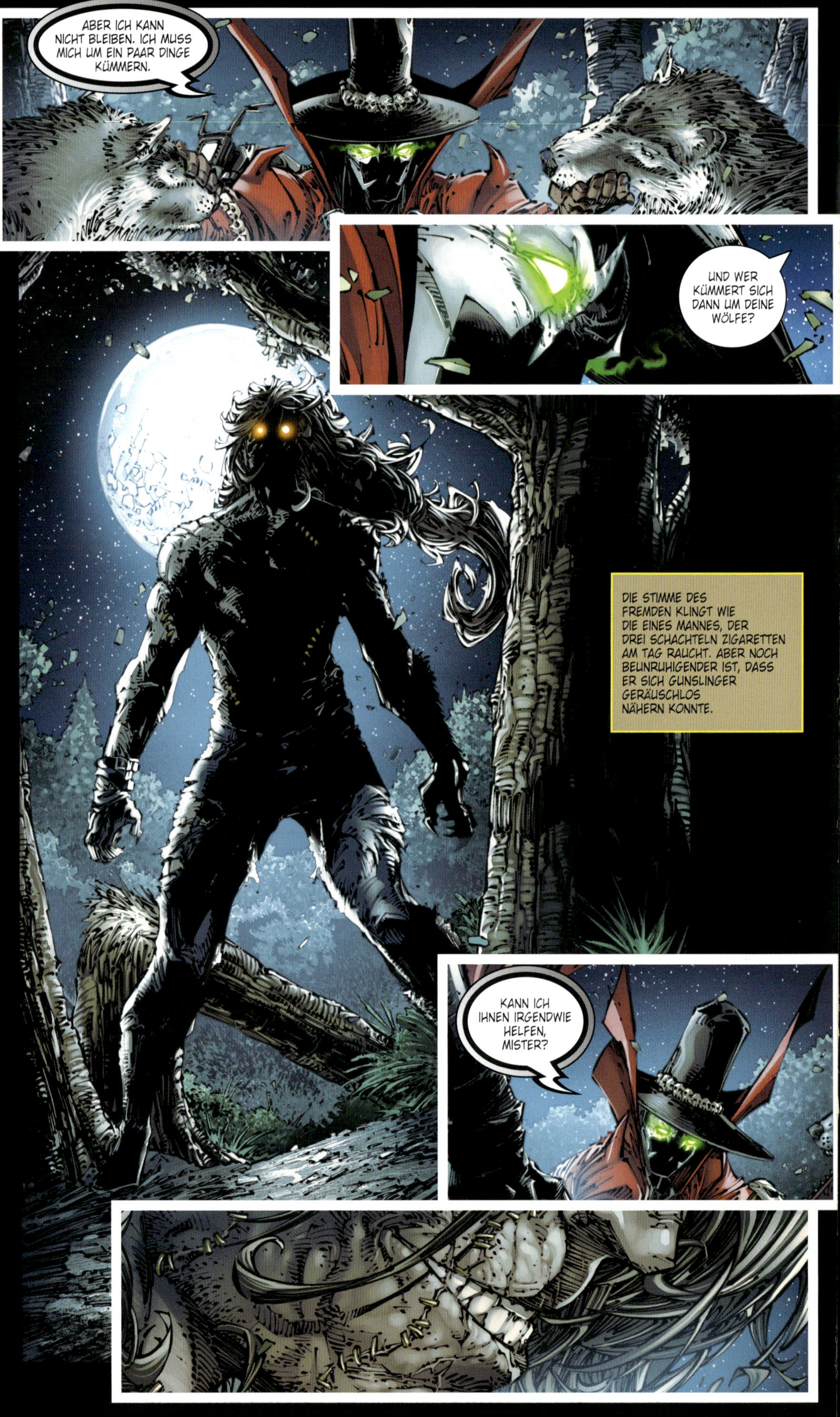
ABER ICH KANN NICHT BLEIBEN. ICH MUSS MICH UM EIN PAAR DINGE KÜMMERN.
UND WER KÜMMERT SICH DANN UM DEINE WÖLFE?
DIE STIMME DES FREMDEN KLINGT WIE DIE EINES MANNES, DER DREI SCHACHTELN ZIGARETTEN AM TAG RAUCHT. ABER NOCH BEUNRUHIGENDER IST, DASS ER SICH GUNSLINGER GERÄUSCHLOS NÄHERN KONNTE.
KANN ICH IHNEN IRGENDWIE HELFEN, MISTER?

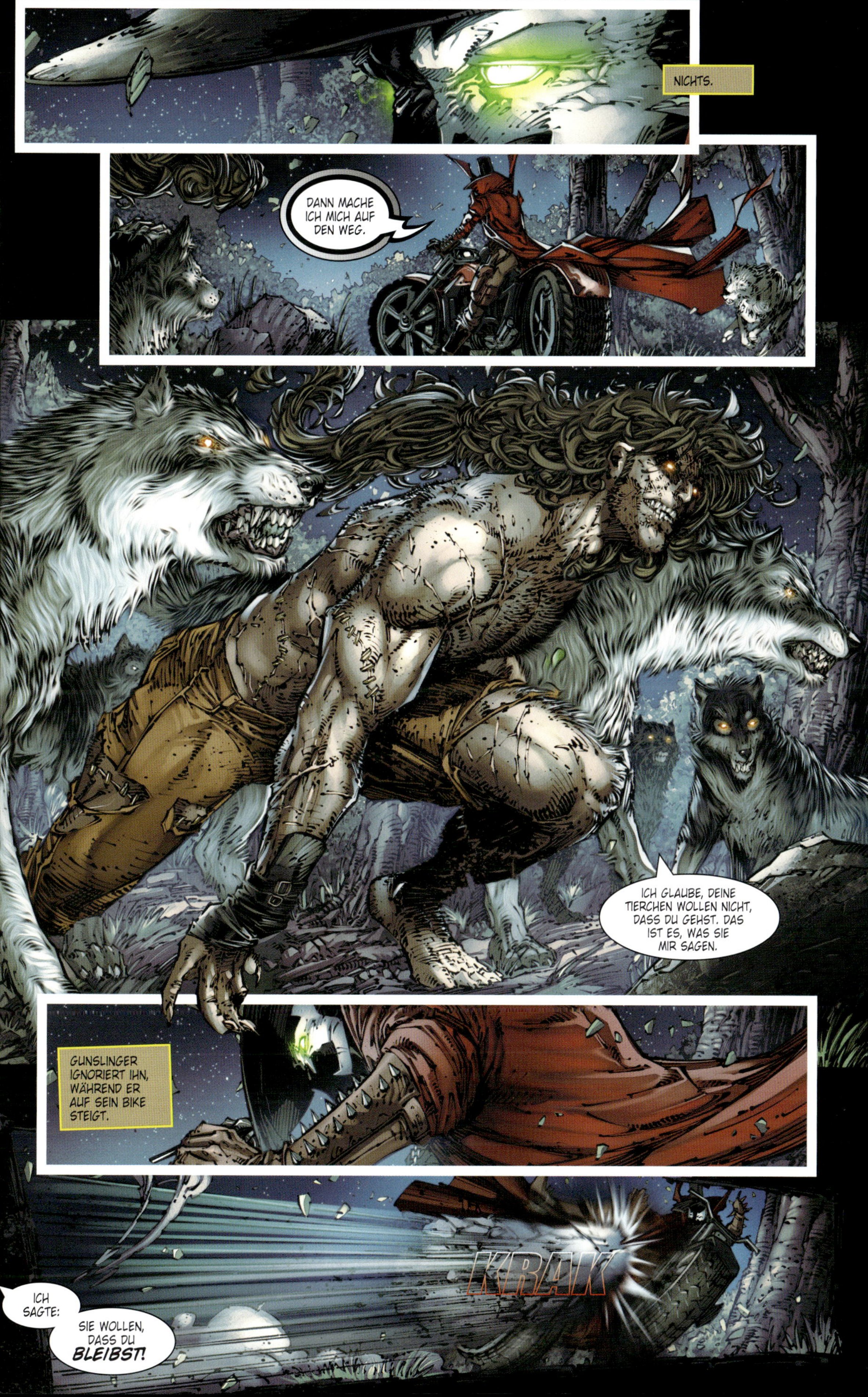
NICHTS.
DANN MACHE ICH MICH AUF DEN WEG.
ICH GLAUBE, DEINE TIERCHEN WOLLEN NICHT, DASS DU GEHST. DAS IST ES, WAS SIE MIR SAGEN.
GUNSLINGER IGNORIERT IHN, WÄHREND ER AUF SEIN BIKE STEIGT.
KRAK
ICH SAGTE:
SIE WOLLEN, DASS DU BLEIBST!

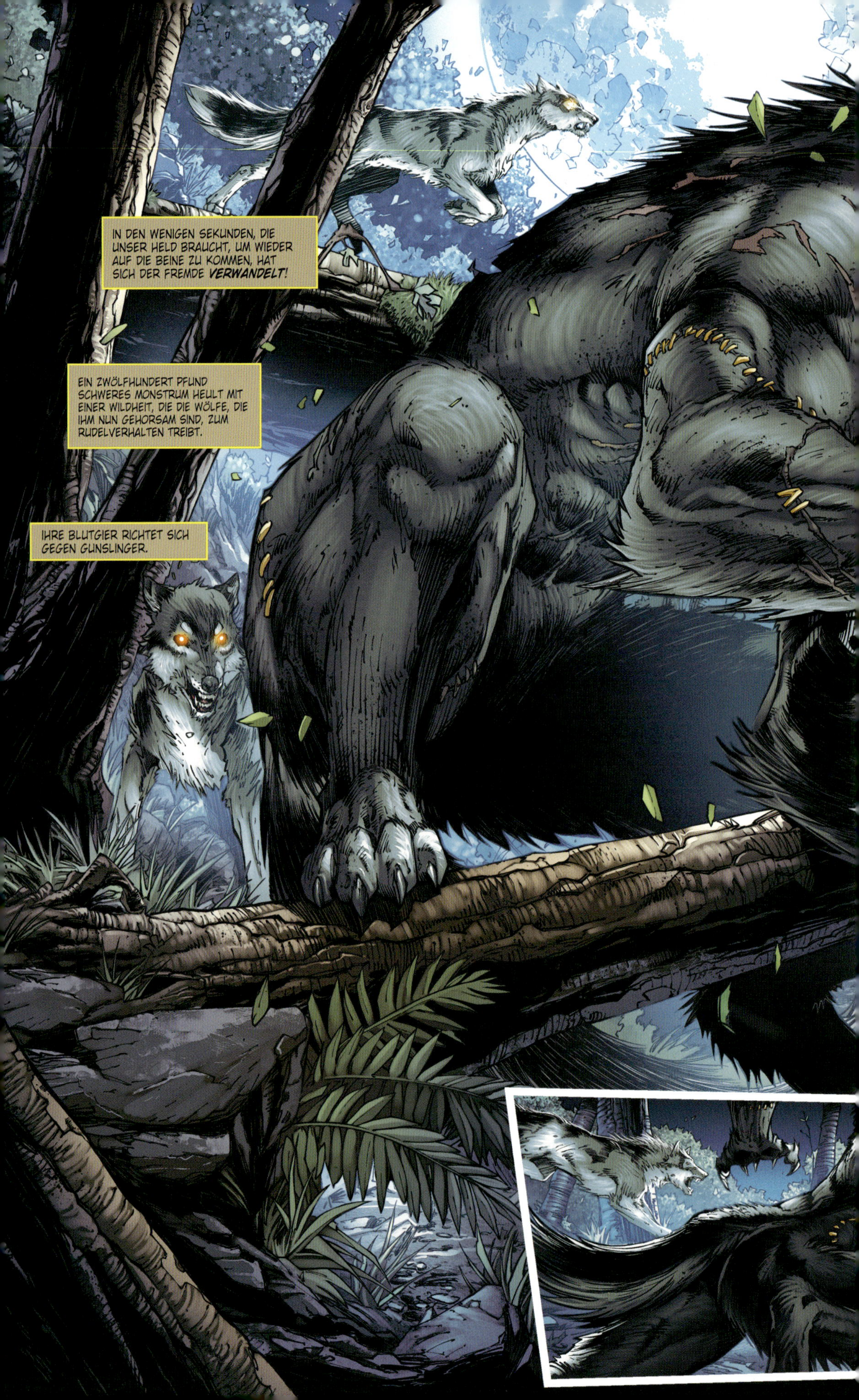
IN DEN WENIGEN SEKUNDEN, DIE UNSER HELD BRAUCHT, UM WIEDER AUF DIE BEINE ZU KOMMEN, HAT SICH DER FREMDE *VERWANDELT*!
EIN ZWÖLFHUNDERT PFUND SCHWERES MONSTRUM HEULT MIT EINER WILDHEIT, DIE DIE WÖLFE, DIE IHM NUN GEHORSAM SIND, ZUM RUDELVERHALTEN TREIBT.
IHRE BLUTGIER RICHTET SICH GEGEN GUNSLINGER.

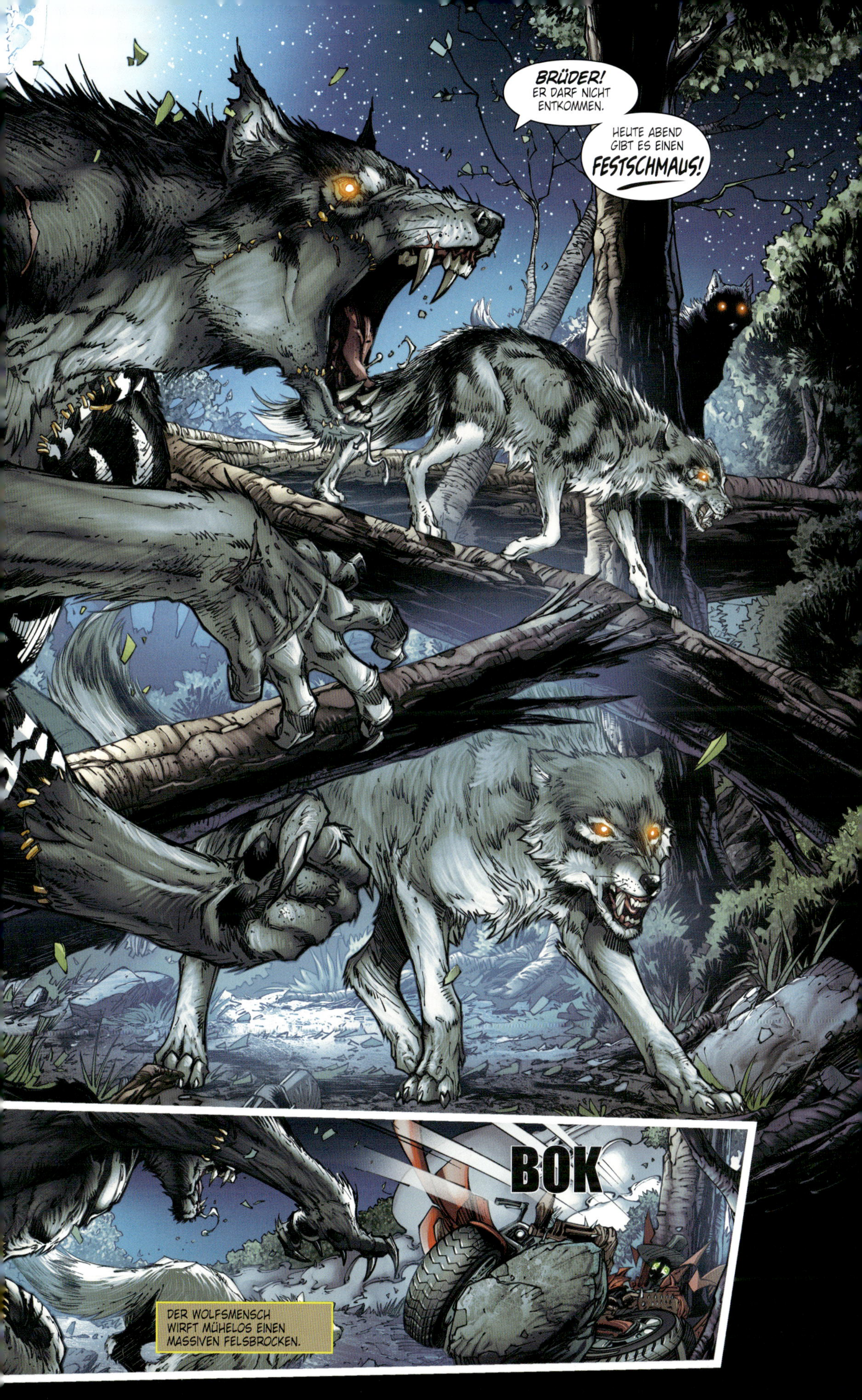
BRÜDER! ER DARF NICHT ENTKOMMEN.
HEUTE ABEND GIBT ES EINEN FESTSCHMAUS!
BOK
DER WOLFSMENSCH WIRFT MÜHELOS EINEN MASSIVEN FELSBROCKEN.

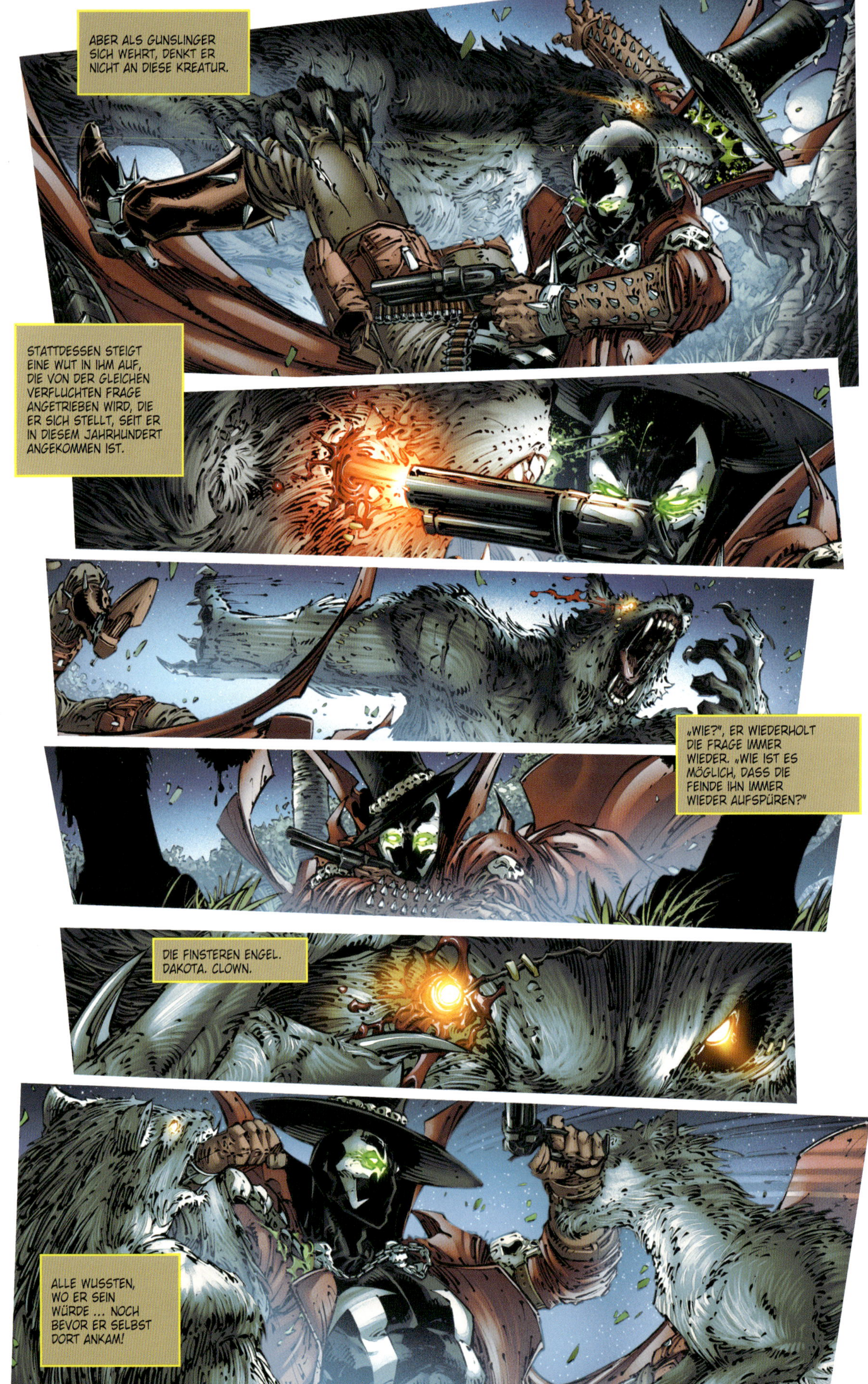
ABER ALS GUNSLINGER SICH WEHRT, DENKT ER NICHT AN DIESE KREATUR.
STATTDESSEN STEIGT EINE WUT IN IHM AUF, DIE VON DER GLEICHEN VERFLUCHTEN FRAGE ANGETRIEBEN WIRD, DIE ER SICH STELLT, SEIT ER IN DIESEM JAHRHUNDERT ANGEKOMMEN IST.
„WIE?", ER WIEDERHOLT DIE FRAGE IMMER WIEDER. „WIE IST ES MÖGLICH, DASS DIE FEINDE IHN IMMER WIEDER AUFSPÜREN?"
DIE FINSTEREN ENGEL. DAKOTA. CLOWN.
ALLE WUSSTEN, WO ER SEIN WÜRDE ... NOCH BEVOR ER SELBST DORT ANKAM!

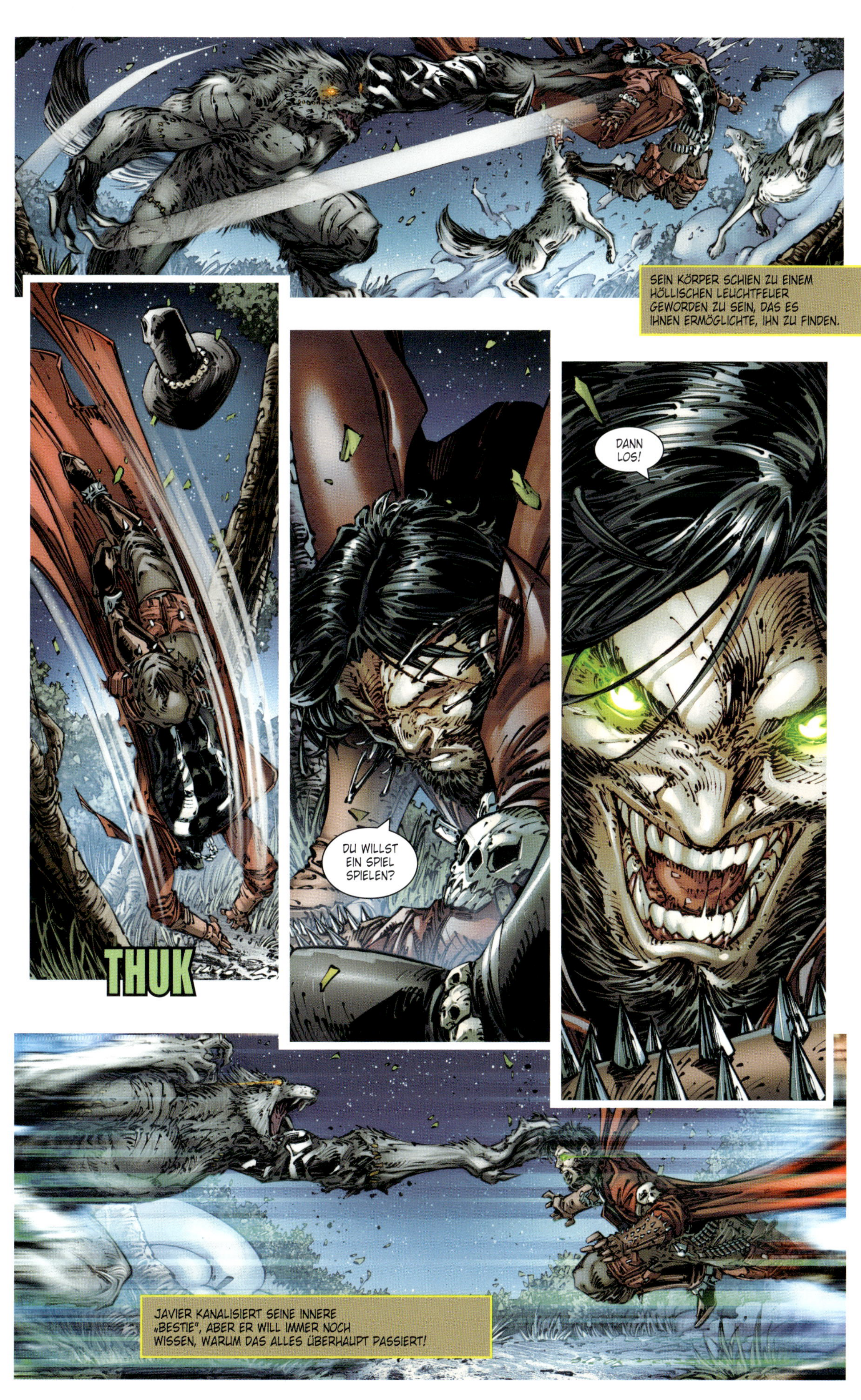
SEIN KÖRPER SCHIEN ZU EINEM HÖLLISCHEN LEUCHTFEUER GEWORDEN ZU SEIN, DAS ES IHNEN ERMÖGLICHTE, IHN ZU FINDEN.
THUK
DU WILLST EIN SPIEL SPIELEN?
DANN LOS!
JAVIER KANALISIERT SEINE INNERE „BESTIE", ABER ER WILL IMMER NOCH WISSEN, WARUM DAS ALLES ÜBERHAUPT PASSIERT!

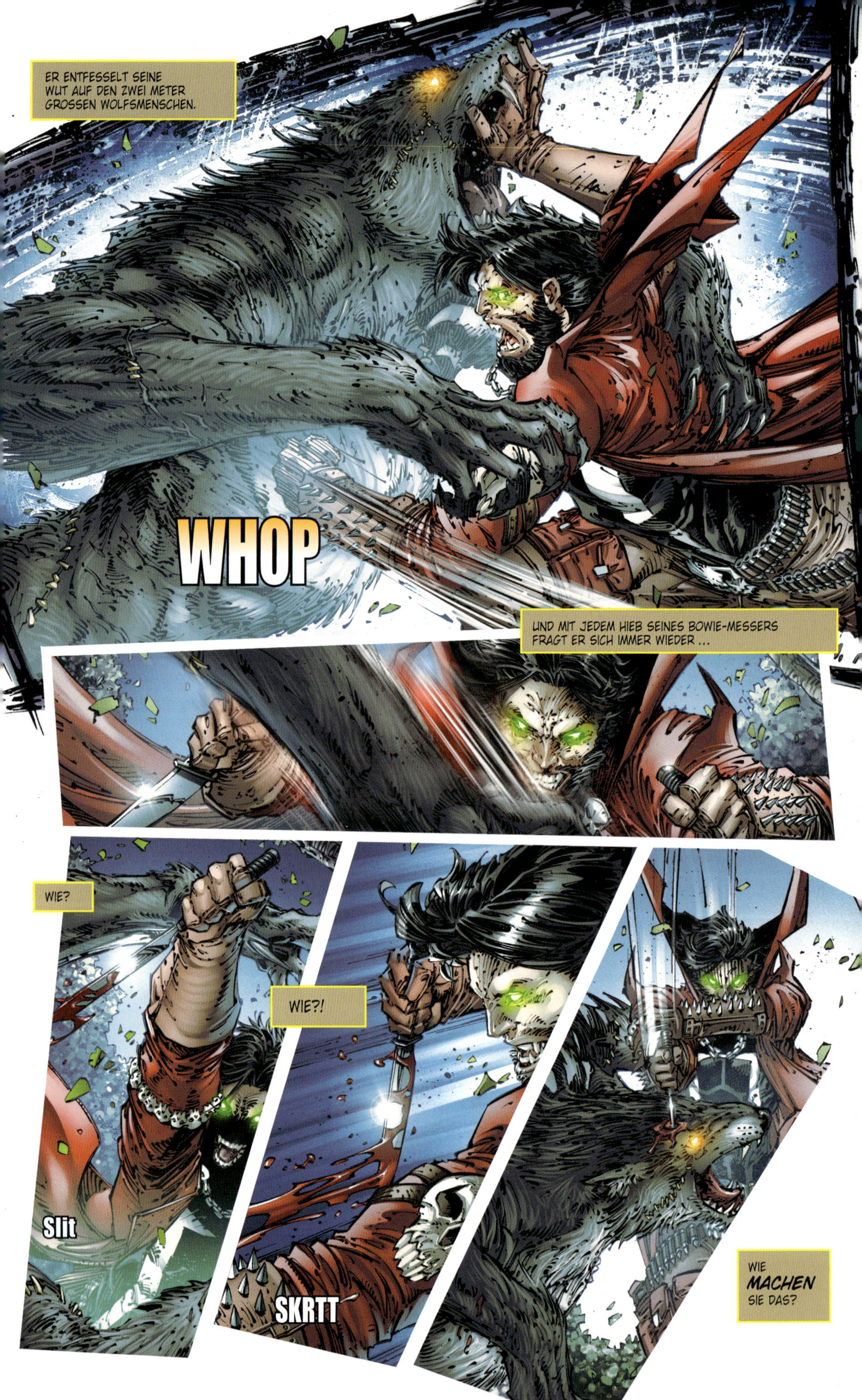
ER ENTFESSELT SEINE WUT AUF DEN ZWEI METER GROSSEN WOLFSMENSCHEN.
WHOP
UND MIT JEDEM HIEB SEINES BOWIE-MESSERS FRAGT ER SICH IMMER WIEDER ...
WIE?
Slit
WIE?!
SKRTT
WIE MACHEN SIE DAS?

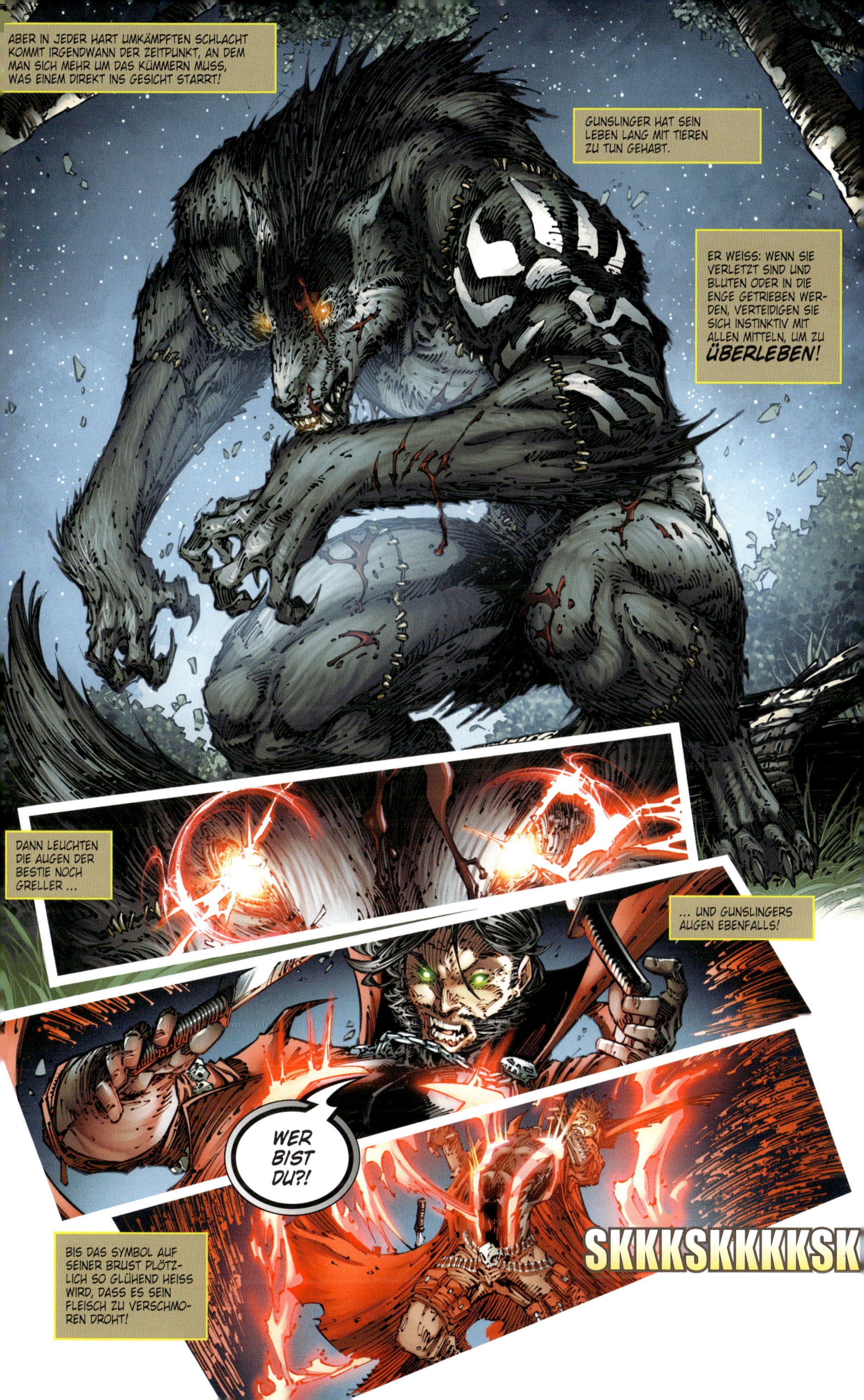
ABER IN JEDER HART UMKÄMPFTEN SCHLACHT KOMMT IRGENDWANN DER ZEITPUNKT, AN DEM MAN SICH MEHR UM DAS KÜMMERN MUSS, WAS EINEM DIREKT INS GESICHT STARRT!
GUNSLINGER HAT SEIN LEBEN LANG MIT TIEREN ZU TUN GEHABT.
ER WEISS: WENN SIE VERLETZT SIND UND BLUTEN ODER IN DIE ENGE GETRIEBEN WERDEN, VERTEIDIGEN SIE SICH INSTINKTIV MIT ALLEN MITTELN, UM ZU ÜBERLEBEN!
DANN LEUCHTEN DIE AUGEN DER BESTIE NOCH GRELLER ...
... UND GUNSLINGERS AUGEN EBENFALLS!
WER BIST DU?!
BIS DAS SYMBOL AUF SEINER BRUST PLÖTZLICH SO GLÜHEND HEISS WIRD, DASS ES SEIN FLEISCH ZU VERSCHMOREN DROHT!
SKKKSKKKKSK

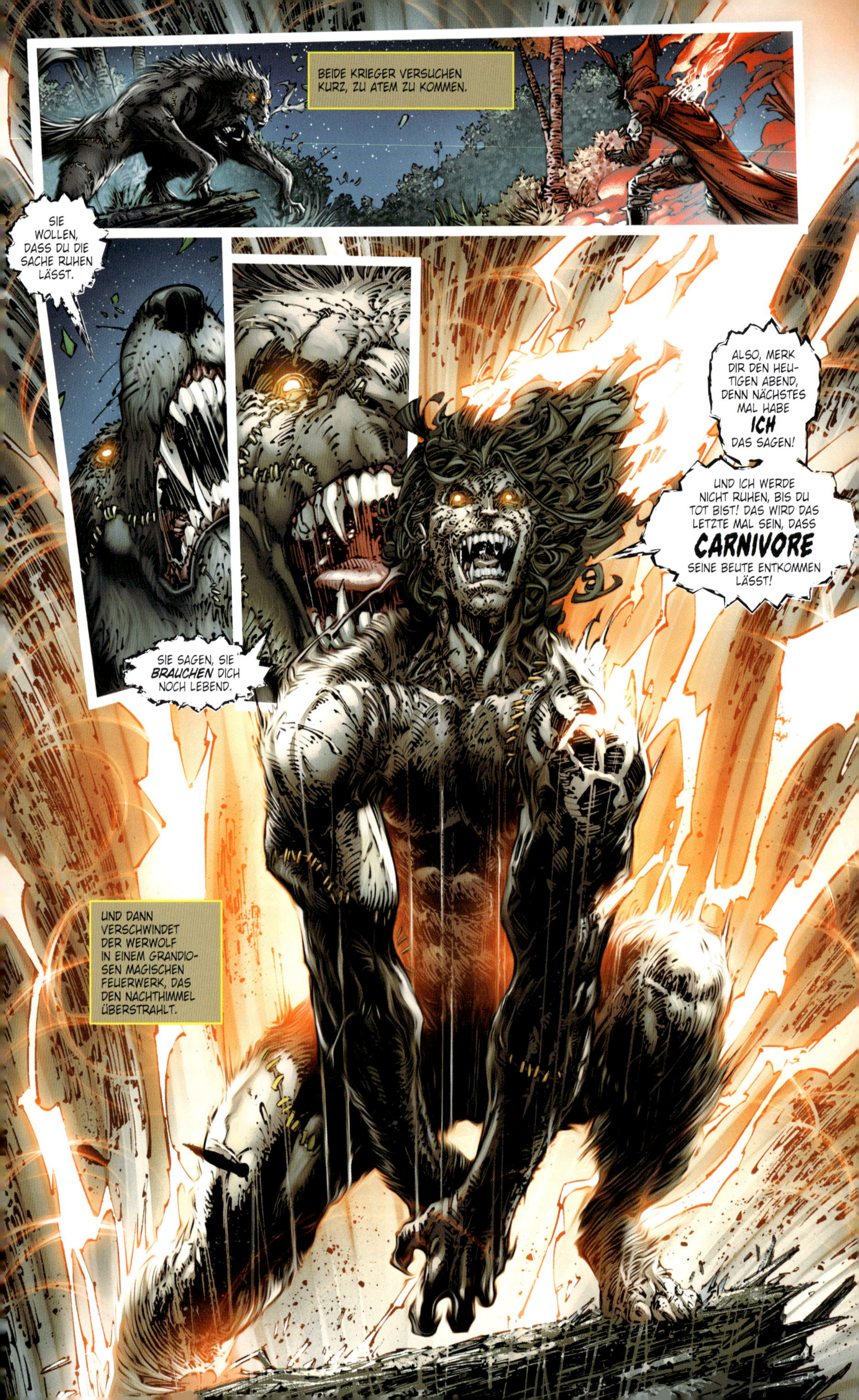
BEIDE KRIEGER VERSUCHEN KURZ, ZU ATEM ZU KOMMEN.
SIE WOLLEN, DASS DU DIE SACHE RUHEN LÄSST.
SIE SAGEN, SIE *BRAUCHEN* DICH NOCH LEBEND.
ALSO, MERK DIR DEN HEUTIGEN ABEND, DENN NÄCHSTES MAL HABE **ICH** DAS SAGEN!
UND ICH WERDE NICHT RUHEN, BIS DU TOT BIST! DAS WIRD DAS LETZTE MAL SEIN, DASS **CARNIVORE** SEINE BEUTE ENTKOMMEN LÄSST!
UND DANN VERSCHWINDET DER WERWOLF IN EINEM GRANDIOSEN MAGISCHEN FEUERWERK, DAS DEN NACHTHIMMEL ÜBERSTRAHLT.

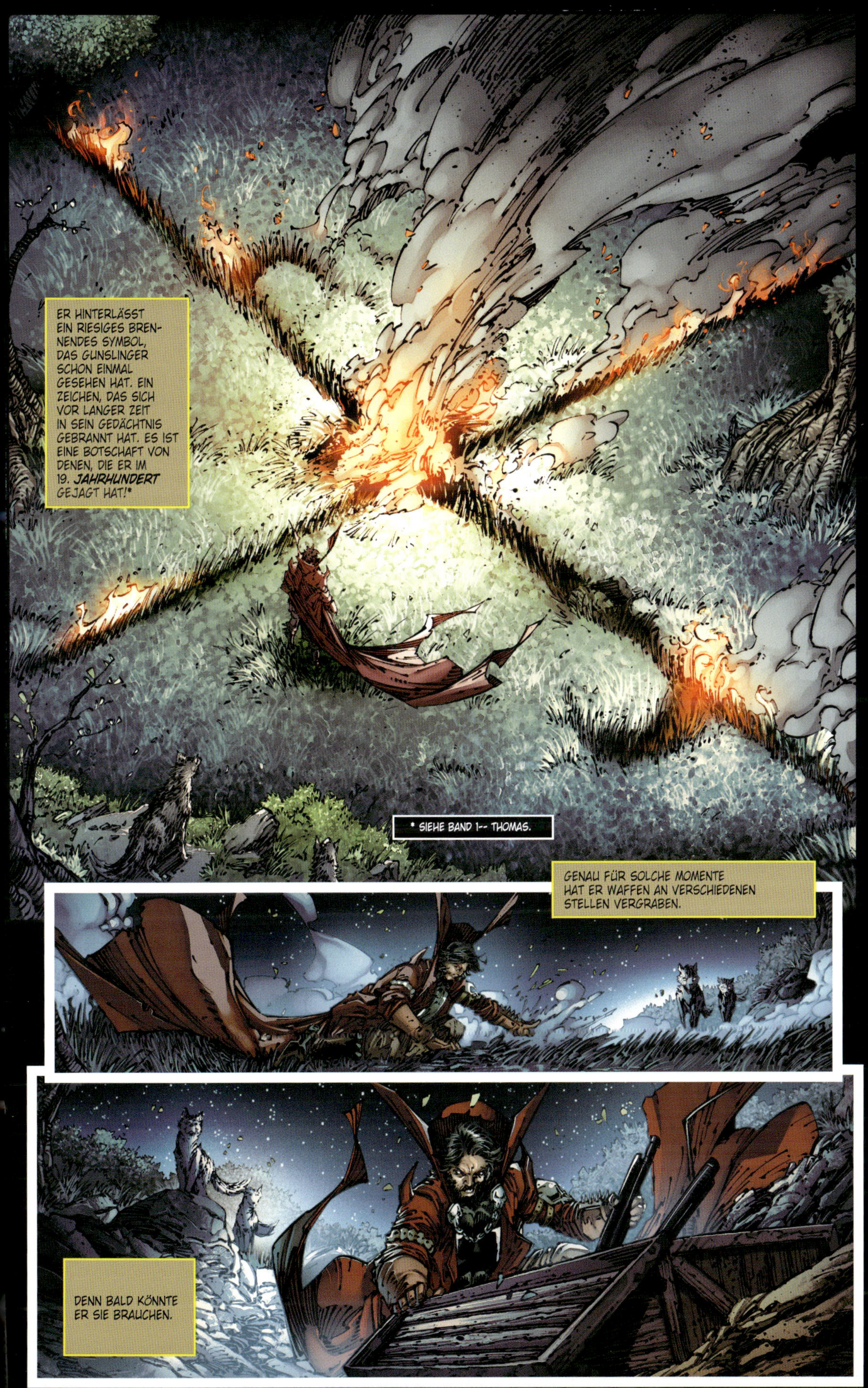
ER HINTERLÄSST EIN RIESIGES BRENNENDES SYMBOL, DAS GUNSLINGER SCHON EINMAL GESEHEN HAT. EIN ZEICHEN, DAS SICH VOR LANGER ZEIT IN SEIN GEDÄCHTNIS GEBRANNT HAT. ES IST EINE BOTSCHAFT VON DENEN, DIE ER IM 19. JAHRHUNDERT GEJAGT HAT!*
* SIEHE BAND 1 -- THOMAS.
GENAU FÜR SOLCHE MOMENTE HAT ER WAFFEN AN VERSCHIEDENEN STELLEN VERGRABEN.
DENN BALD KÖNNTE ER SIE BRAUCHEN.

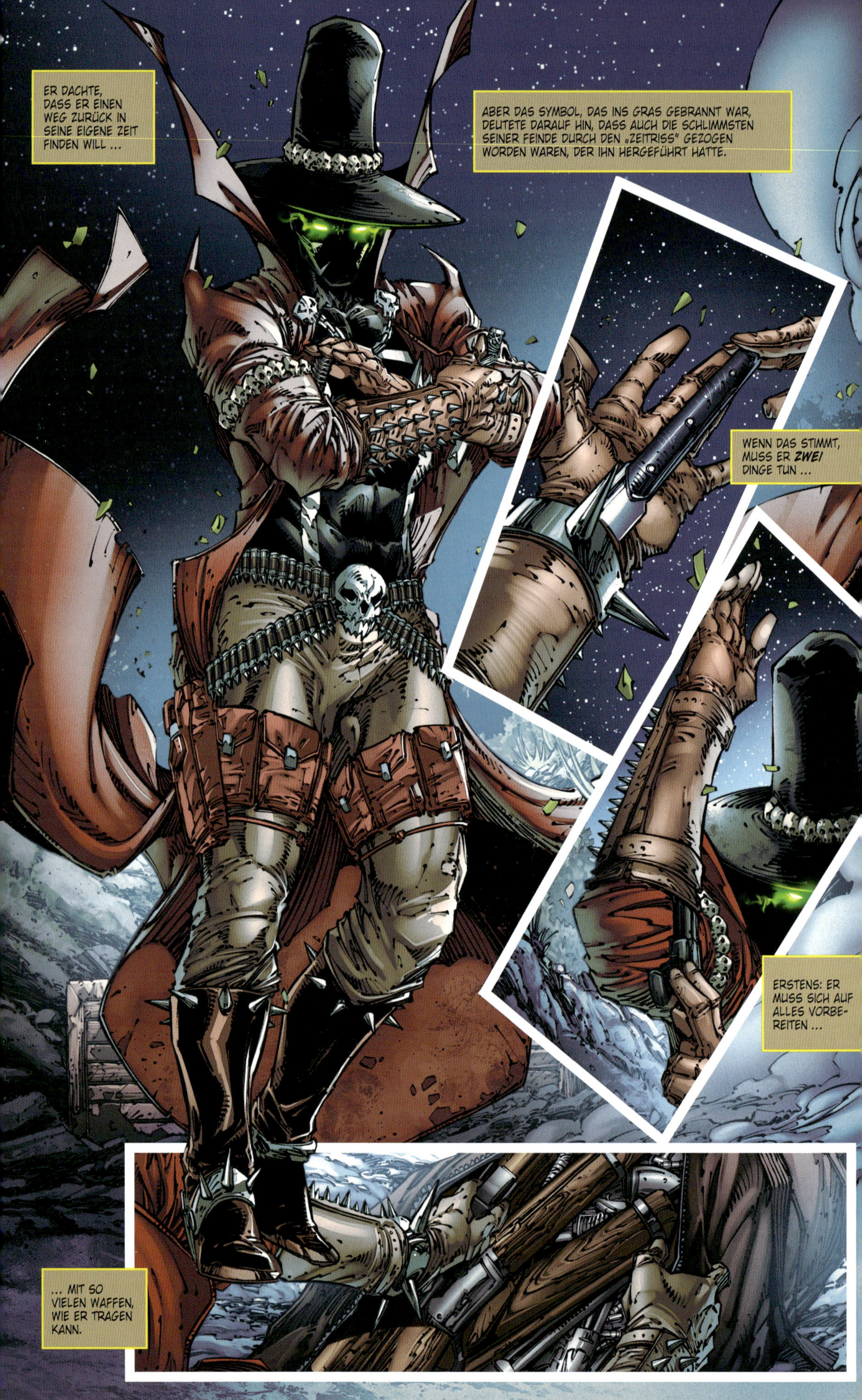
ER DACHTE, DASS ER EINEN WEG ZURÜCK IN SEINE EIGENE ZEIT FINDEN WILL …
ABER DAS SYMBOL, DAS INS GRAS GEBRANNT WAR, DEUTETE DARAUF HIN, DASS AUCH DIE SCHLIMMSTEN SEINER FEINDE DURCH DEN „ZEITRISS" GEZOGEN WORDEN WAREN, DER IHN HERGEFÜHRT HATTE.
WENN DAS STIMMT, MUSS ER ZWEI DINGE TUN …
ERSTENS: ER MUSS SICH AUF ALLES VORBE-REITEN …
… MIT SO VIELEN WAFFEN, WIE ER TRAGEN KANN.

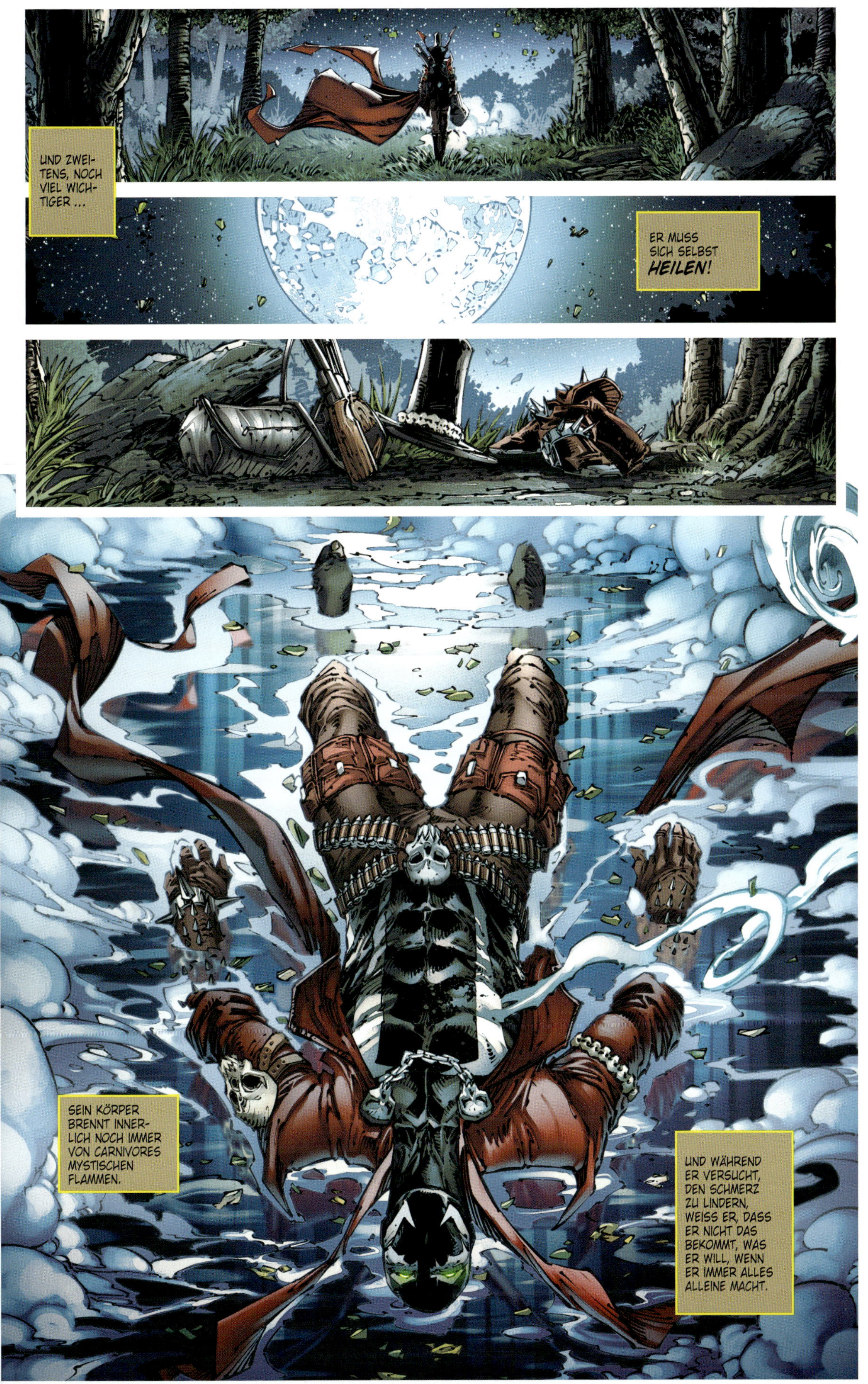
UND ZWEITENS, NOCH VIEL WICHTIGER ...
ER MUSS SICH SELBST HEILEN!
SEIN KÖRPER BRENNT INNERLICH NOCH IMMER VON CARNIVORES MYSTISCHEN FLAMMEN.
UND WÄHREND ER VERSUCHT, DEN SCHMERZ ZU LINDERN, WEISS ER, DASS ER NICHT DAS BEKOMMT, WAS ER WILL, WENN ER IMMER ALLES ALLEINE MACHT.

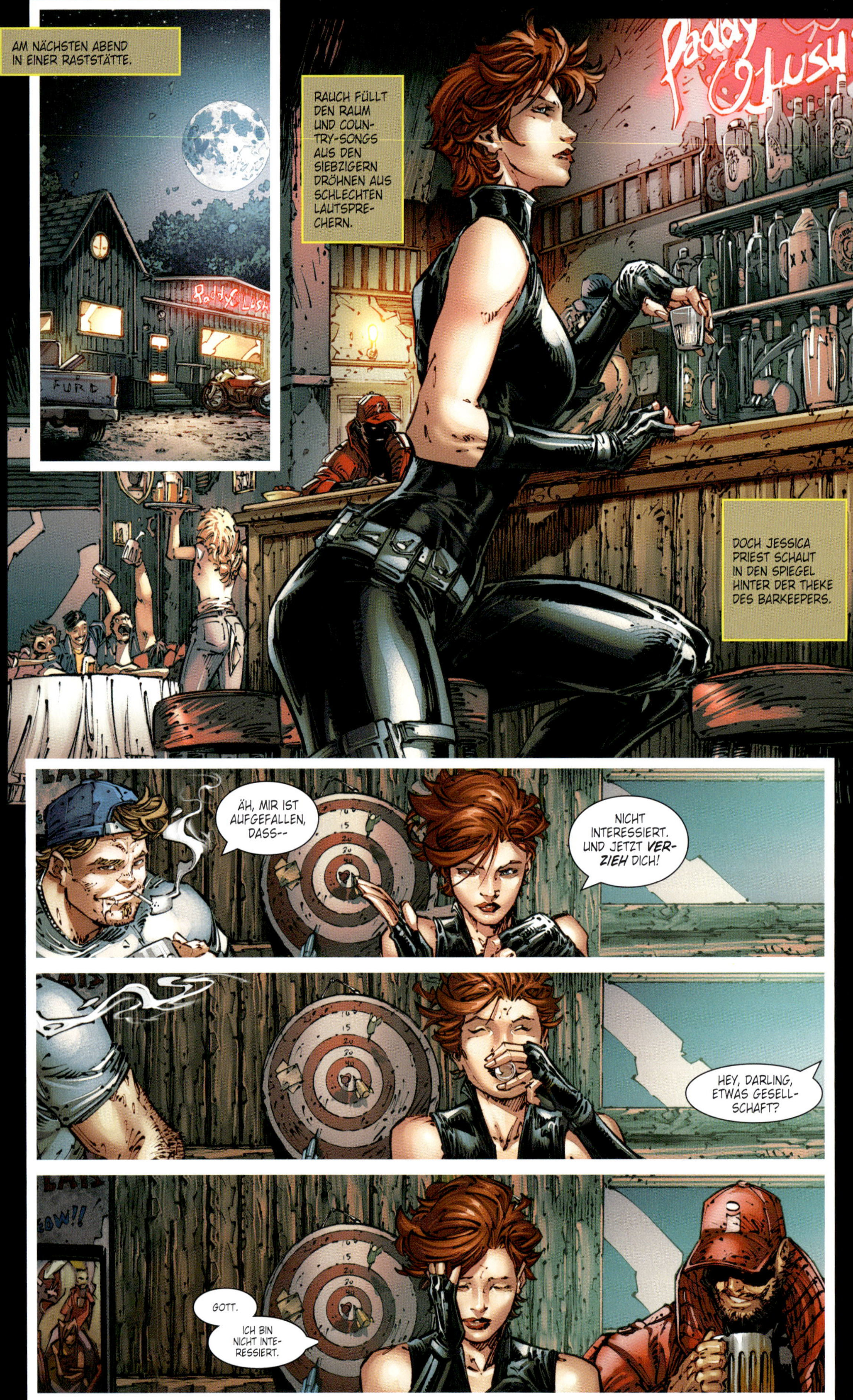
AM NÄCHSTEN ABEND IN EINER RASTSTÄTTE.
RAUCH FÜLLT DEN RAUM UND COUNTRY-SONGS AUS DEN SIEBZIGERN DRÖHNEN AUS SCHLECHTEN LAUTSPRECHERN.
DOCH JESSICA PRIEST SCHAUT IN DEN SPIEGEL HINTER DER THEKE DES BARKEEPERS.
ÄH, MIR IST AUFGEFALLEN, DASS--
NICHT INTERESSIERT. UND JETZT **VERZIEH** DICH!
HEY, DARLING, ETWAS GESELLSCHAFT?
GOTT.
ICH BIN NICHT INTERESSIERT.

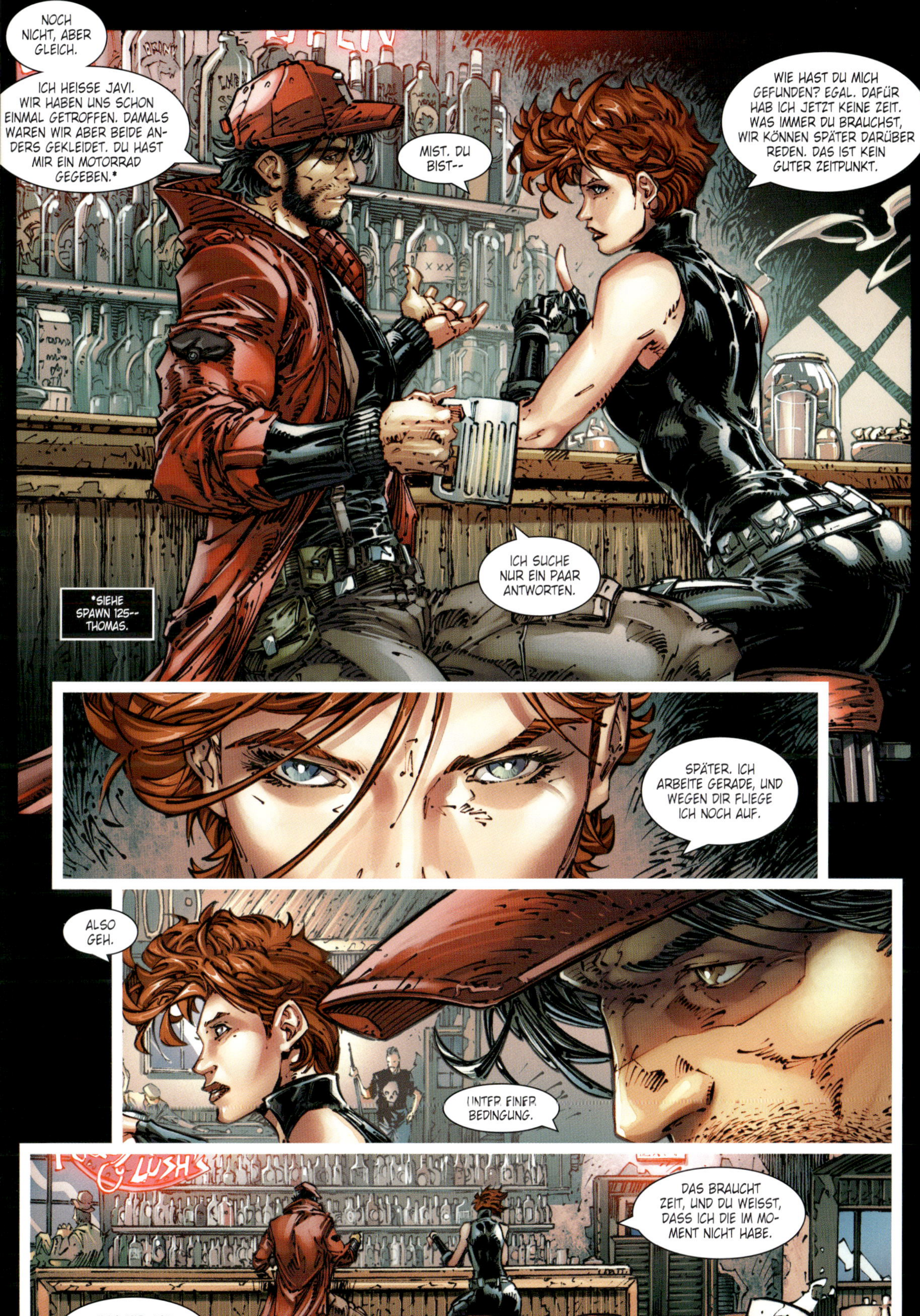
NOCH NICHT, ABER GLEICH.
ICH HEISSE JAVI. WIR HABEN UNS SCHON EINMAL GETROFFEN. DAMALS WAREN WIR ABER BEIDE ANDERS GEKLEIDET. DU HAST MIR EIN MOTORRAD GEGEBEN.*
MIST. DU BIST--
WIE HAST DU MICH GEFUNDEN? EGAL. DAFÜR HAB ICH JETZT KEINE ZEIT. WAS IMMER DU BRAUCHST, WIR KÖNNEN SPÄTER DARÜBER REDEN. DAS IST KEIN GUTER ZEITPUNKT.
ICH SUCHE NUR EIN PAAR ANTWORTEN.
*SIEHE SPAWN 125-- THOMAS.
SPÄTER. ICH ARBEITE GERADE, UND WEGEN DIR FLIEGE ICH NOCH AUF.
ALSO GEH.
UNTER EINER BEDINGUNG.
DAS BRAUCHT ZEIT, UND DU WEISST, DASS ICH DIE IM MOMENT NICHT HABE.
SAG MIR, WO ICH SPAWN FINDE. DEN, DEN DU SIMMONS NENNST.

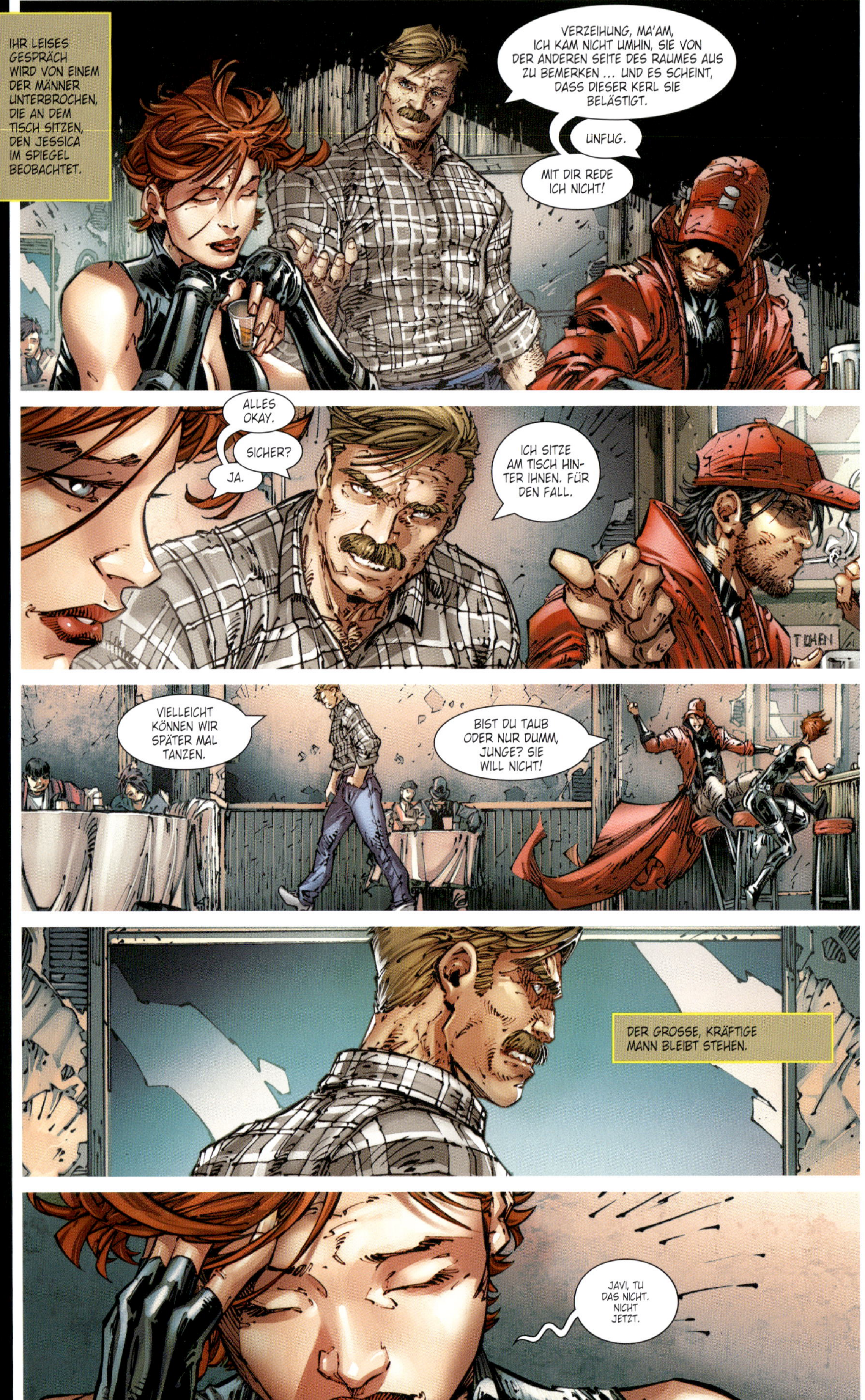
IHR LEISES GESPRÄCH WIRD VON EINEM DER MÄNNER UNTERBROCHEN, DIE AN DEM TISCH SITZEN, DEN JESSICA IM SPIEGEL BEOBACHTET.
VERZEIHUNG, MA'AM, ICH KAM NICHT UMHIN, SIE VON DER ANDEREN SEITE DES RAUMES AUS ZU BEMERKEN ... UND ES SCHEINT, DASS DIESER KERL SIE BELÄSTIGT.
UNFUG.
MIT DIR REDE ICH NICHT!
ALLES OKAY.
SICHER?
JA.
ICH SITZE AM TISCH HINTER IHNEN. FÜR DEN FALL.
VIELLEICHT KÖNNEN WIR SPÄTER MAL TANZEN.
BIST DU TAUB ODER NUR DUMM, JUNGE? SIE WILL NICHT!
DER GROSSE, KRÄFTIGE MANN BLEIBT STEHEN.
JAVI, TU DAS NICHT. NICHT JETZT.

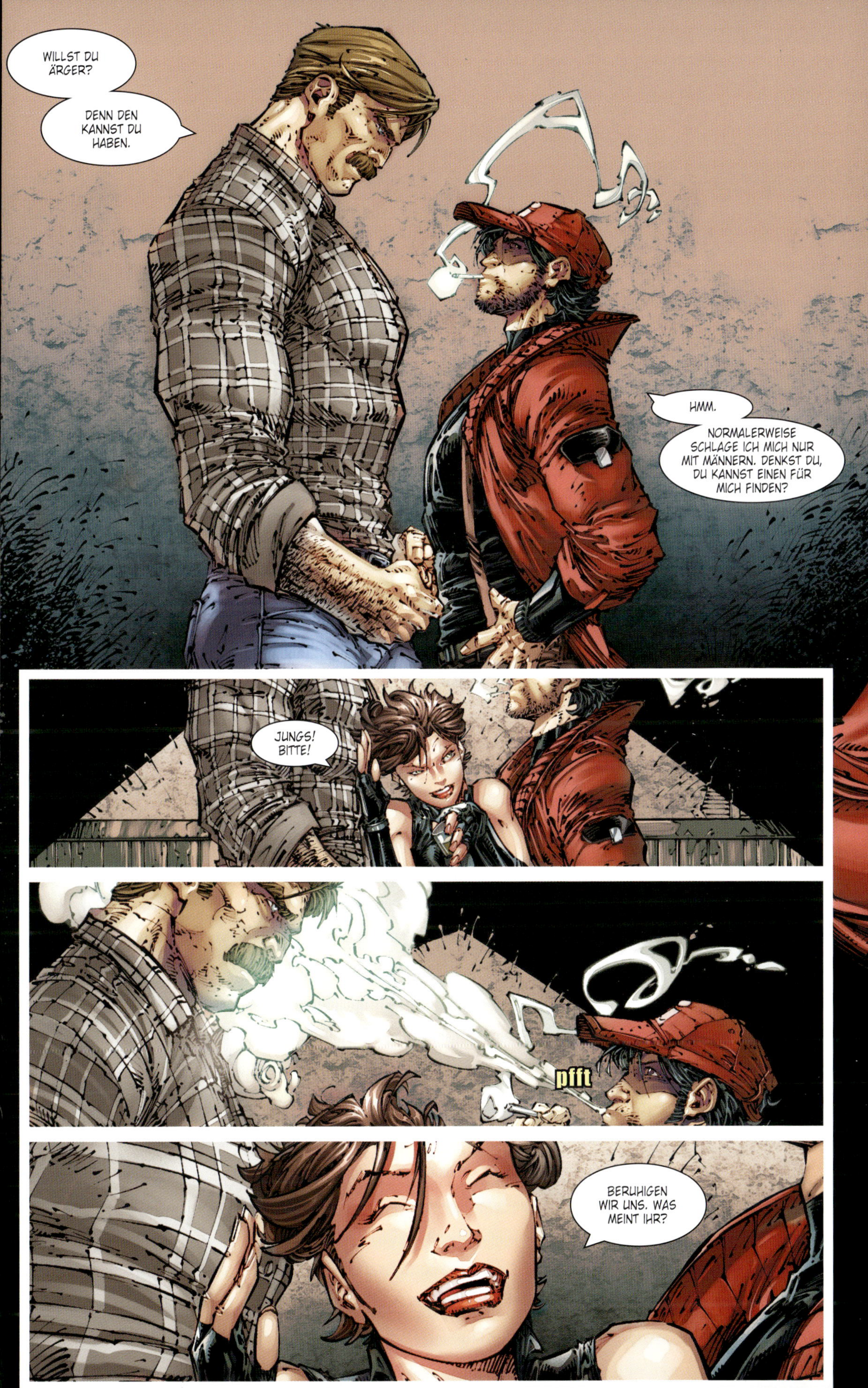
WILLST DU ÄRGER?
DENN DEN KANNST DU HABEN.
HMM.
NORMALERWEISE SCHLAGE ICH MICH NUR MIT MÄNNERN. DENKST DU, DU KANNST EINEN FÜR MICH FINDEN?
JUNGS! BITTE!
pfft
BERUHIGEN WIR UNS. WAS MEINT IHR?

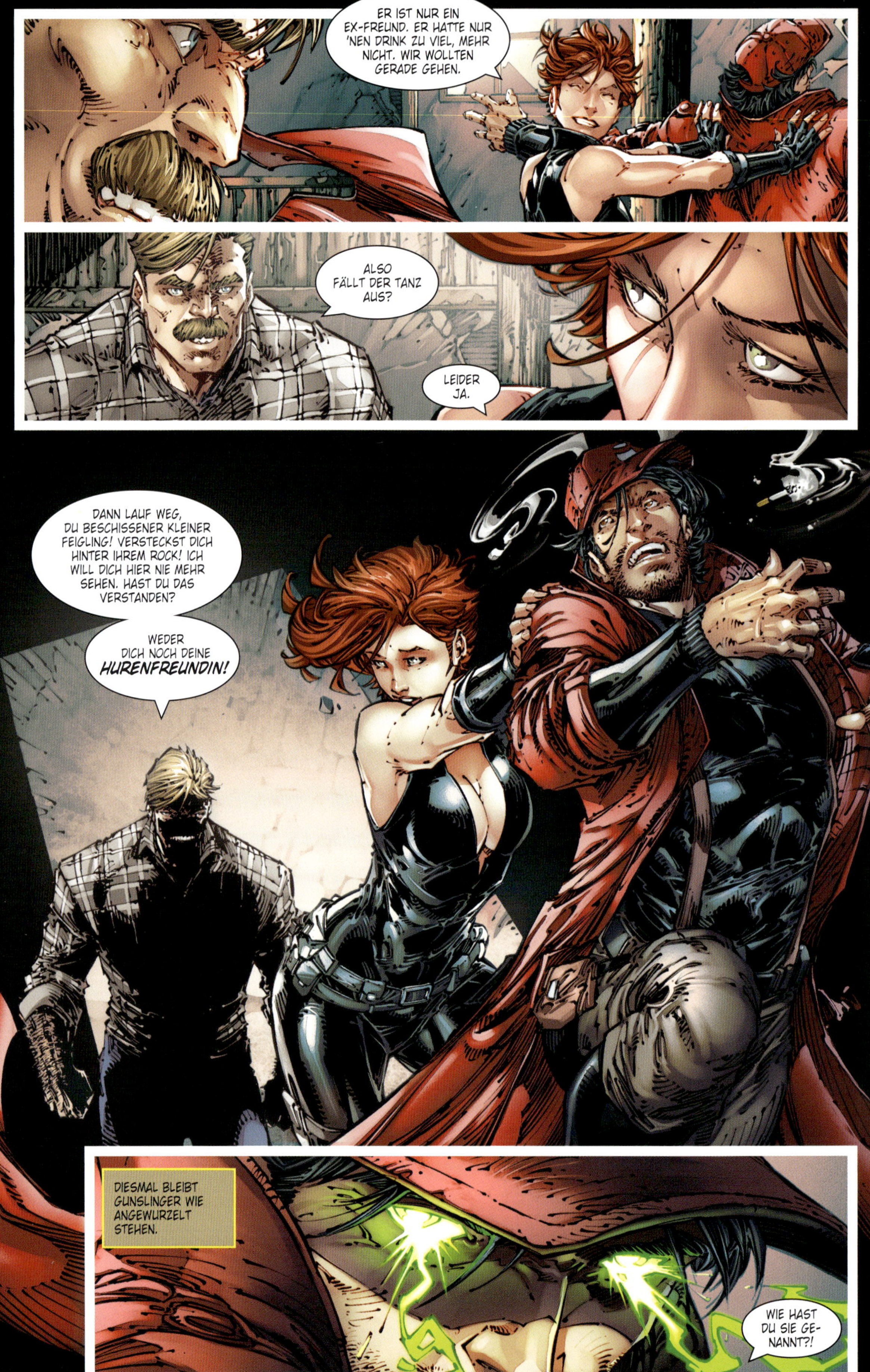
ER IST NUR EIN EX-FREUND. ER HATTE NUR 'NEN DRINK ZU VIEL, MEHR NICHT. WIR WOLLTEN GERADE GEHEN.
ALSO FÄLLT DER TANZ AUS?
LEIDER JA.
DANN LAUF WEG, DU BESCHISSENER KLEINER FEIGLING! VERSTECKST DICH HINTER IHREM ROCK! ICH WILL DICH HIER NIE MEHR SEHEN. HAST DU DAS VERSTANDEN?
WEDER DICH NOCH DEINE HURENFREUNDIN!
DIESMAL BLEIBT GUNSLINGER WIE ANGEWURZELT STEHEN.
WIE HAST DU SIE GENANNT?!

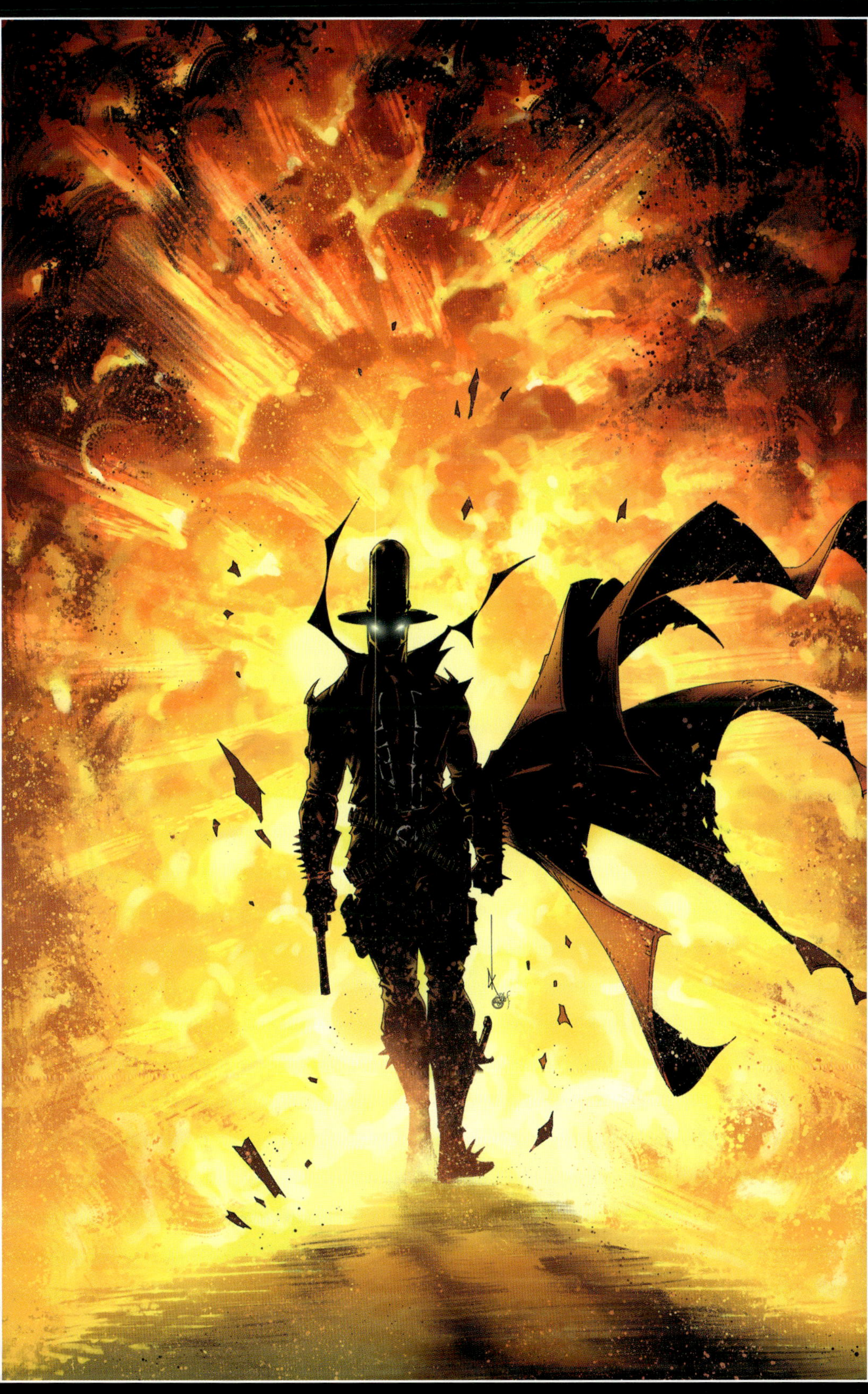

Gunslinger Spawn (2021) 2
Cover von **KEVIN KEANE**

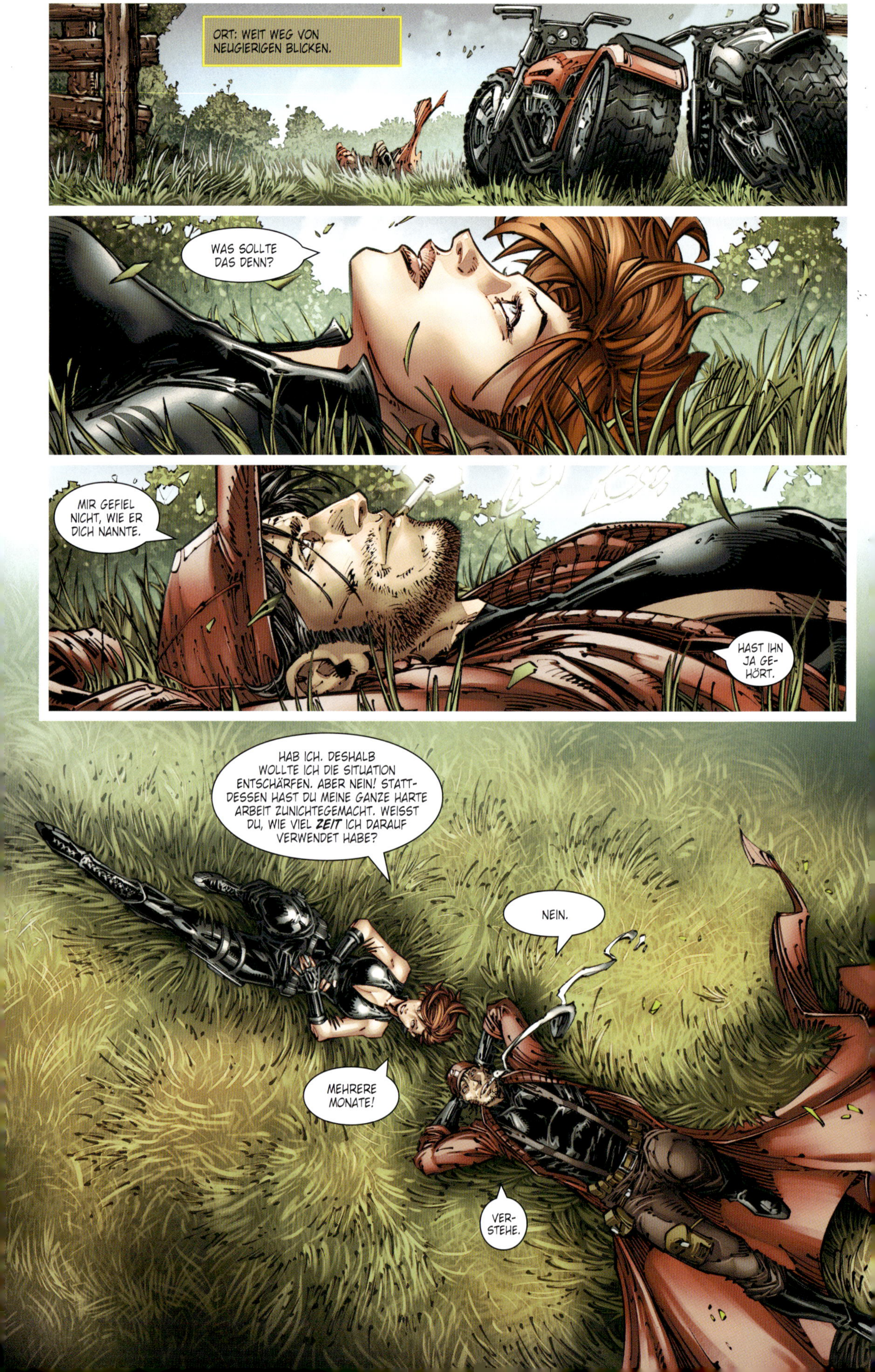

ORT: WEIT WEG VON NEUGIERIGEN BLICKEN.
WAS SOLLTE DAS DENN?
MIR GEFIEL NICHT, WIE ER DICH NANNTE.
HAST IHN JA GEHÖRT.
HAB ICH. DESHALB WOLLTE ICH DIE SITUATION ENTSCHÄRFEN. ABER NEIN! STATTDESSEN HAST DU MEINE GANZE HARTE ARBEIT ZUNICHTEGEMACHT. WEISST DU, WIE VIEL *ZEIT* ICH DARAUF VERWENDET HABE?
NEIN.
MEHRERE MONATE!
VERSTEHE.

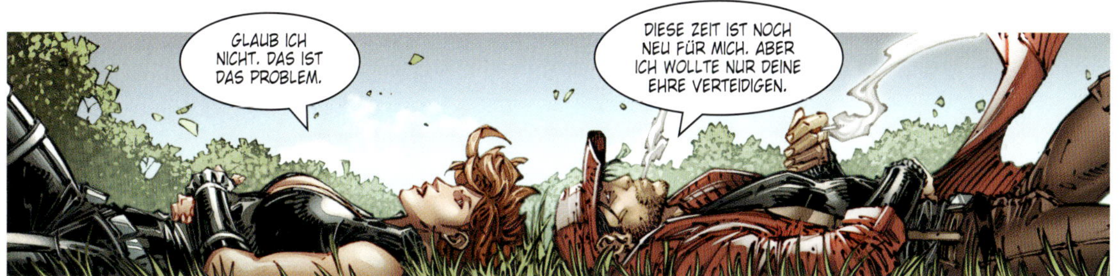
GLAUB ICH NICHT. DAS IST DAS PROBLEM.
DIESE ZEIT IST NOCH NEU FÜR MICH. ABER ICH WOLLTE NUR DEINE EHRE VERTEIDIGEN.

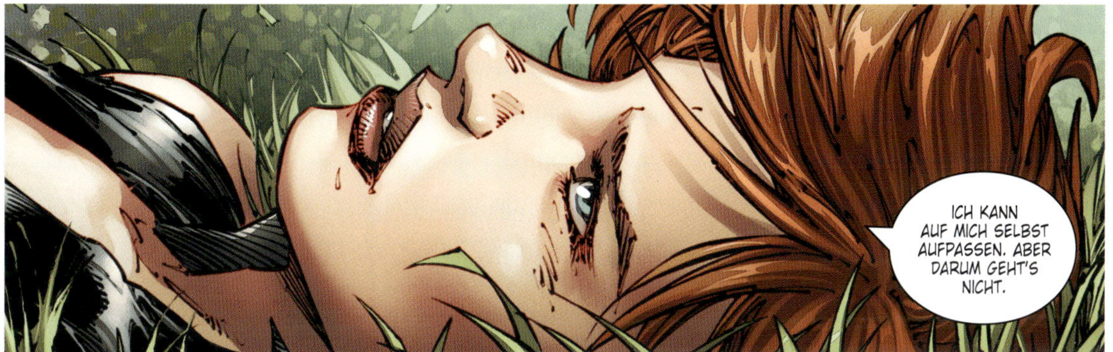
ICH KANN AUF MICH SELBST AUFPASSEN. ABER DARUM GEHT'S NICHT.

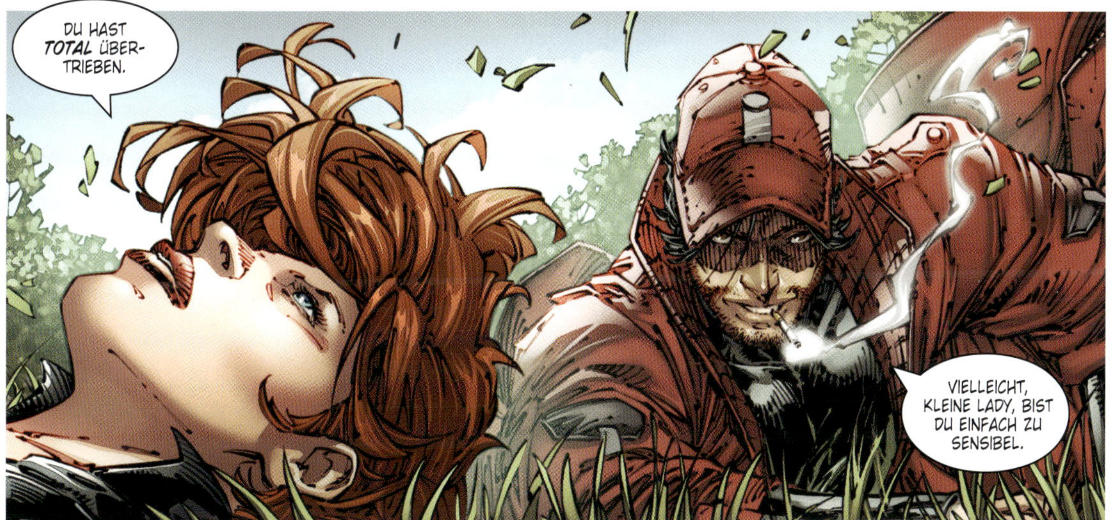
DU HAST *TOTAL* ÜBER-TRIEBEN.
VIELLEICHT, KLEINE LADY, BIST DU EINFACH ZU SENSIBEL.

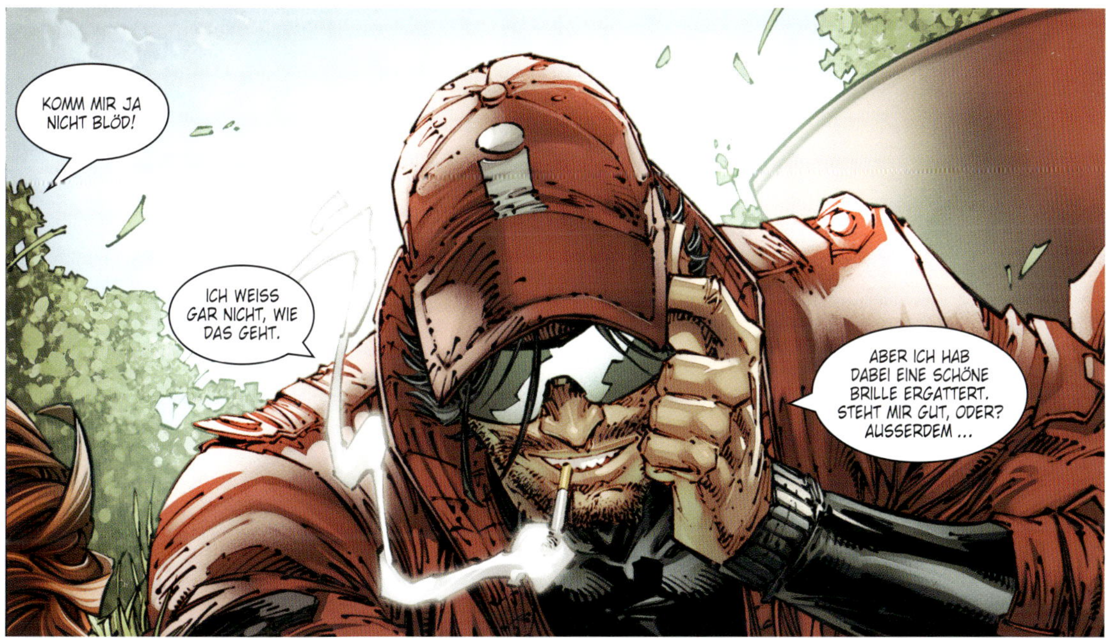
KOMM MIR JA NICHT BLÖD!
ICH WEISS GAR NICHT, WIE DAS GEHT.
ABER ICH HAB DABEI EINE SCHÖNE BRILLE ERGATTERT. STEHT MIR GUT, ODER? AUSSERDEM ...

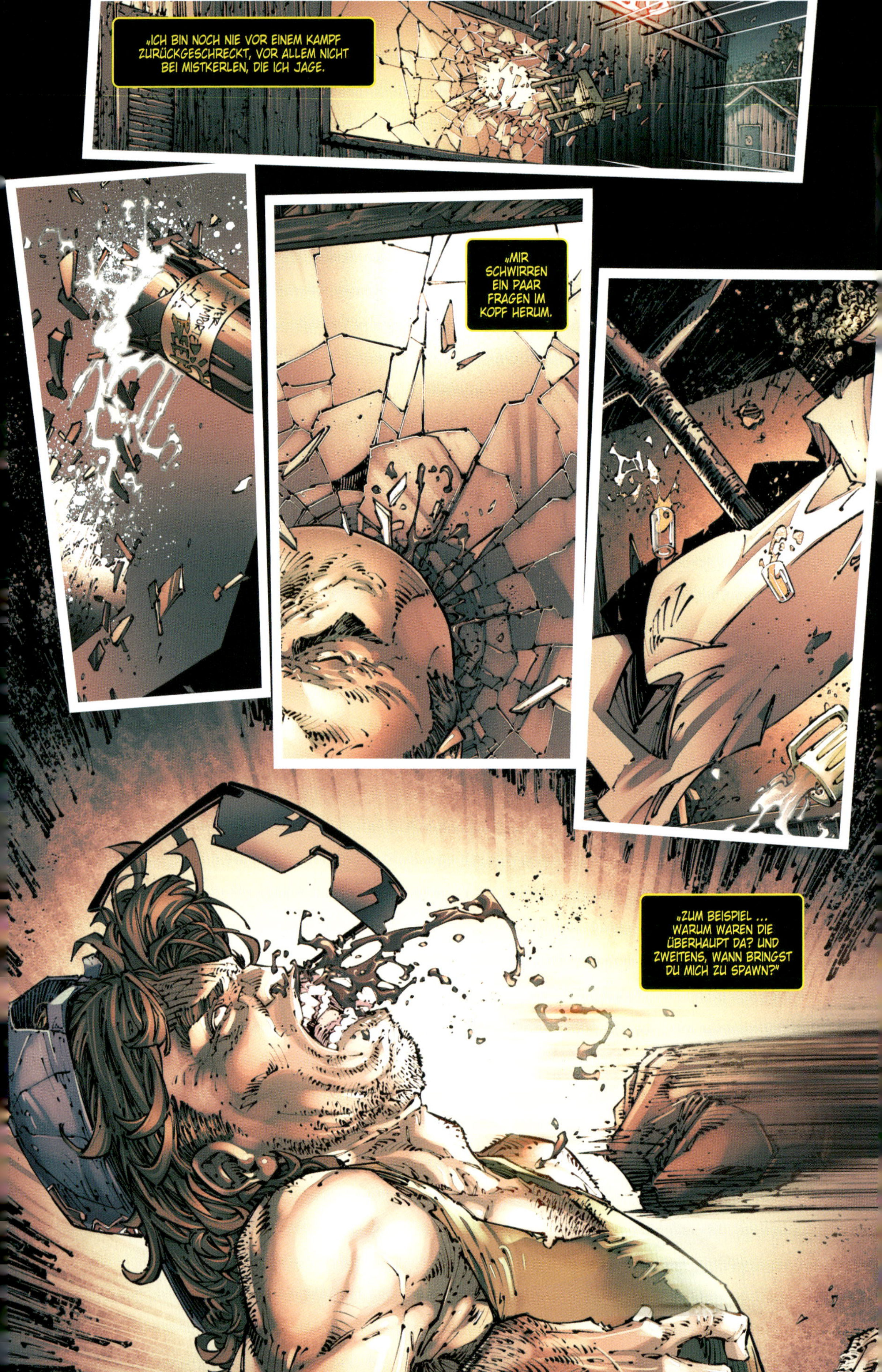
„ICH BIN NOCH NIE VOR EINEM KAMPF ZURÜCKGESCHRECKT, VOR ALLEM NICHT BEI MISTKERLEN, DIE ICH JAGE.
„MIR SCHWIRREN EIN PAAR FRAGEN IM KOPF HERUM.
„ZUM BEISPIEL ... WARUM WAREN DIE ÜBERHAUPT DA? UND ZWEITENS, WANN BRINGST DU MICH ZU SPAWN?"

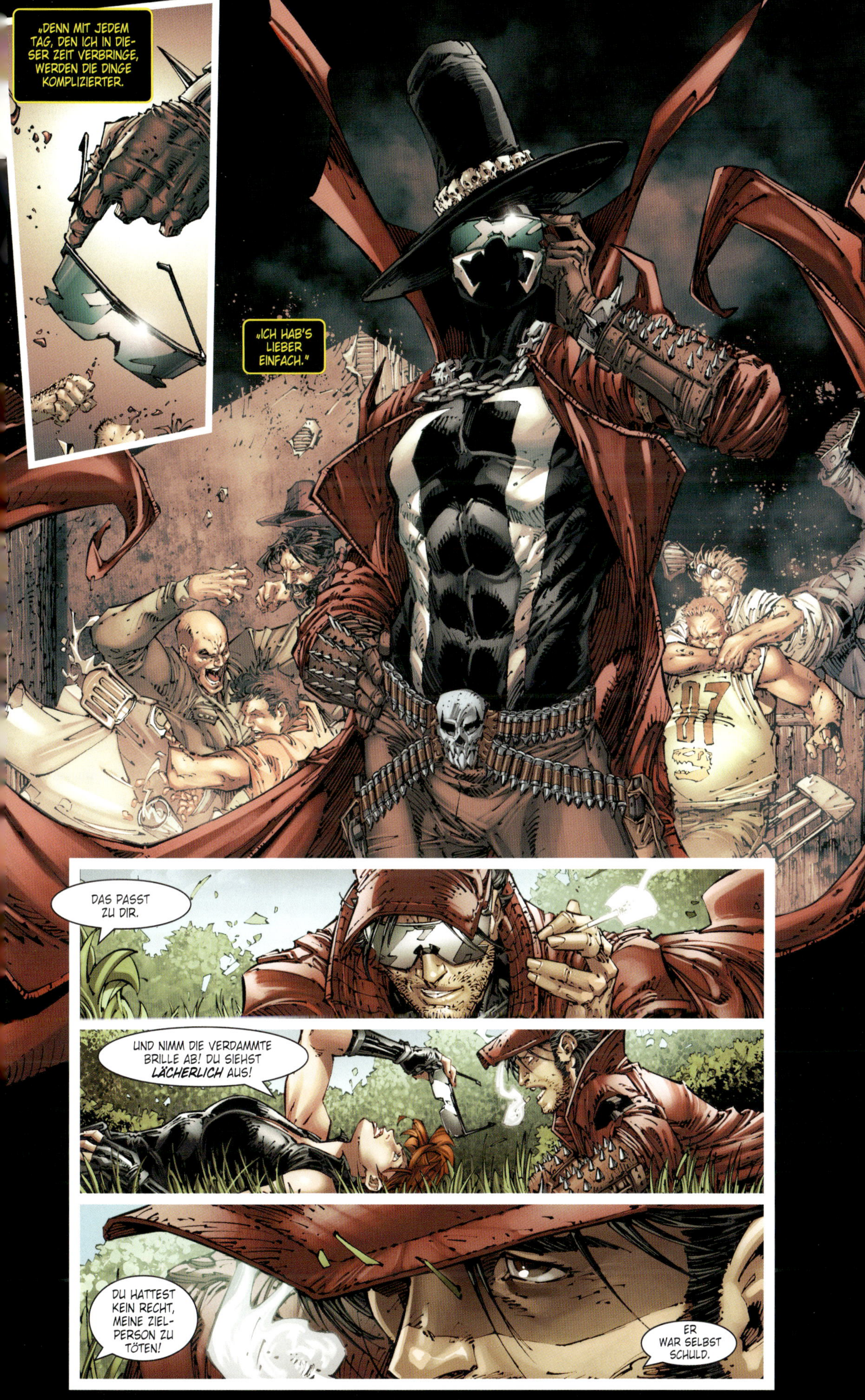
„DENN MIT JEDEM TAG, DEN ICH IN DIESER ZEIT VERBRINGE, WERDEN DIE DINGE KOMPLIZIERTER.
„ICH HAB'S LIEBER EINFACH."
DAS PASST ZU DIR.
UND NIMM DIE VERDAMMTE BRILLE AB! DU SIEHST *LÄCHERLICH* AUS!
DU HATTEST KEIN RECHT, MEINE ZIELPERSON ZU TÖTEN!
ER WAR SELBST SCHULD.

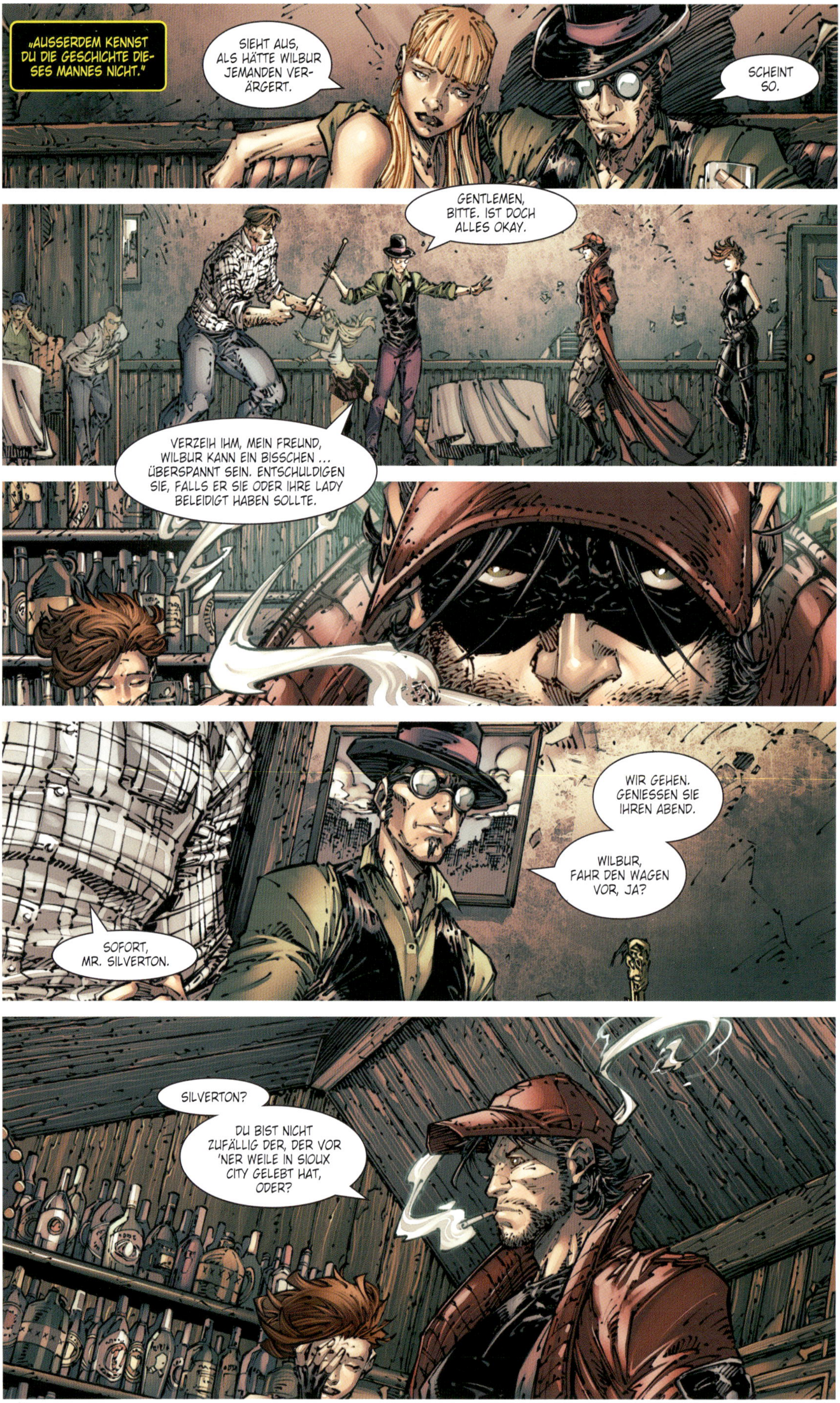

„AUSSERDEM KENNST DU DIE GESCHICHTE DIESES MANNES NICHT."
SIEHT AUS, ALS HÄTTE WILBUR JEMANDEN VERÄRGERT.
SCHEINT SO.
GENTLEMEN, BITTE. IST DOCH ALLES OKAY.
VERZEIH IHM, MEIN FREUND, WILBUR KANN EIN BISSCHEN ... ÜBERSPANNT SEIN. ENTSCHULDIGEN SIE, FALLS ER SIE ODER IHRE LADY BELEIDIGT HABEN SOLLTE.

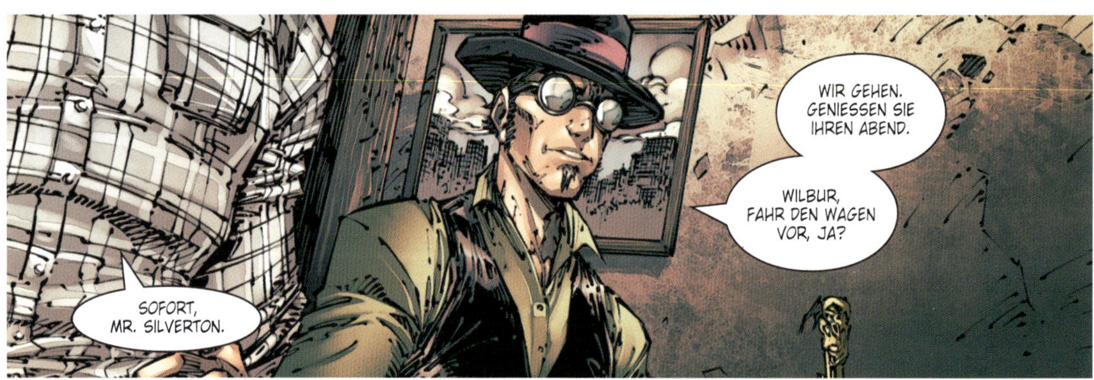

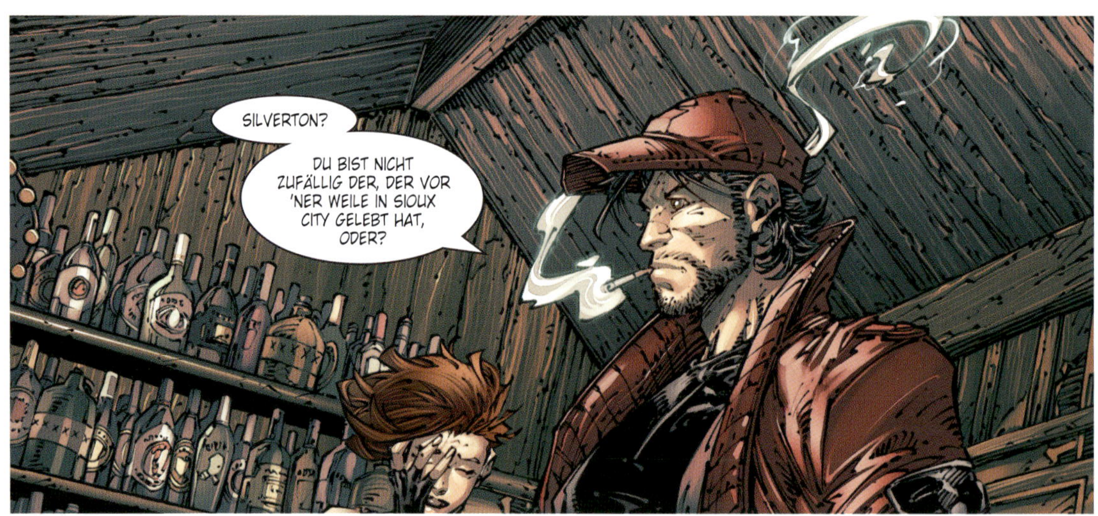

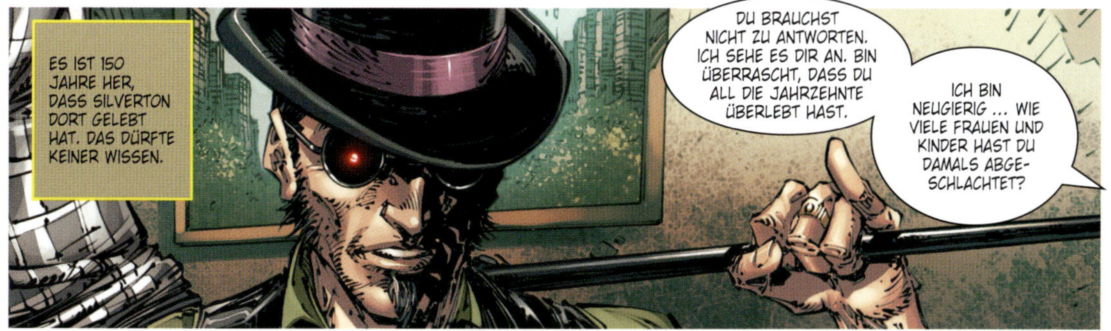
ES IST 150 JAHRE HER, DASS SILVERTON DORT GELEBT HAT. DAS DÜRFTE KEINER WISSEN.
DU BRAUCHST NICHT ZU ANTWORTEN. ICH SEHE ES DIR AN. BIN ÜBERRASCHT, DASS DU ALL DIE JAHRZEHNTE ÜBERLEBT HAST.
ICH BIN NEUGIERIG ... WIE VIELE FRAUEN UND KINDER HAST DU DAMALS ABGE-SCHLACHTET?

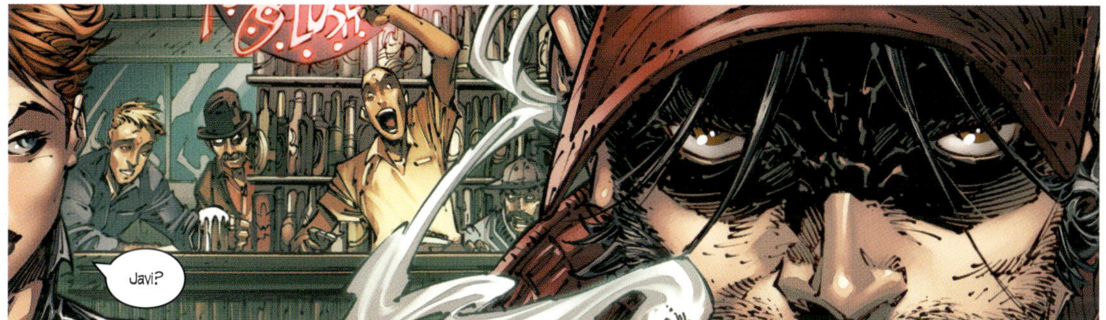
Javi?

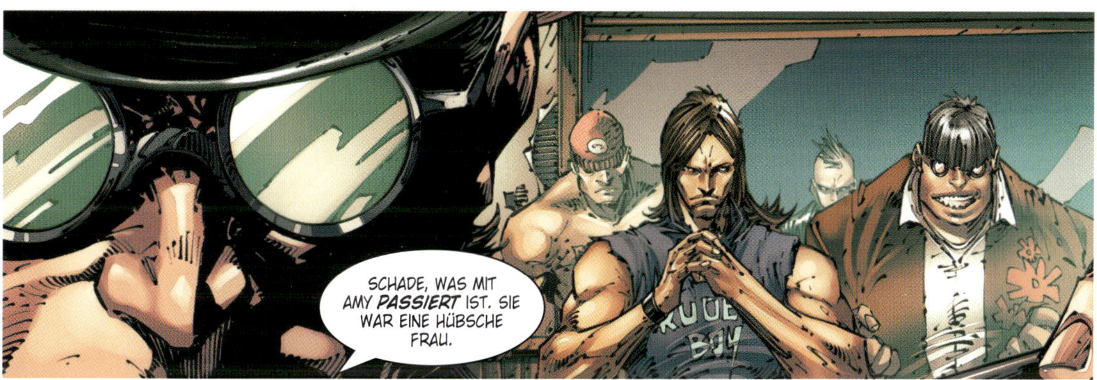
SCHADE, WAS MIT AMY *PASSIERT* IST. SIE WAR EINE HÜBSCHE FRAU.

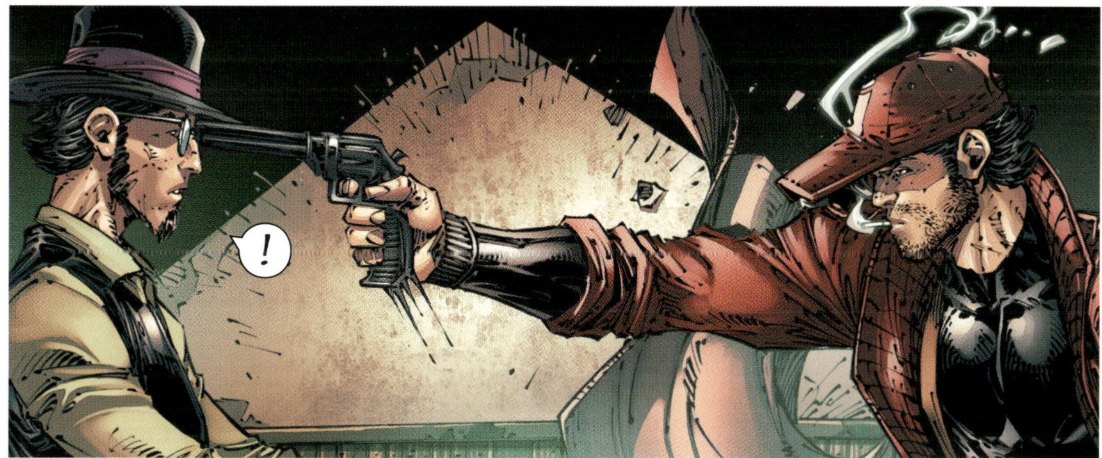
!

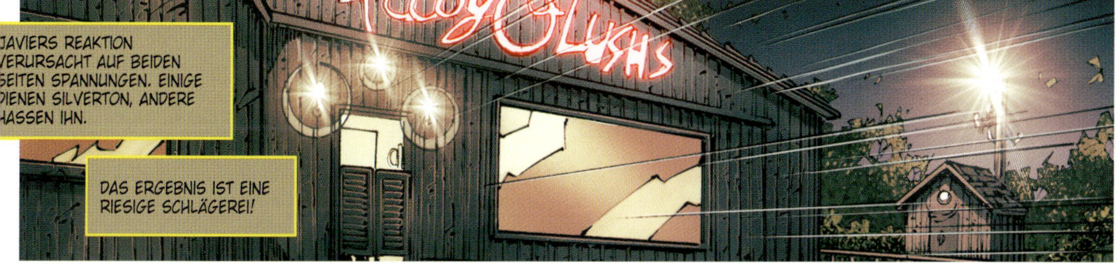
JAVIERS REAKTION VERURSACHT AUF BEIDEN SEITEN SPANNUNGEN. EINIGE DIENEN SILVERTON, ANDERE HASSEN IHN.
DAS ERGEBNIS IST EINE RIESIGE SCHLÄGEREI!

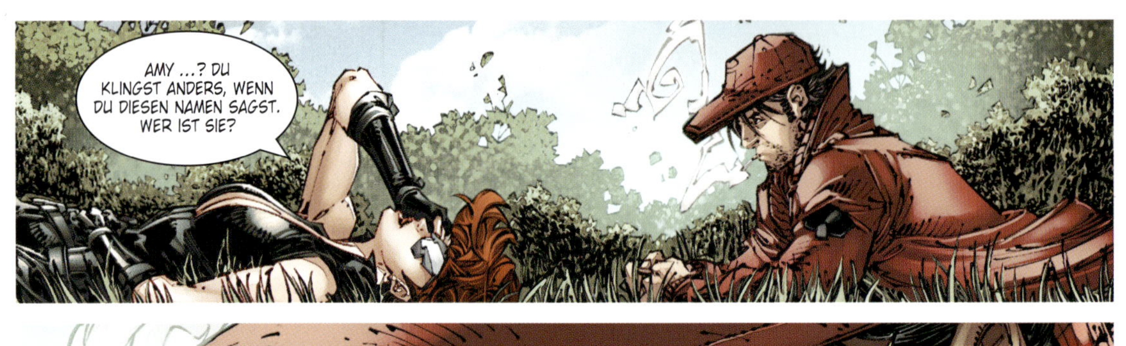
AMY ...? DU KLINGST ANDERS, WENN DU DIESEN NAMEN SAGST. WER IST SIE?

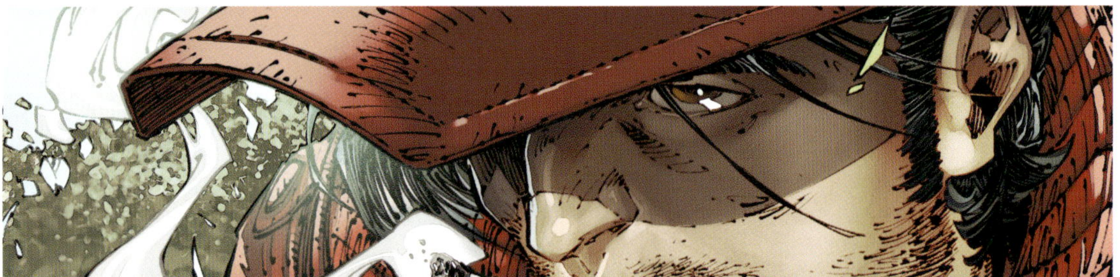

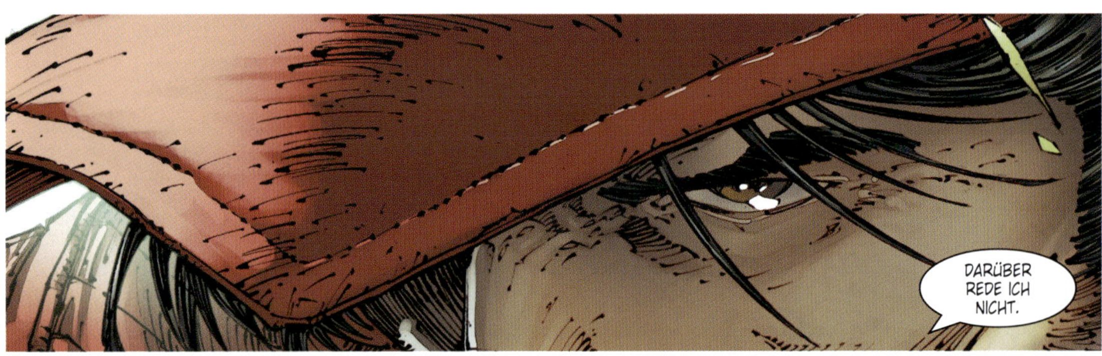
DARÜBER REDE ICH NICHT.

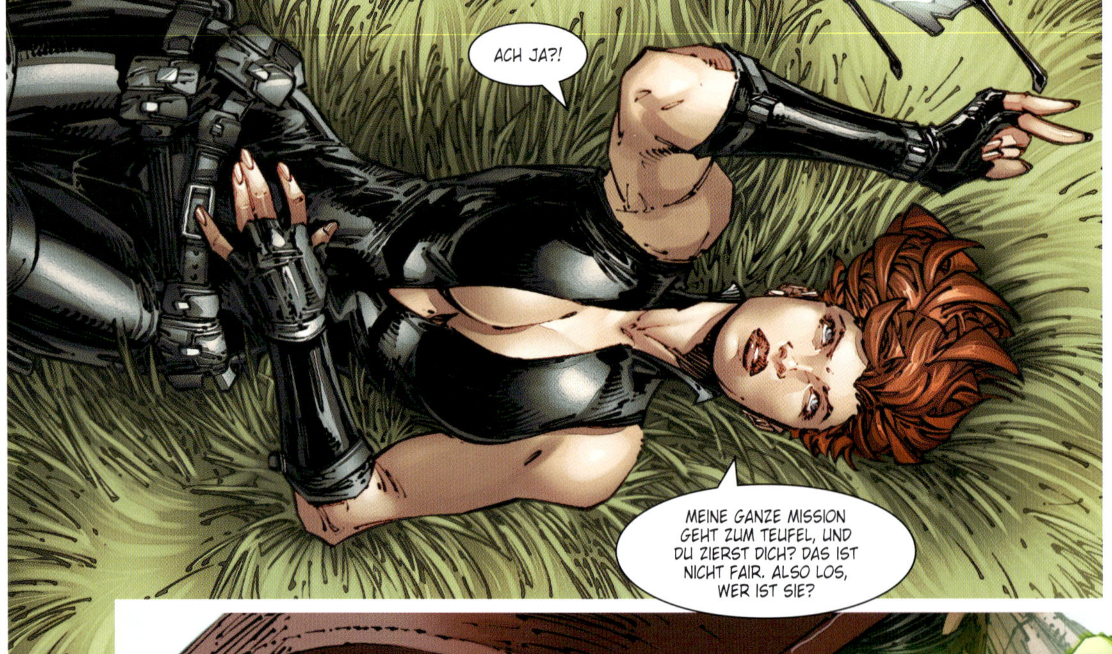
ACH JA?!
MEINE GANZE MISSION GEHT ZUM TEUFEL, UND DU ZIERST DICH? DAS IST NICHT FAIR. ALSO LOS, WER IST SIE?

ICH SAGTE ...

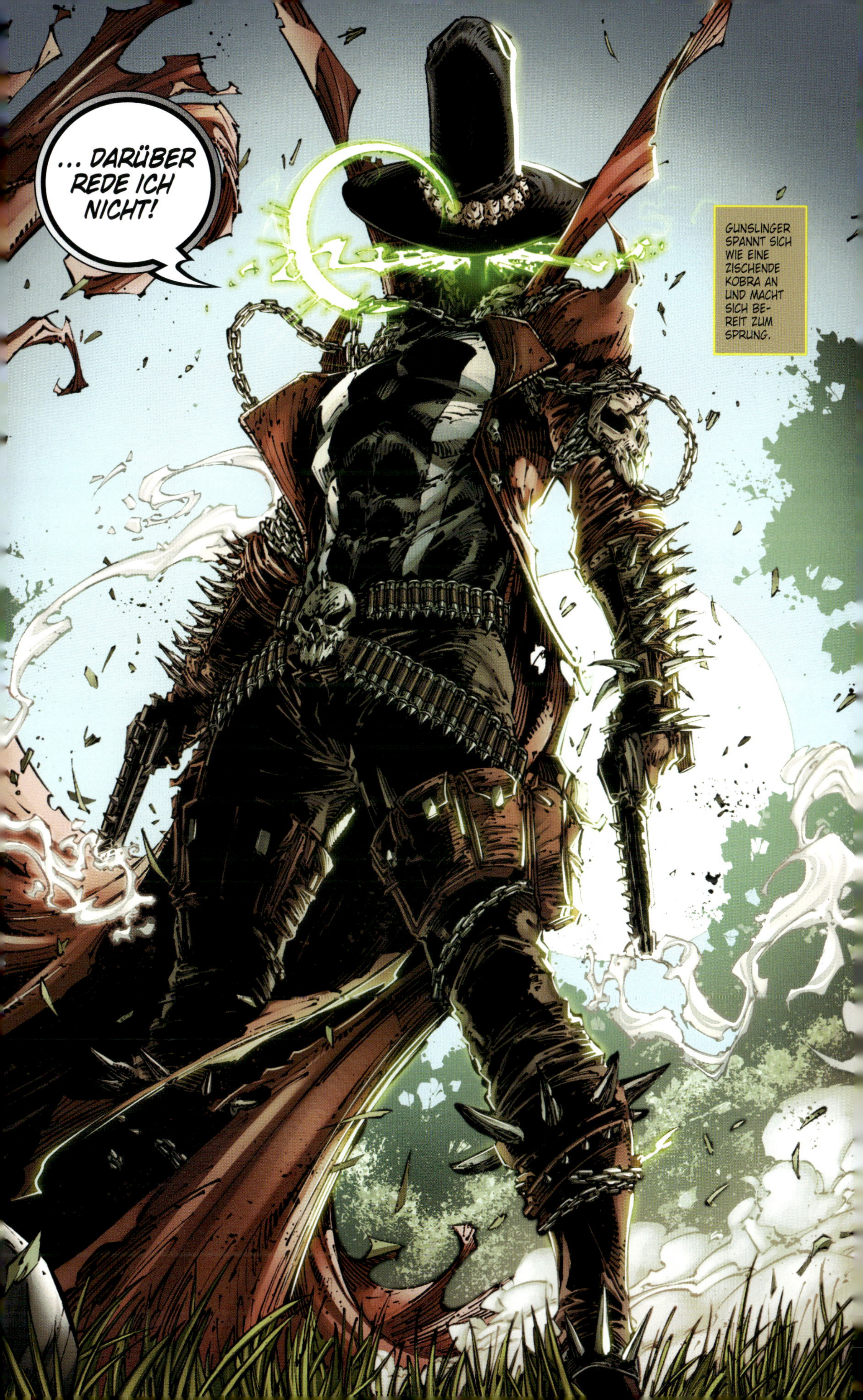
... DARÜBER REDE ICH NICHT!
GUNSLINGER SPANNT SICH WIE EINE ZISCHENDE KOBRA AN UND MACHT SICH BE- REIT ZUM SPRUNG.

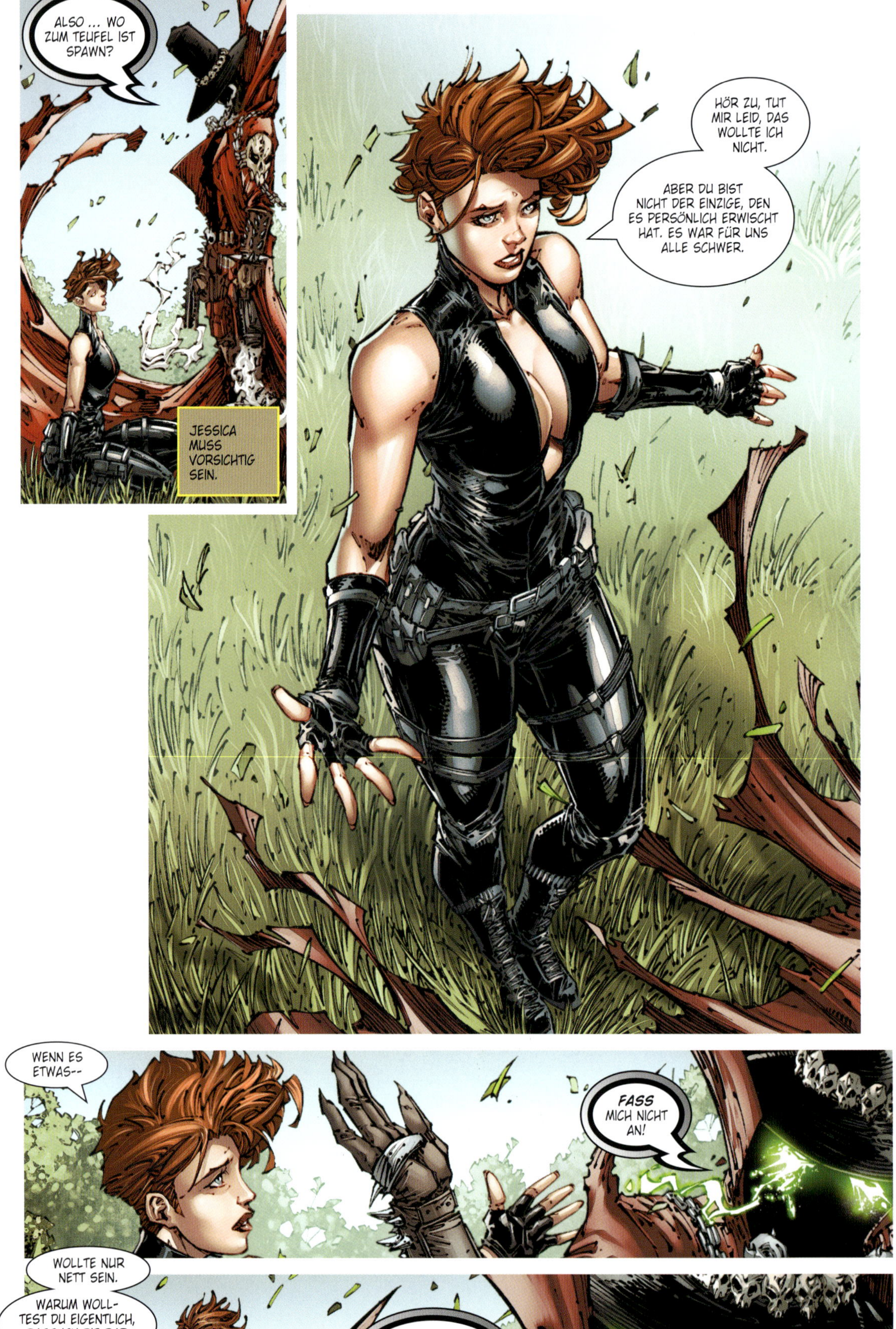
ALSO ... WO ZUM TEUFEL IST SPAWN?
JESSICA MUSS VORSICHTIG SEIN.
HÖR ZU, TUT MIR LEID, DAS WOLLTE ICH NICHT.
ABER DU BIST NICHT DER EINZIGE, DEN ES PERSÖNLICH ERWISCHT HAT. ES WAR FÜR UNS ALLE SCHWER.
WENN ES ETWAS--
FASS MICH NICHT AN!
WOLLTE NUR NETT SEIN.
WARUM WOLL-TEST DU EIGENTLICH, DASS ICH DIE BAR VERLASSE?
ICH BRAUCHTE ETWAS UND HÄTTE ES NICHT GEKRIEGT, WENN DU DA GE-WESEN WÄRST.

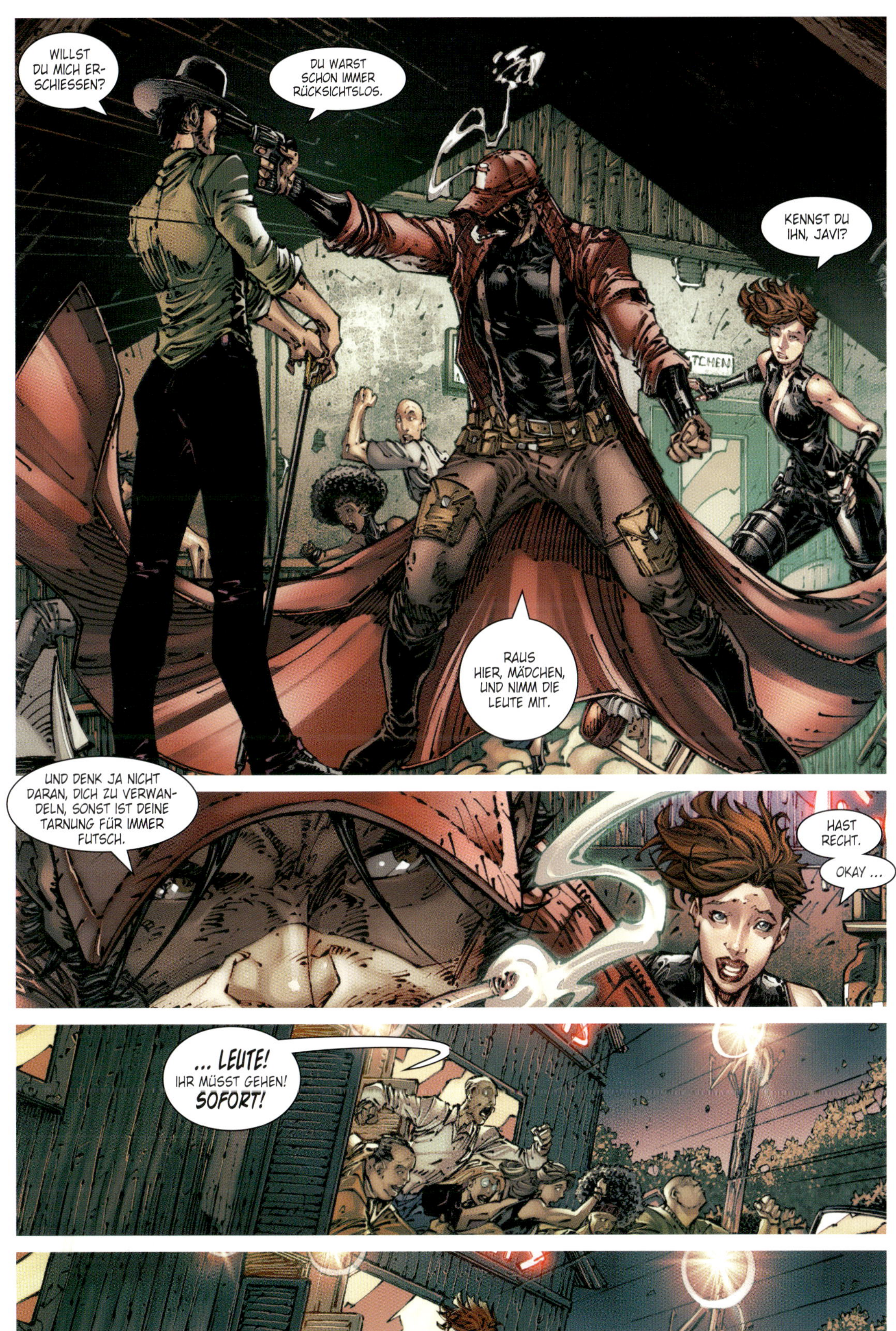

WILLST DU MICH ER-SCHIESSEN?
DU WARST SCHON IMMER RÜCKSICHTSLOS.
KENNST DU IHN, JAVI?
RAUS HIER, MÄDCHEN, UND NIMM DIE LEUTE MIT.
UND DENK JA NICHT DARAN, DICH ZU VERWAN-DELN, SONST IST DEINE TARNUNG FÜR IMMER FUTSCH.
HAST RECHT.
OKAY ...
... LEUTE! IHR MÜSST GEHEN! SOFORT!
RUF, WENN DU MICH BRAUCHST.

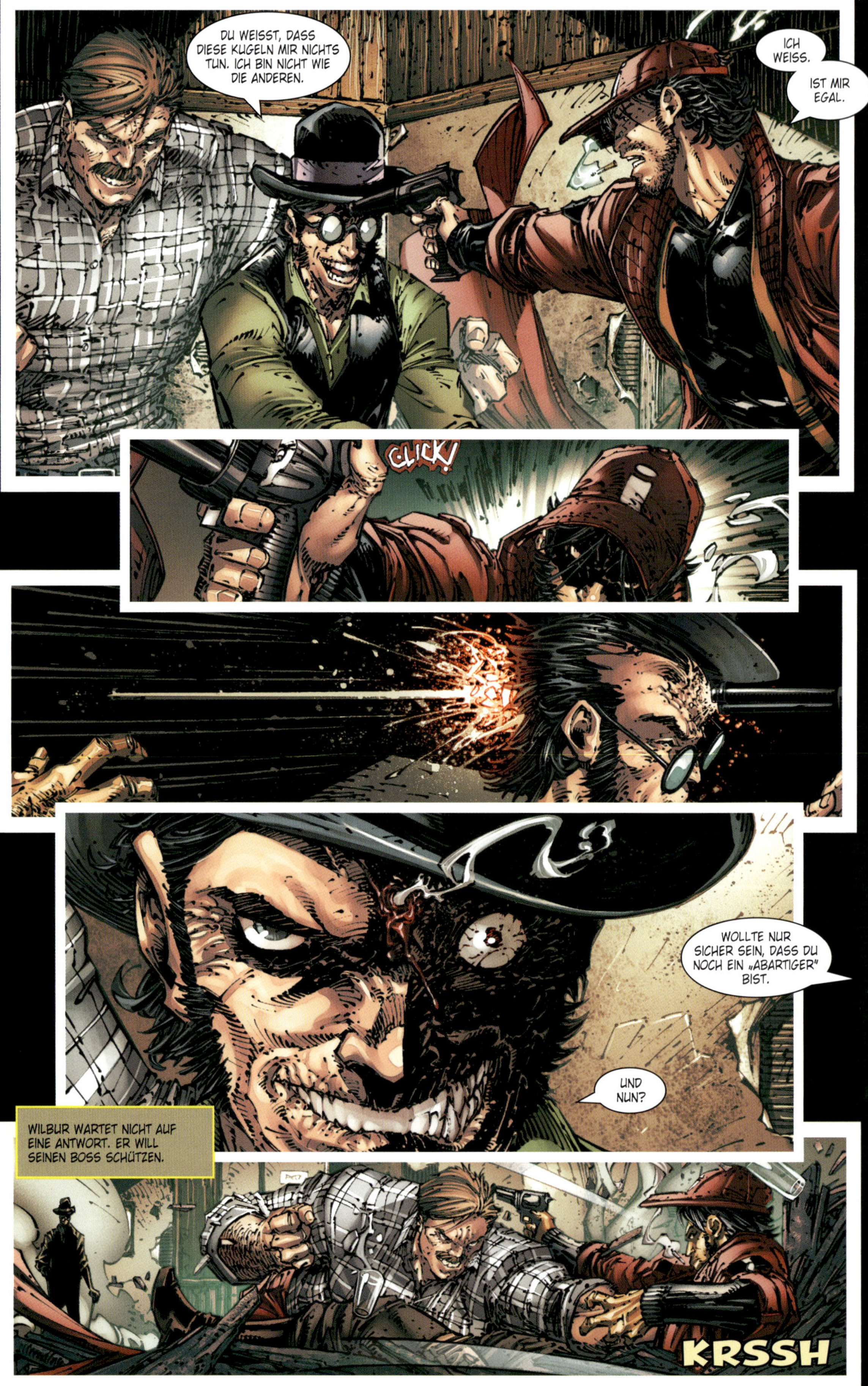
DU WEISST, DASS DIESE KUGELN MIR NICHTS TUN. ICH BIN NICHT WIE DIE ANDEREN.
ICH WEISS.
IST MIR EGAL.
CLICK!
WOLLTE NUR SICHER SEIN, DASS DU NOCH EIN „ABARTIGER" BIST.
UND NUN?
WILBUR WARTET NICHT AUF EINE ANTWORT. ER WILL SEINEN BOSS SCHÜTZEN.
KRSSH

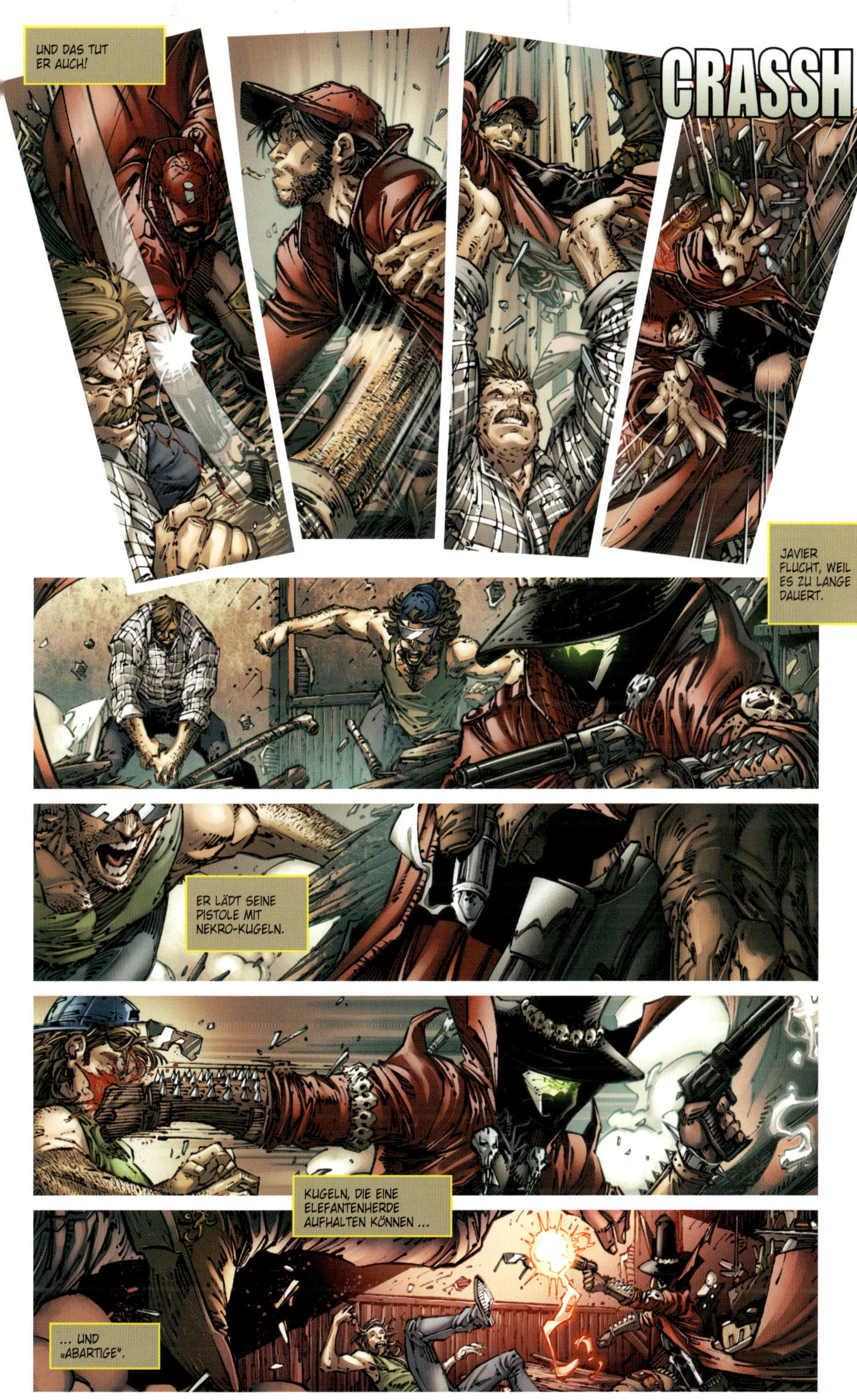
UND DAS TUT ER AUCH!
CRASSH
JAVIER FLUCHT, WEIL ES ZU LANGE DAUERT.
ER LÄDT SEINE PISTOLE MIT NEKRO-KUGELN.
KUGELN, DIE EINE ELEFANTENHERDE AUFHALTEN KÖNNEN ...
... UND „ABARTIGE".

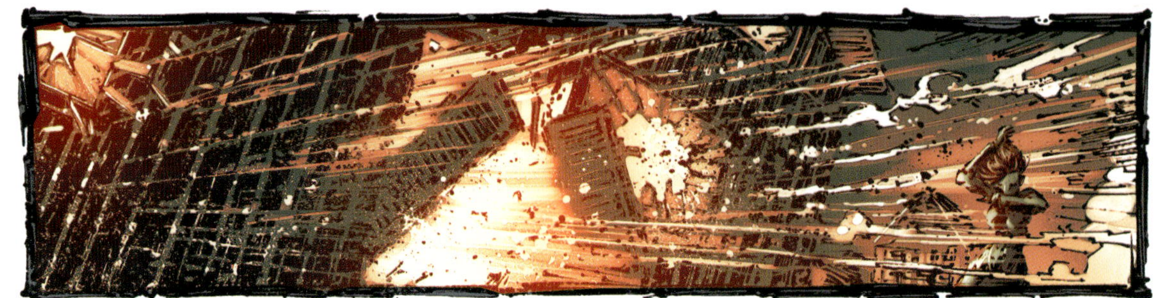

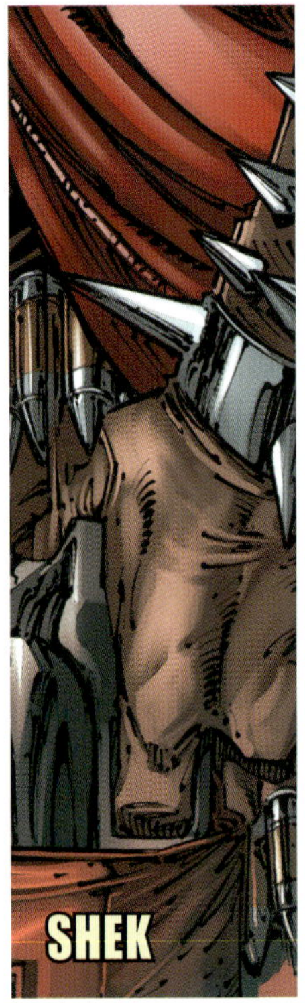
SHEK

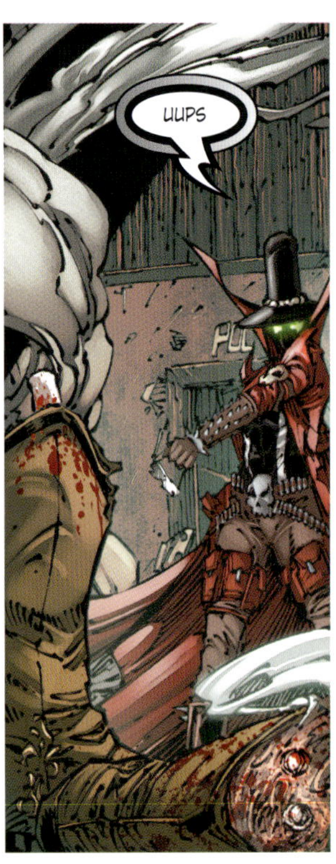
UUPS

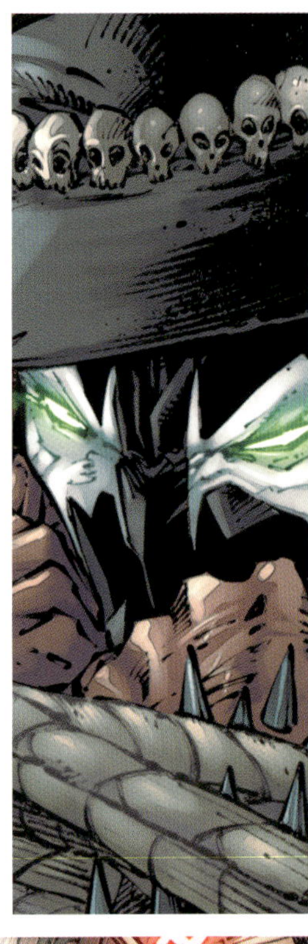

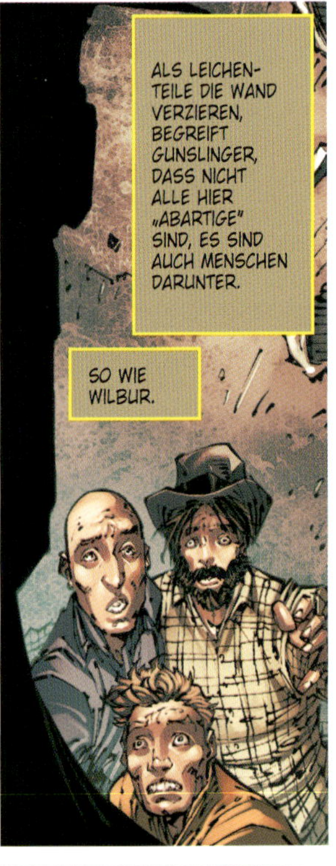
ALS LEICHEN-TEILE DIE WAND VERZIEREN, BEGREIFT GUNSLINGER, DASS NICHT ALLE HIER „ABARTIGE" SIND, ES SIND AUCH MENSCHEN DARUNTER.
SO WIE WILBUR.

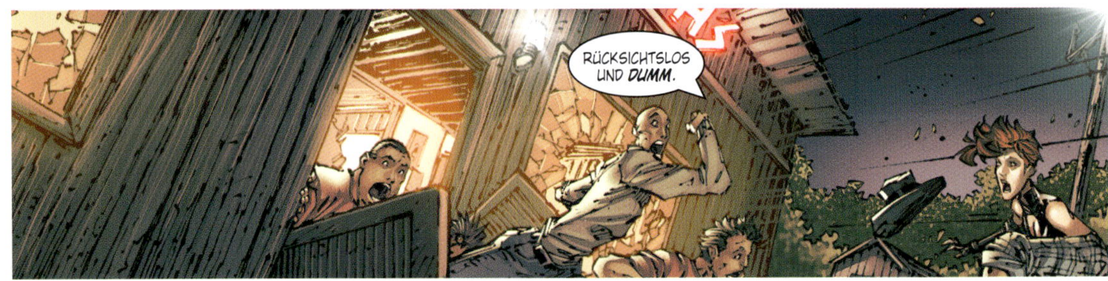
RÜCKSICHTSLOS UND DUMM.

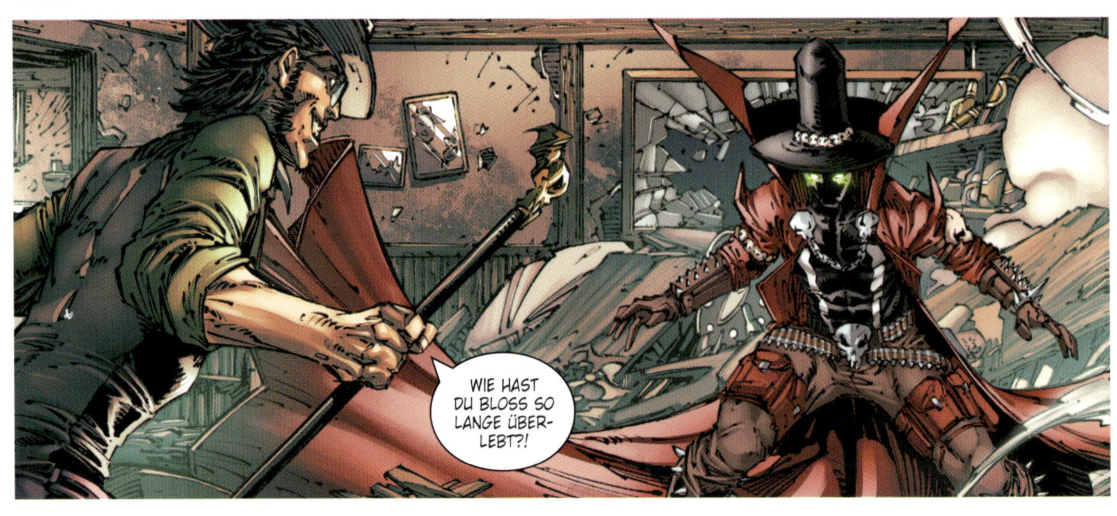
WIE HAST DU BLOSS SO LANGE ÜBER-LEBT?!

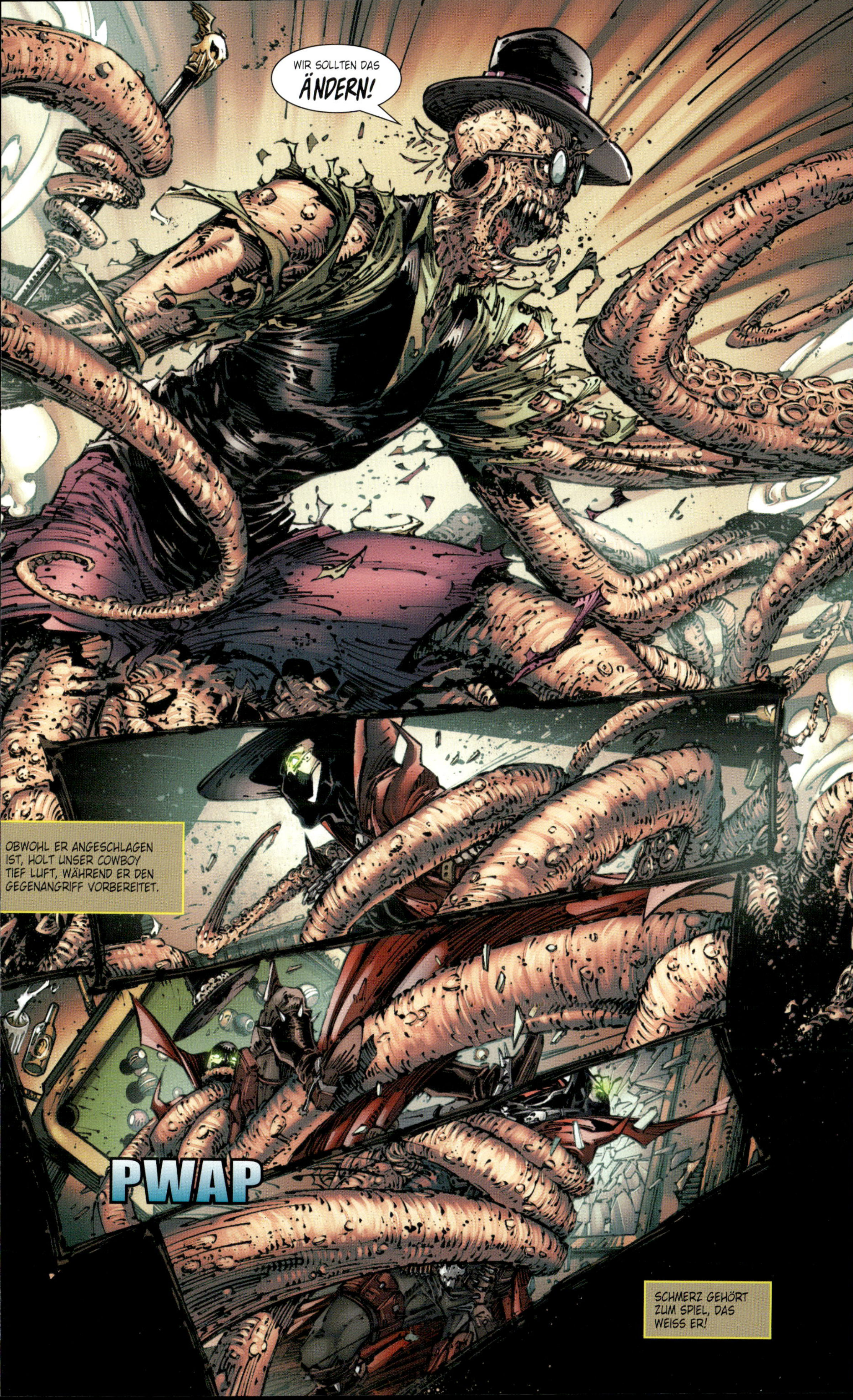
WIR SOLLTEN DAS ÄNDERN!
OBWOHL ER ANGESCHLAGEN IST, HOLT UNSER COWBOY TIEF LUFT, WÄHREND ER DEN GEGENANGRIFF VORBEREITET.
PWAP
SCHMERZ GEHÖRT ZUM SPIEL, DAS WEISS ER!

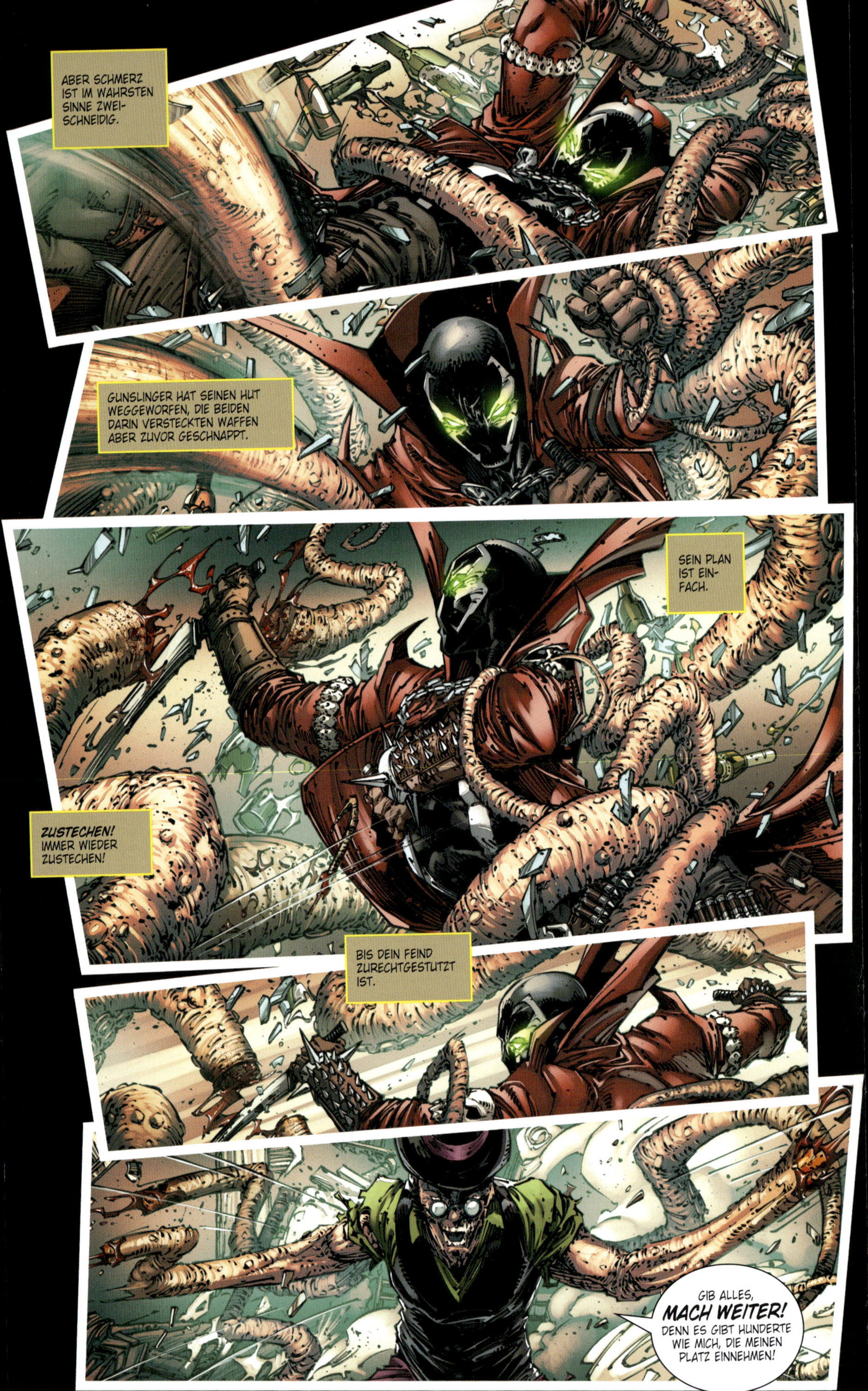

ABER SCHMERZ IST IM WAHRSTEN SINNE ZWEI-SCHNEIDIG.
GUNSLINGER HAT SEINEN HUT WEGGEWORFEN, DIE BEIDEN DARIN VERSTECKTEN WAFFEN ABER ZUVOR GESCHNAPPT.
SEIN PLAN IST EIN-FACH.
ZUSTECHEN! IMMER WIEDER ZUSTECHEN!
BIS DEIN FEIND ZURECHTGESTUTZT IST.
GIB ALLES, MACH WEITER! DENN ES GIBT HUNDERTE WIE MICH, DIE MEINEN PLATZ EINNEHMEN!

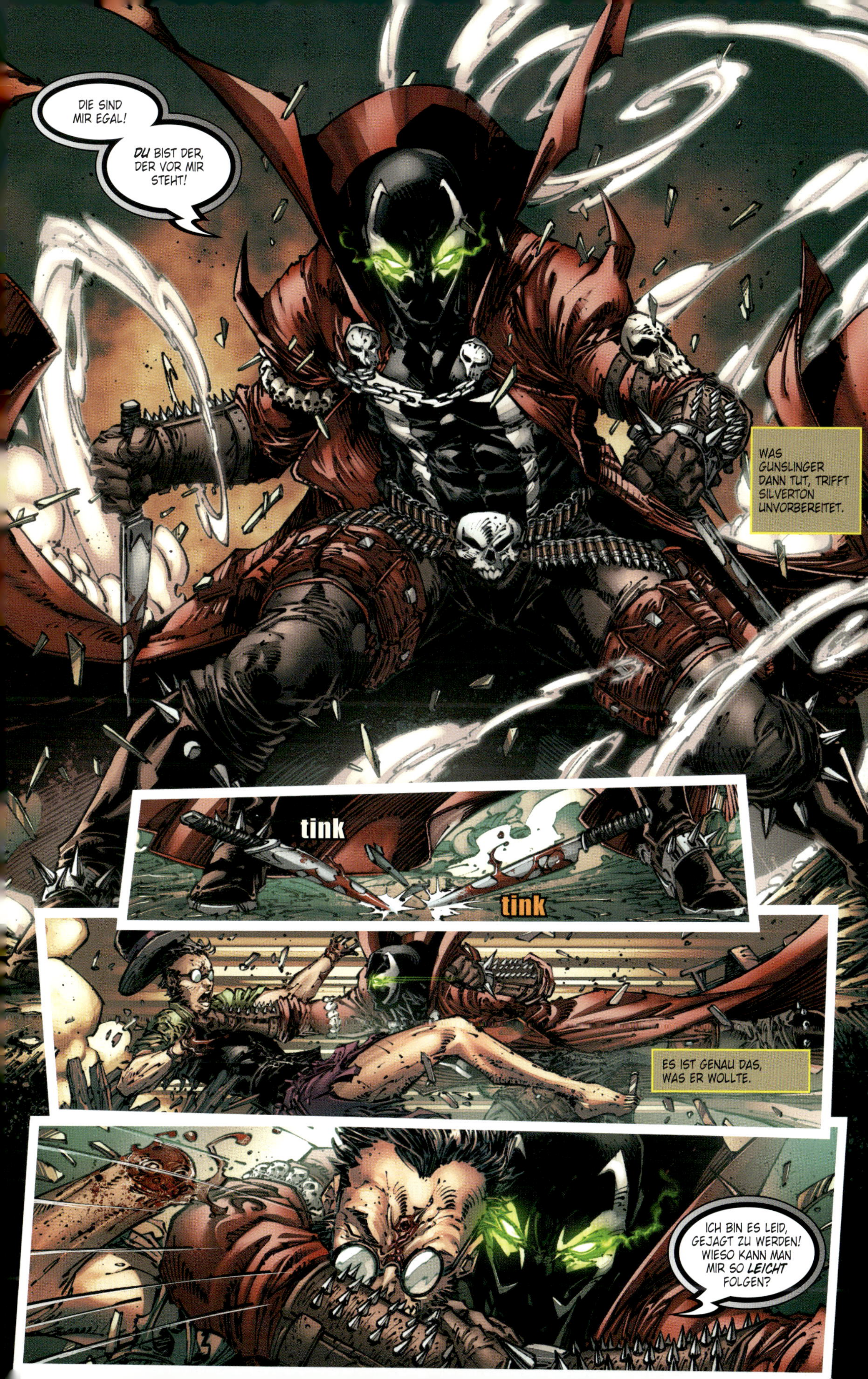
DIE SIND MIR EGAL!
DU BIST DER, DER VOR MIR STEHT!
WAS GUNSLINGER DANN TUT, TRIFFT SILVERTON UNVORBEREITET.
tink
tink
ES IST GENAU DAS, WAS ER WOLLTE.
ICH BIN ES LEID, GEJAGT ZU WERDEN! WIESO KANN MAN MIR SO LEICHT FOLGEN?

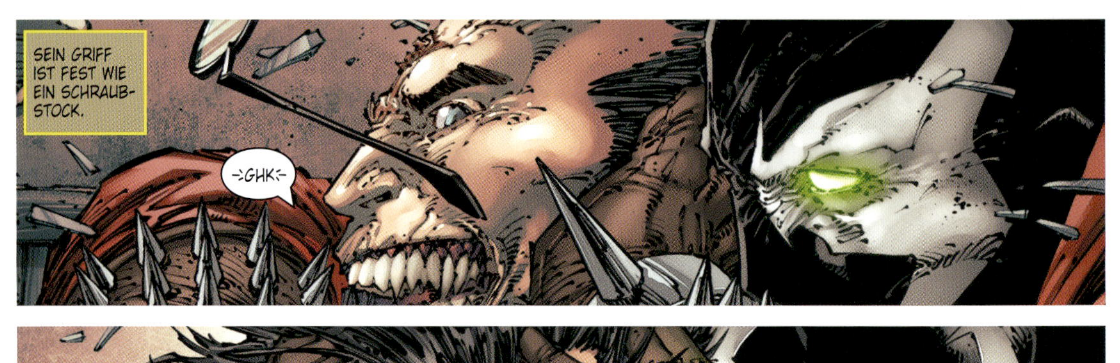
SEIN GRIFF IST FEST WIE EIN SCHRAUB-STOCK.
-GHK-

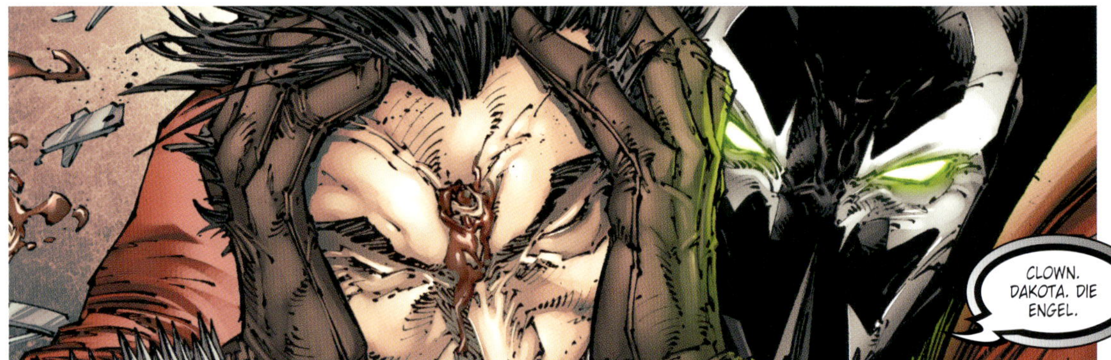
CLOWN. DAKOTA. DIE ENGEL.

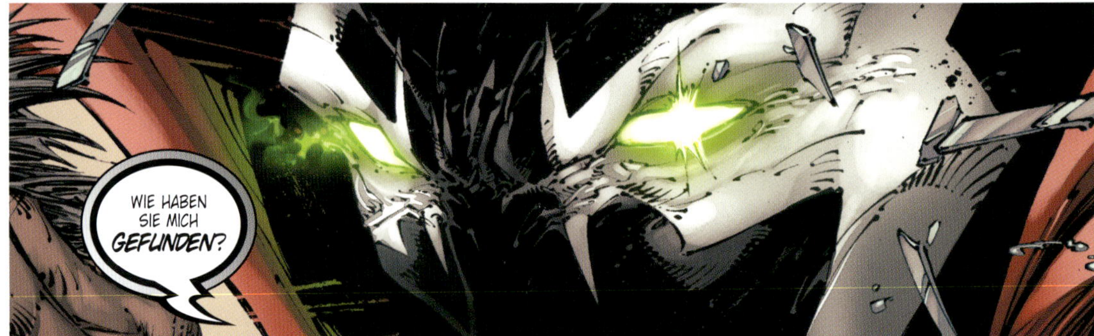
WIE HABEN SIE MICH GEFUNDEN?

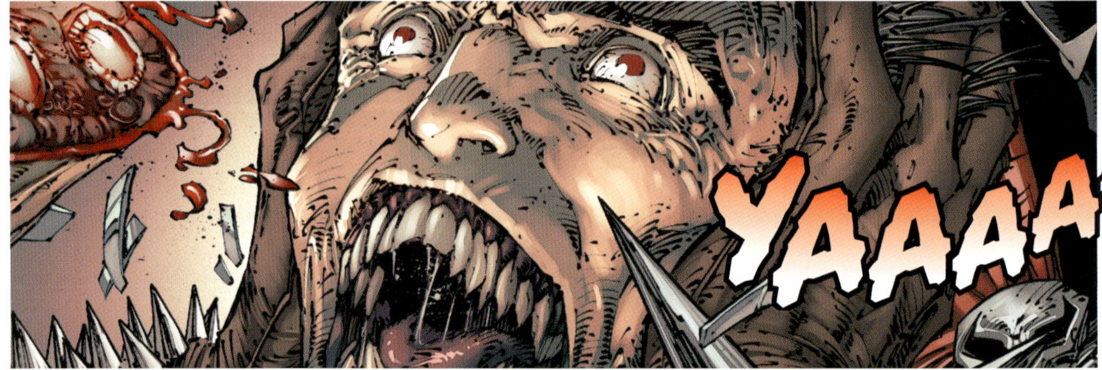
YAAAA

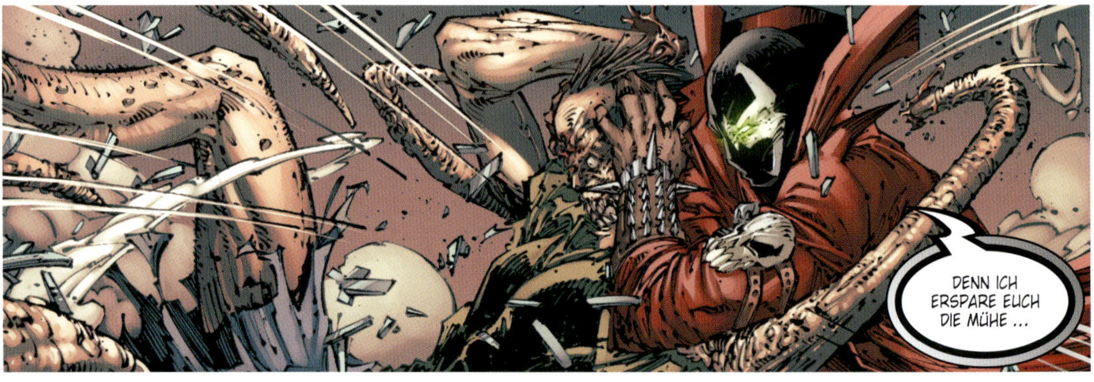
DENN ICH ERSPARE EUCH DIE MÜHE ...

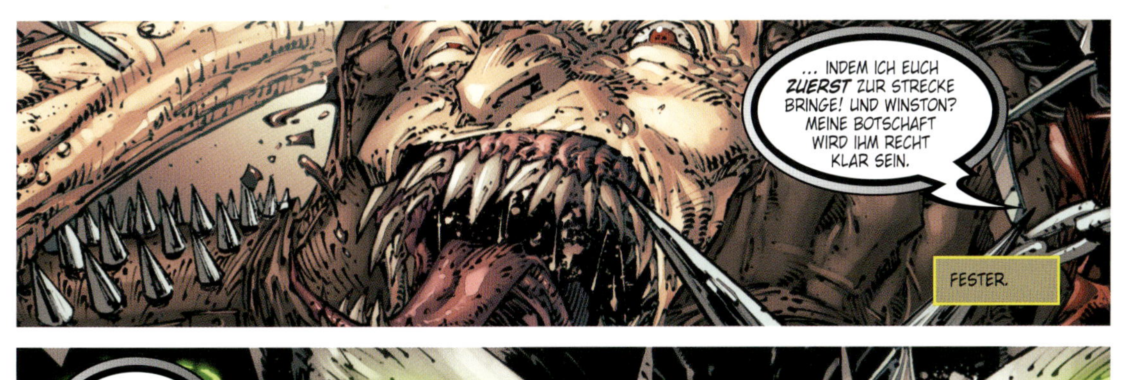
... INDEM ICH EUCH ZUERST ZUR STRECKE BRINGE! UND WINSTON? MEINE BOTSCHAFT WIRD IHM RECHT KLAR SEIN.
FESTER.

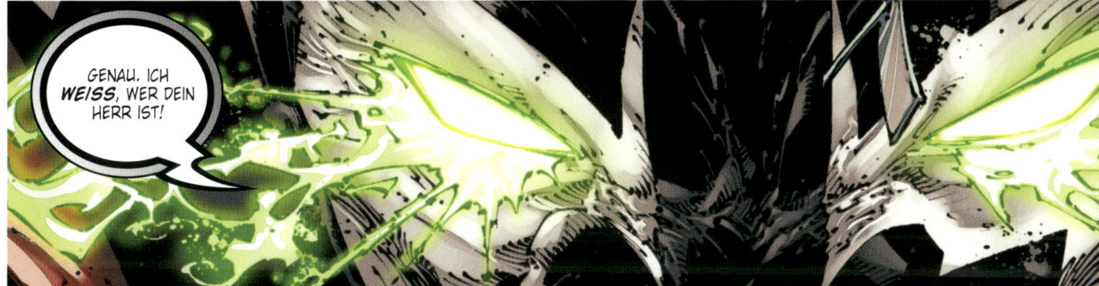
GENAU. ICH WEISS, WER DEIN HERR IST!

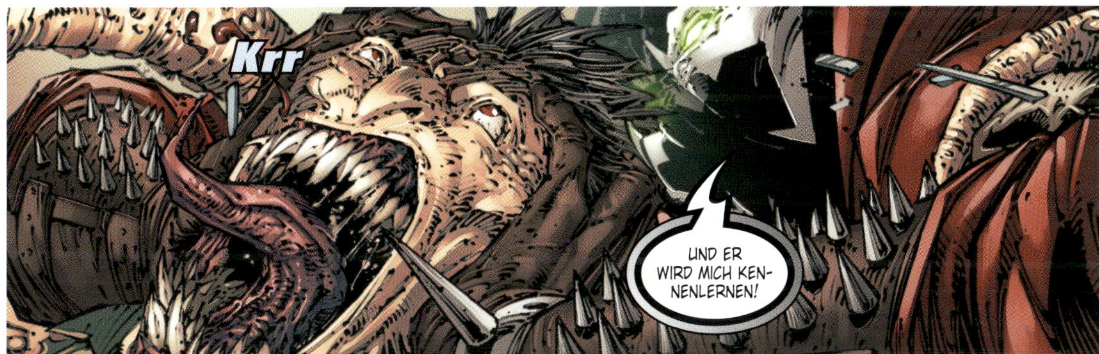
Krr
UND ER WIRD MICH KEN-NENLERNEN!

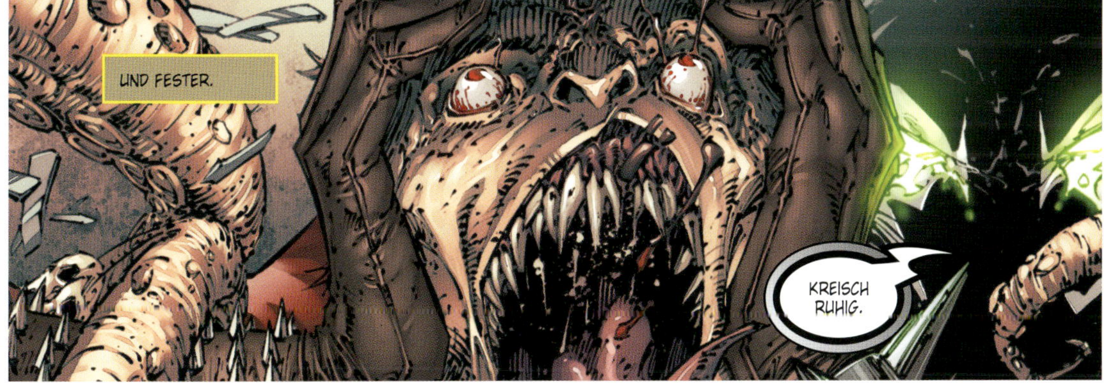
UND FESTER.
KREISCH RUHIG.

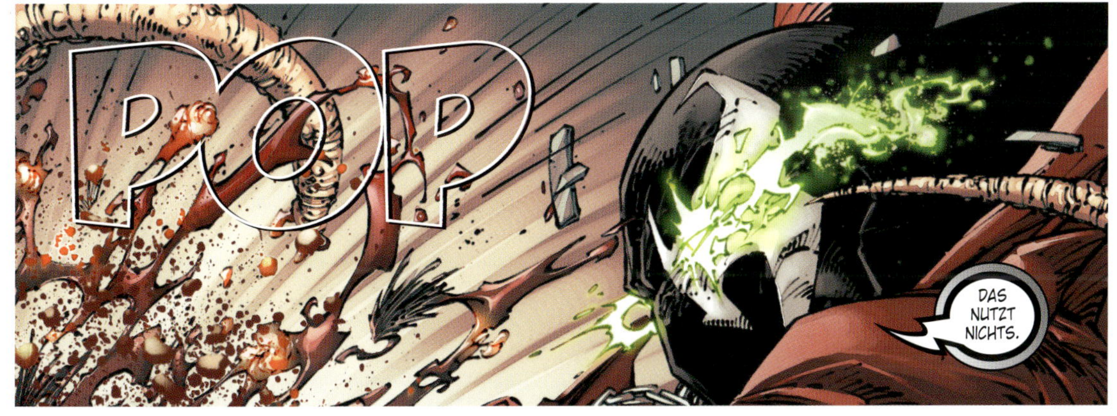
POP
DAS NUTZT NICHTS.

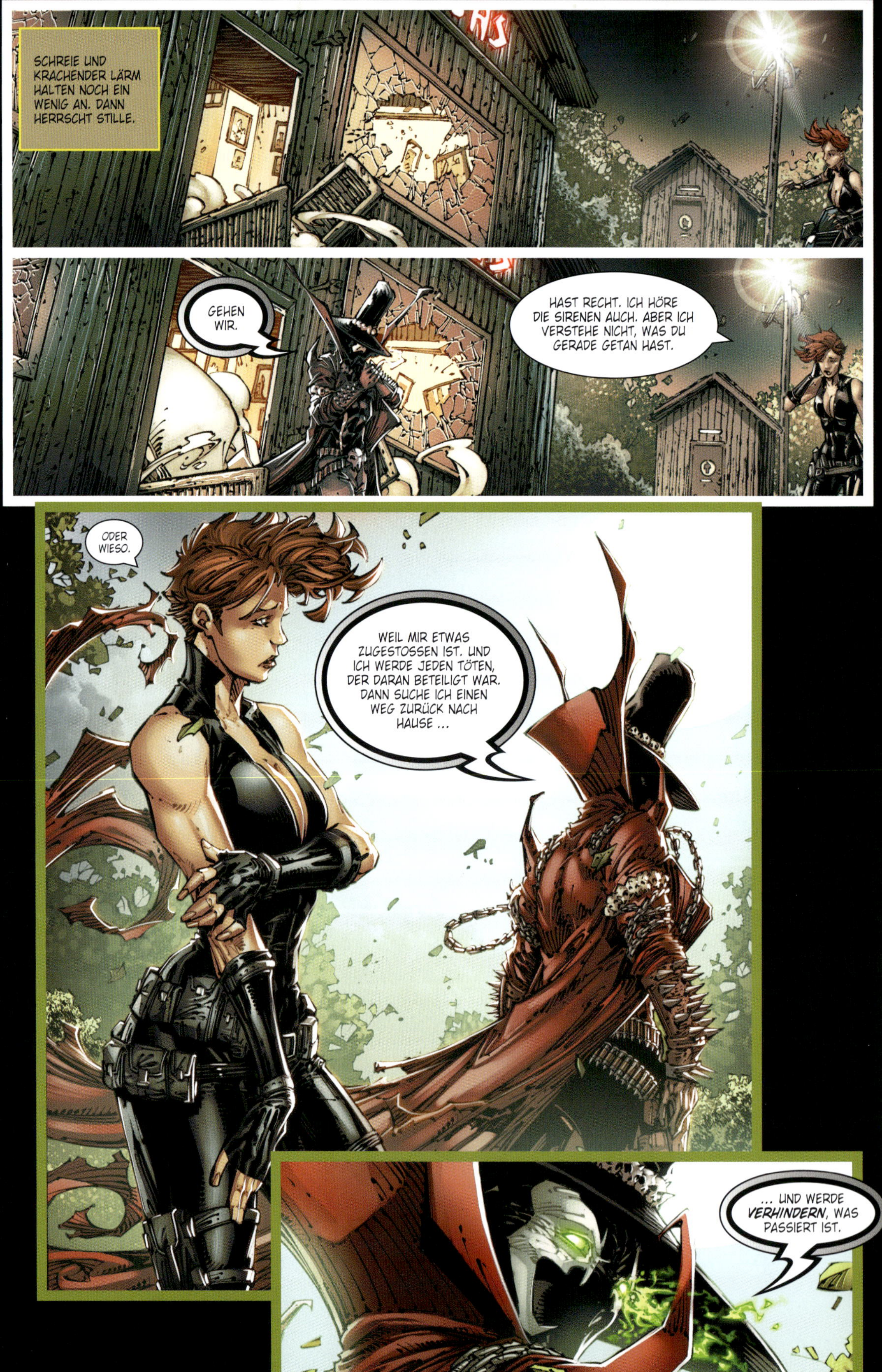
SCHREIE UND KRACHENDER LÄRM HALTEN NOCH EIN WENIG AN. DANN HERRSCHT STILLE.
GEHEN WIR.
HAST RECHT. ICH HÖRE DIE SIRENEN AUCH. ABER ICH VERSTEHE NICHT, WAS DU GERADE GETAN HAST.
ODER WIESO.
WEIL MIR ETWAS ZUGESTOSSEN IST. UND ICH WERDE JEDEN TÖTEN, DER DARAN BETEILIGT WAR. DANN SUCHE ICH EINEN WEG ZURÜCK NACH HAUSE ...
... UND WERDE *VERHINDERN*, WAS PASSIERT IST.

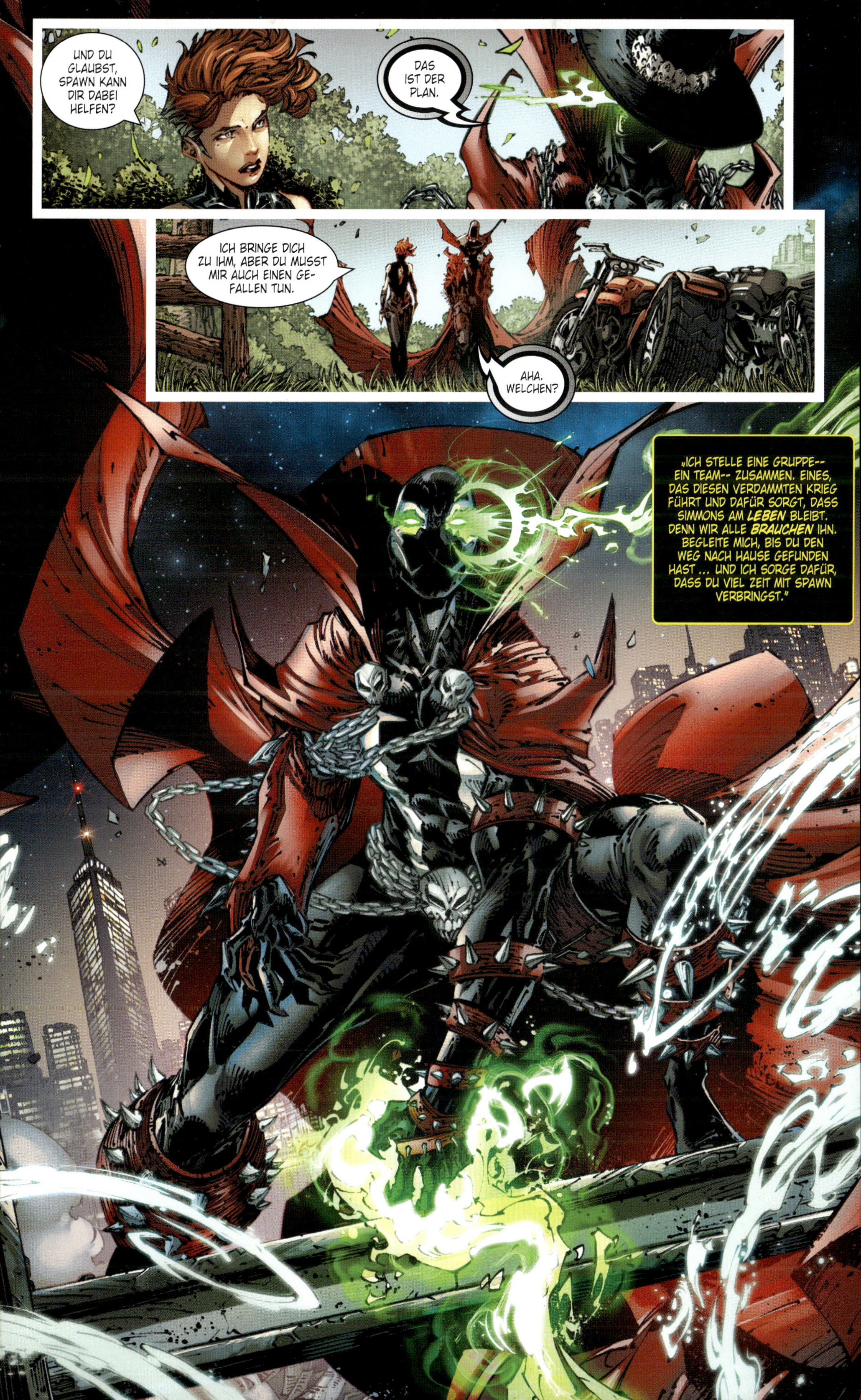
UND DU GLAUBST, SPAWN KANN DIR DABEI HELFEN?
DAS IST DER PLAN.
ICH BRINGE DICH ZU IHM, ABER DU MUSST MIR AUCH EINEN GEFALLEN TUN.
AHA. WELCHEN?
„ICH STELLE EINE GRUPPE-- EIN TEAM-- ZUSAMMEN. EINES, DAS DIESEN VERDAMMTEN KRIEG FÜHRT UND DAFÜR SORGT, DASS SIMMONS AM LEBEN BLEIBT. DENN WIR ALLE BRAUCHEN IHN. BEGLEITE MICH, BIS DU DEN WEG NACH HAUSE GEFUNDEN HAST ... UND ICH SORGE DAFÜR, DASS DU VIEL ZEIT MIT SPAWN VERBRINGST."

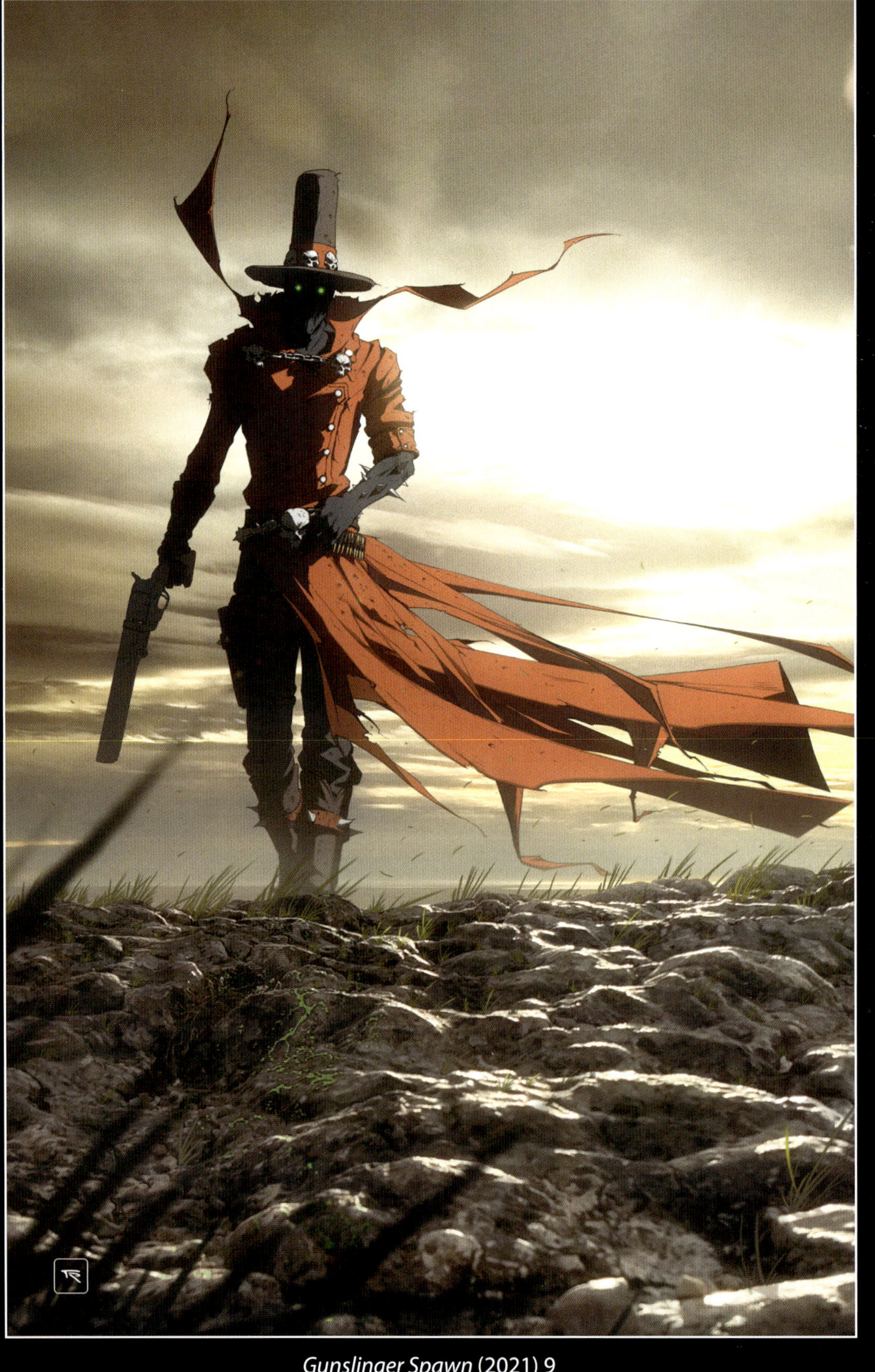

Gunslinger Spawn (2021) 9
Cover von **TONTON REVOLVER**

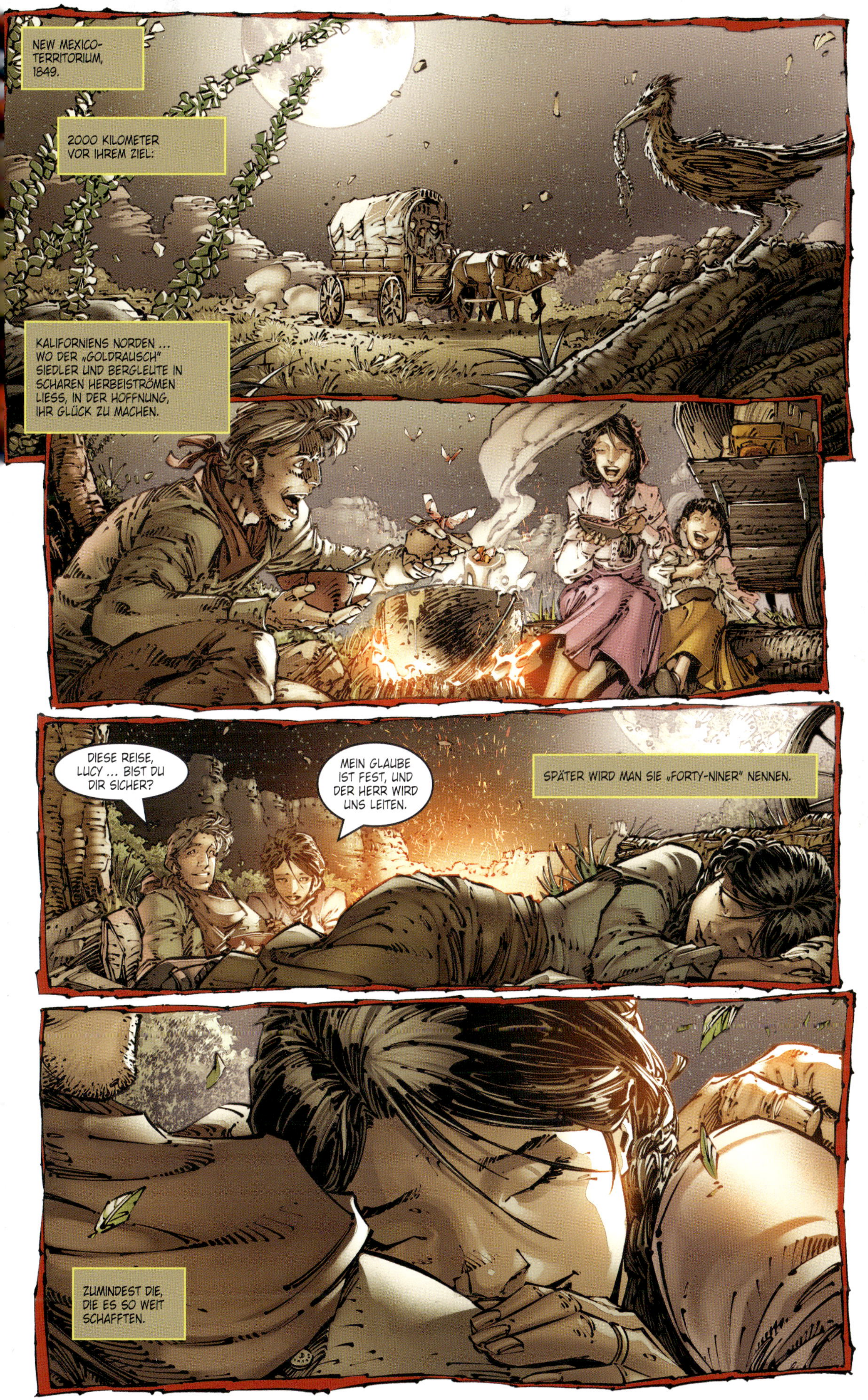
NEW MEXICO-TERRITORIUM, 1849.
2000 KILOMETER VOR IHREM ZIEL:
KALIFORNIENS NORDEN … WO DER „GOLDRAUSCH" SIEDLER UND BERGLEUTE IN SCHAREN HERBEISTRÖMEN LIESS, IN DER HOFFNUNG, IHR GLÜCK ZU MACHEN.
DIESE REISE, LUCY … BIST DU DIR SICHER?
MEIN GLAUBE IST FEST, UND DER HERR WIRD UNS LEITEN.
SPÄTER WIRD MAN SIE „FORTY-NINER" NENNEN.
ZUMINDEST DIE, DIE ES SO WEIT SCHAFFTEN.

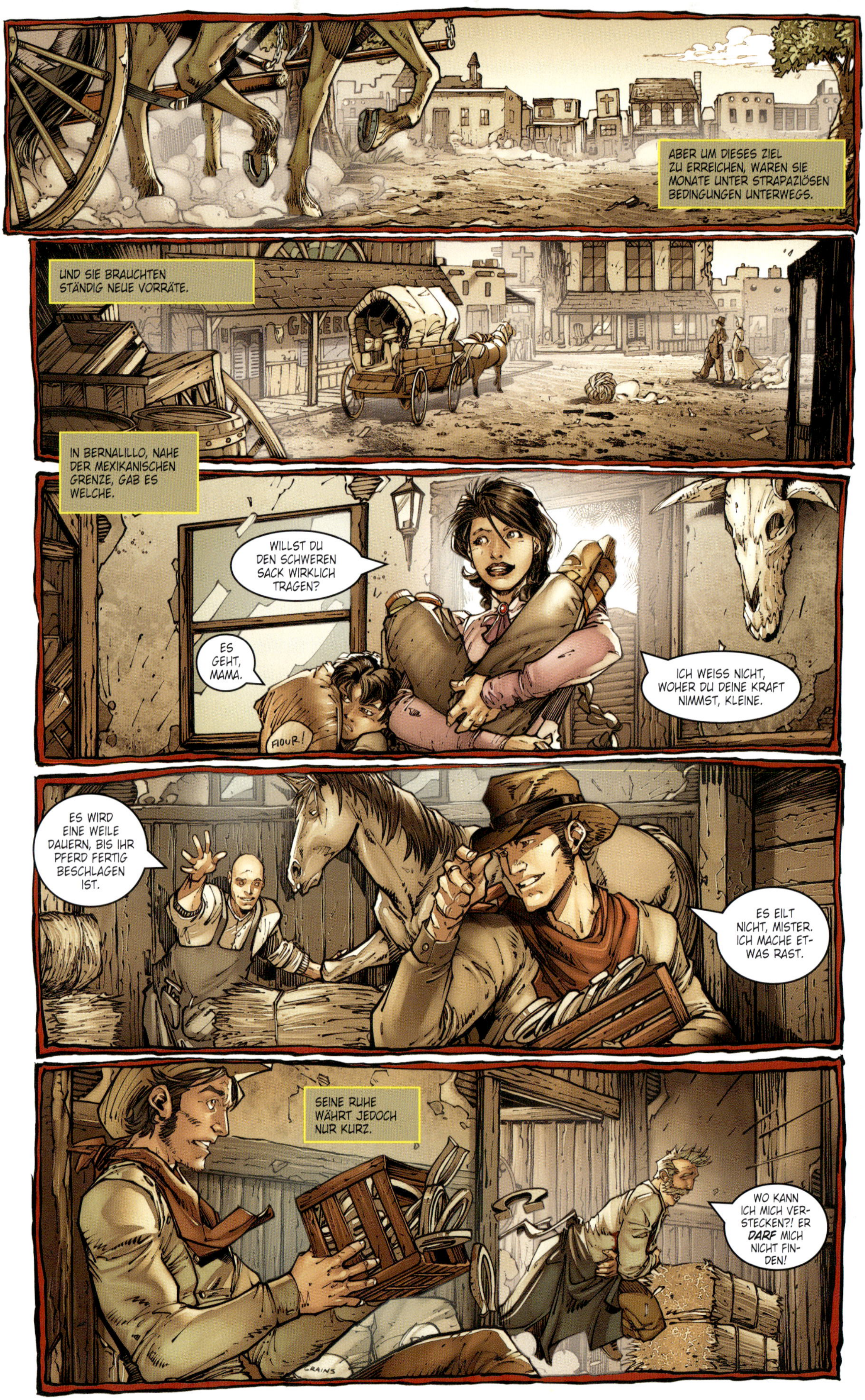

ABER UM DIESES ZIEL ZU ERREICHEN, WAREN SIE MONATE UNTER STRAPAZIÖSEN BEDINGUNGEN UNTERWEGS.

UND SIE BRAUCHTEN STÄNDIG NEUE VORRÄTE.

IN BERNALILLO, NAHE DER MEXIKANISCHEN GRENZE, GAB ES WELCHE.

WILLST DU DEN SCHWEREN SACK WIRKLICH TRAGEN?

ES GEHT, MAMA.

ICH WEISS NICHT, WOHER DU DEINE KRAFT NIMMST, KLEINE.

ES WIRD EINE WEILE DAUERN, BIS IHR PFERD FERTIG BESCHLAGEN IST.

ES EILT NICHT, MISTER. ICH MACHE ETWAS RAST.

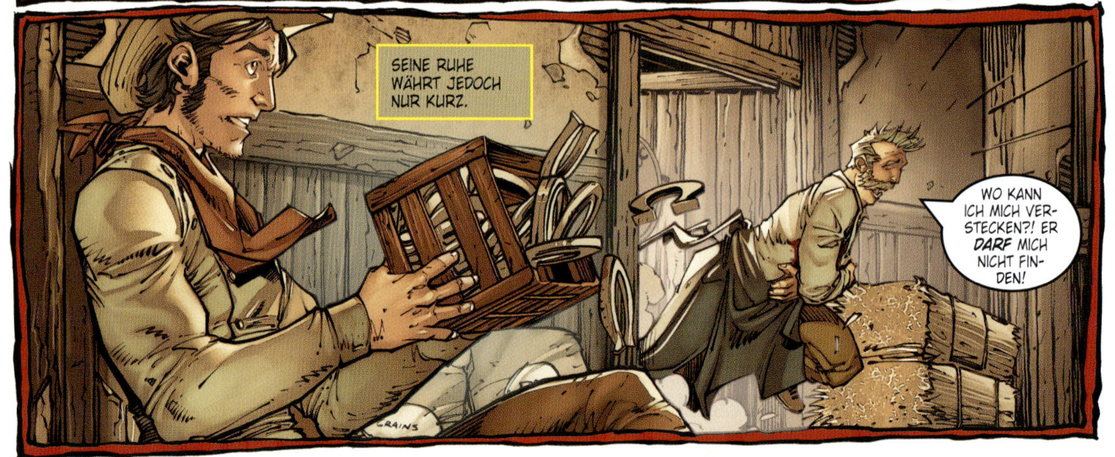

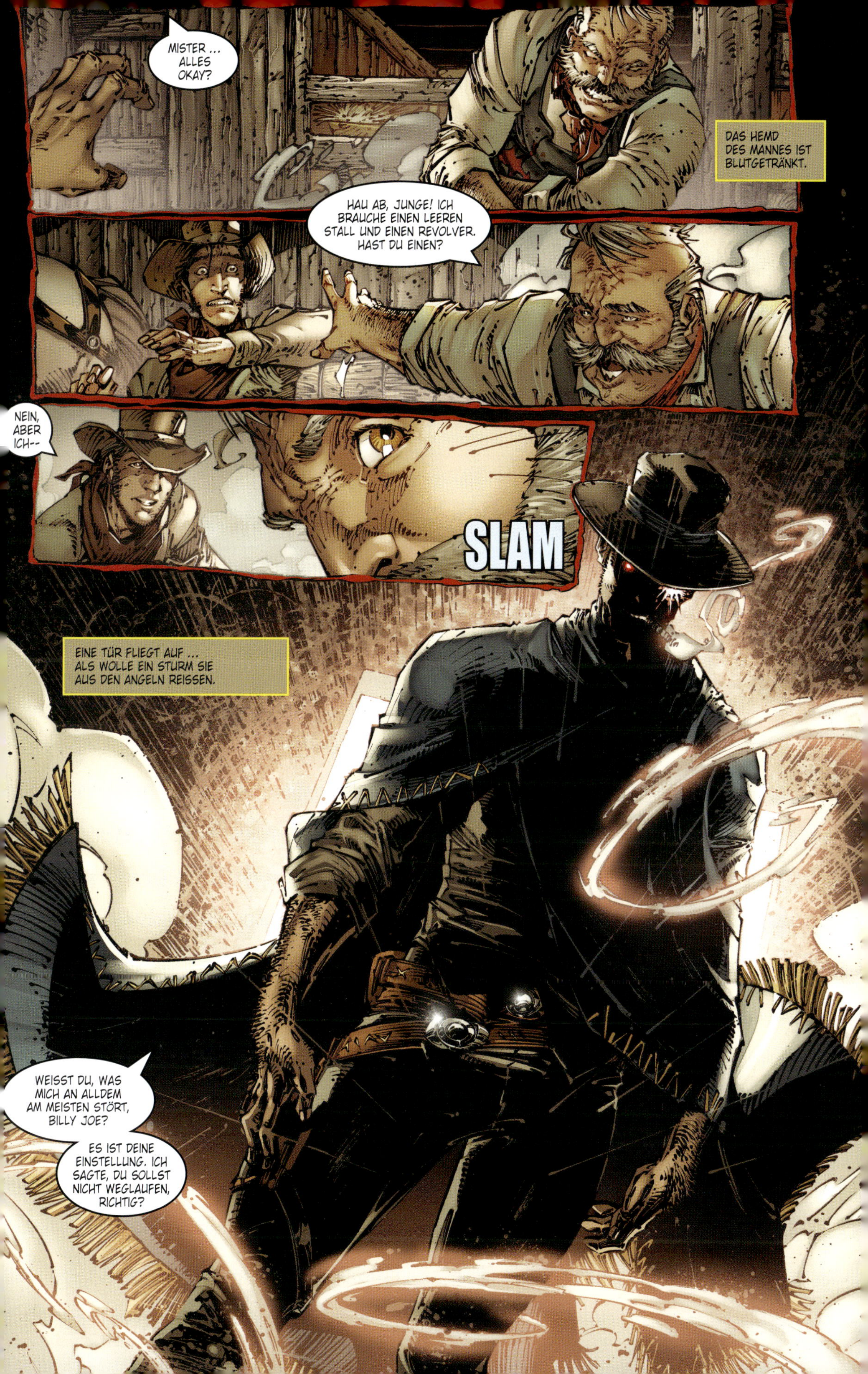
MISTER ... ALLES OKAY?
DAS HEMD DES MANNES IST BLUTGETRÄNKT.
HAU AB, JUNGE! ICH BRAUCHE EINEN LEEREN STALL UND EINEN REVOLVER. HAST DU EINEN?
NEIN, ABER ICH--
SLAM
EINE TÜR FLIEGT AUF ... ALS WOLLE EIN STURM SIE AUS DEN ANGELN REISSEN.
WEISST DU, WAS MICH AN ALLDEM AM MEISTEN STÖRT, BILLY JOE?
ES IST DEINE EINSTELLUNG. ICH SAGTE, DU SOLLST NICHT WEGLAUFEN, RICHTIG?

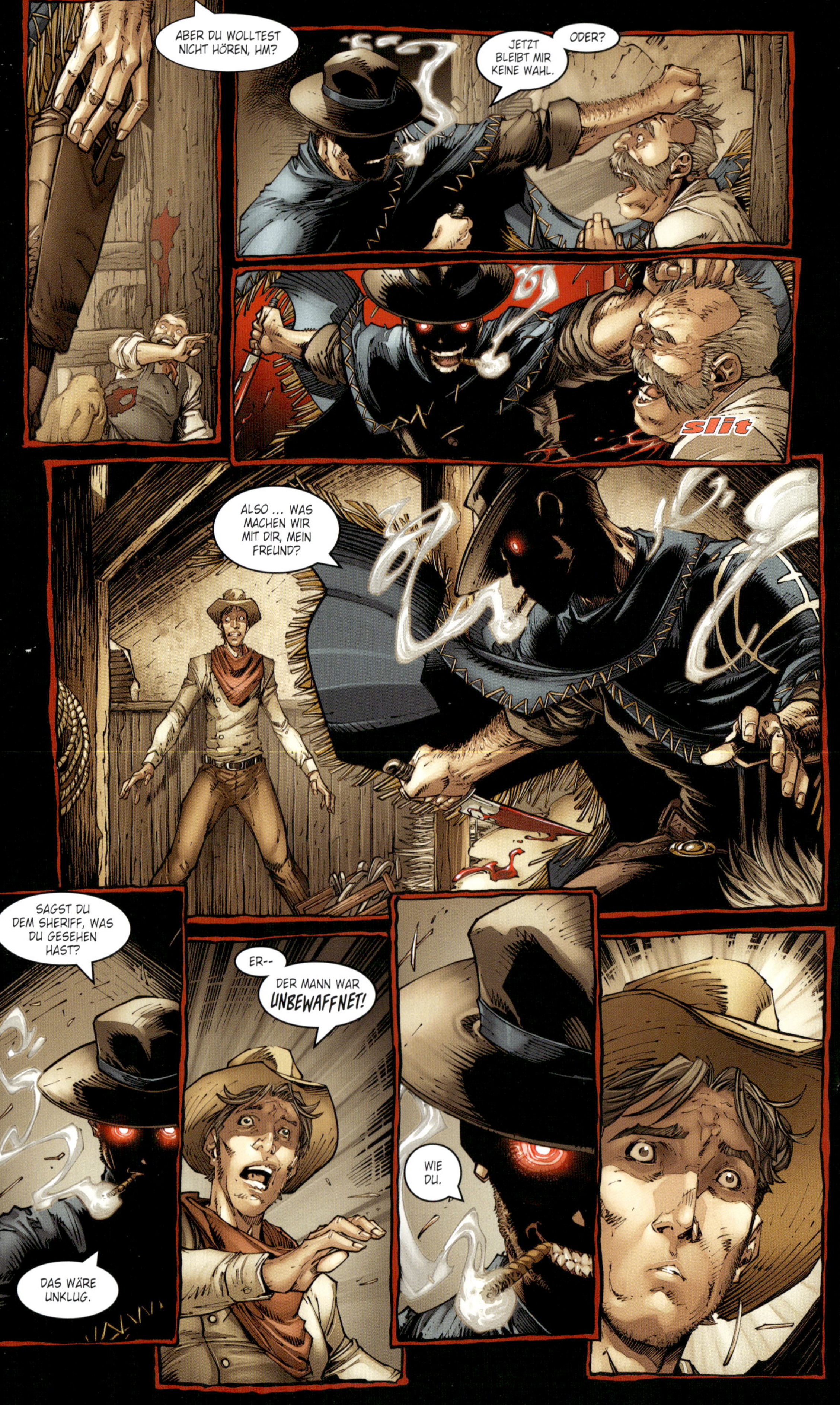
ABER DU WOLLTEST NICHT HÖREN, HM?
JETZT BLEIBT MIR KEINE WAHL.
ODER?
slit
ALSO ... WAS MACHEN WIR MIT DIR, MEIN FREUND?
SAGST DU DEM SHERIFF, WAS DU GESEHEN HAST?
DAS WÄRE UNKLUG.
ER--
DER MANN WAR UNBEWAFFNET!
WIE DU.

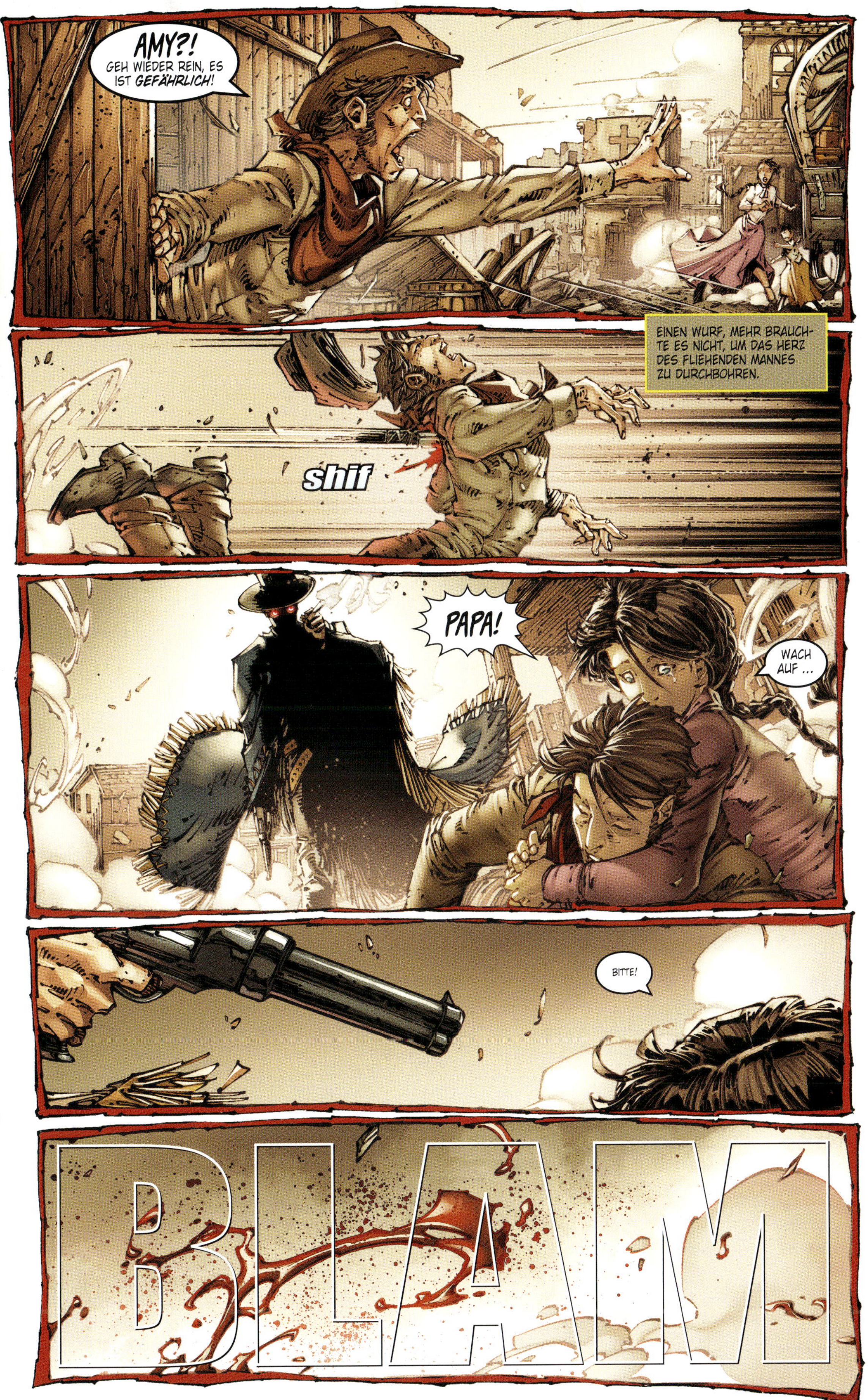
AMY?!
GEH WIEDER REIN, ES IST GEFÄHRLICH!
EINEN WURF, MEHR BRAUCHTE ES NICHT, UM DAS HERZ DES FLIEHENDEN MANNES ZU DURCHBOHREN.
shif
PAPA!
WACH AUF ...
BITTE!
BLAM

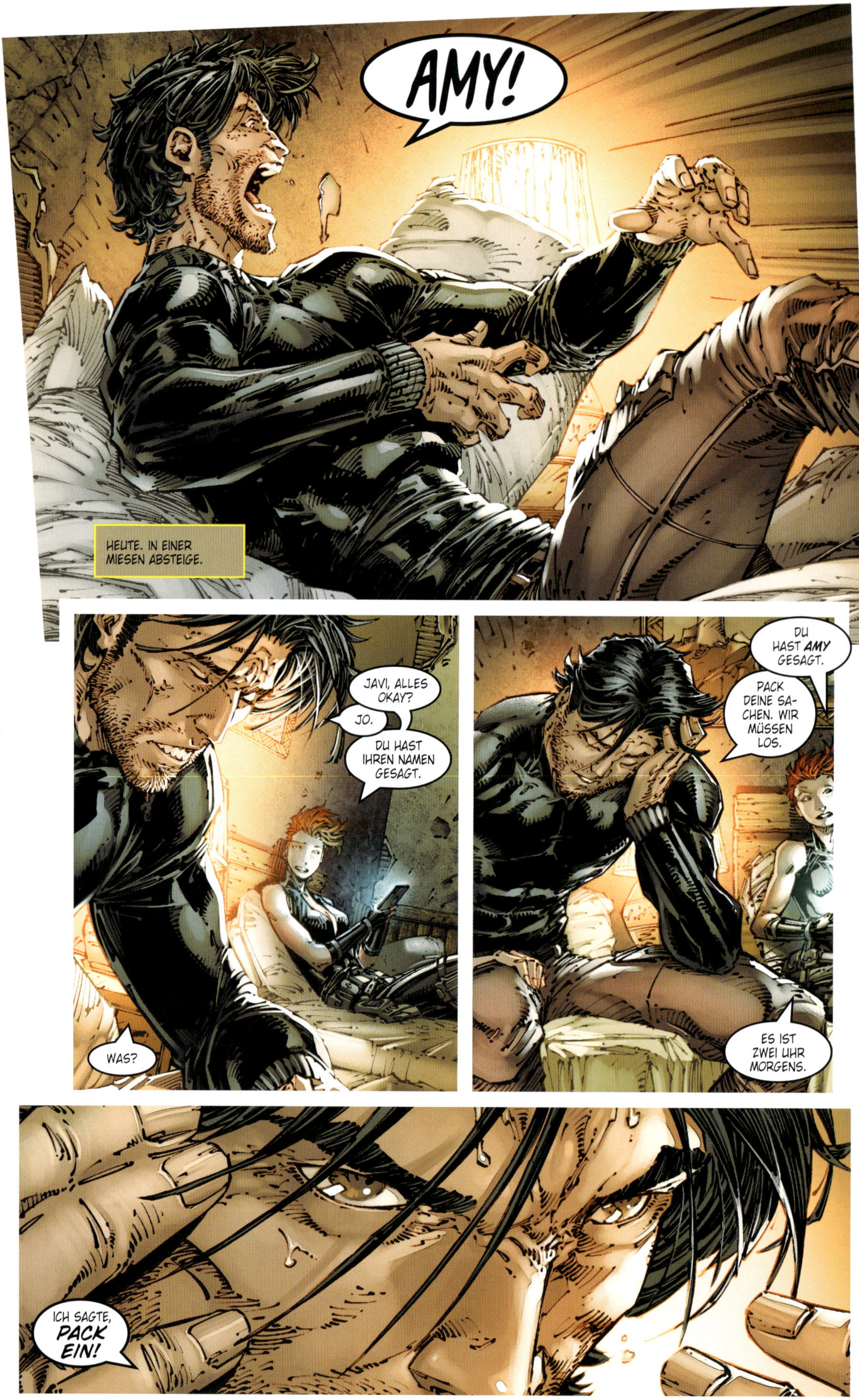

AMY!

HEUTE. IN EINER MIESEN ABSTEIGE.

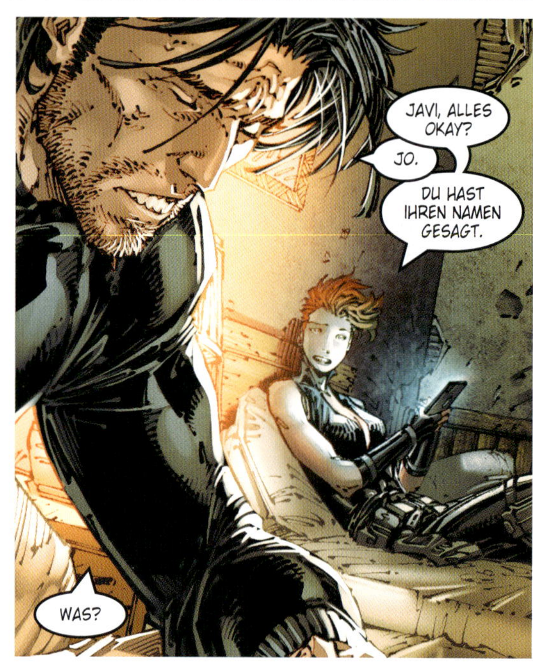

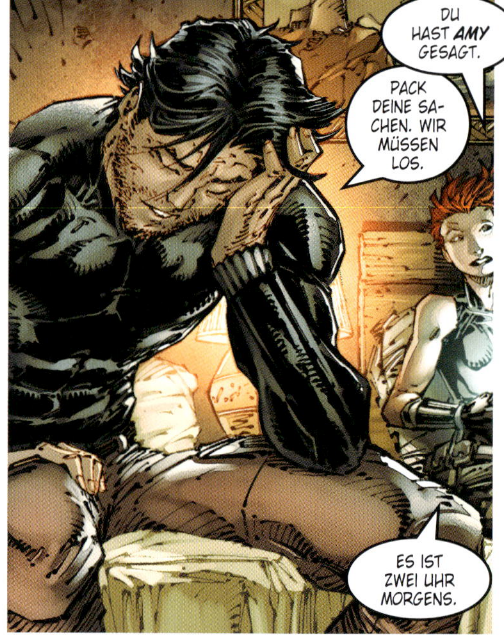

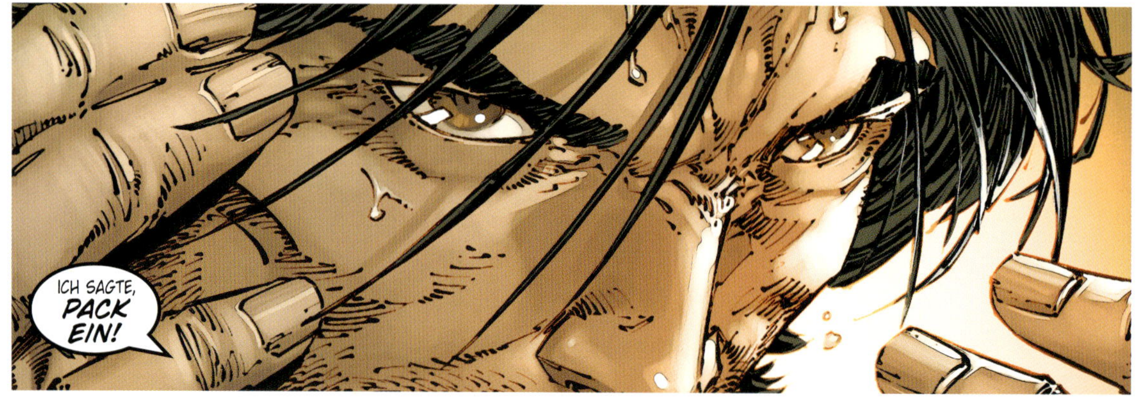

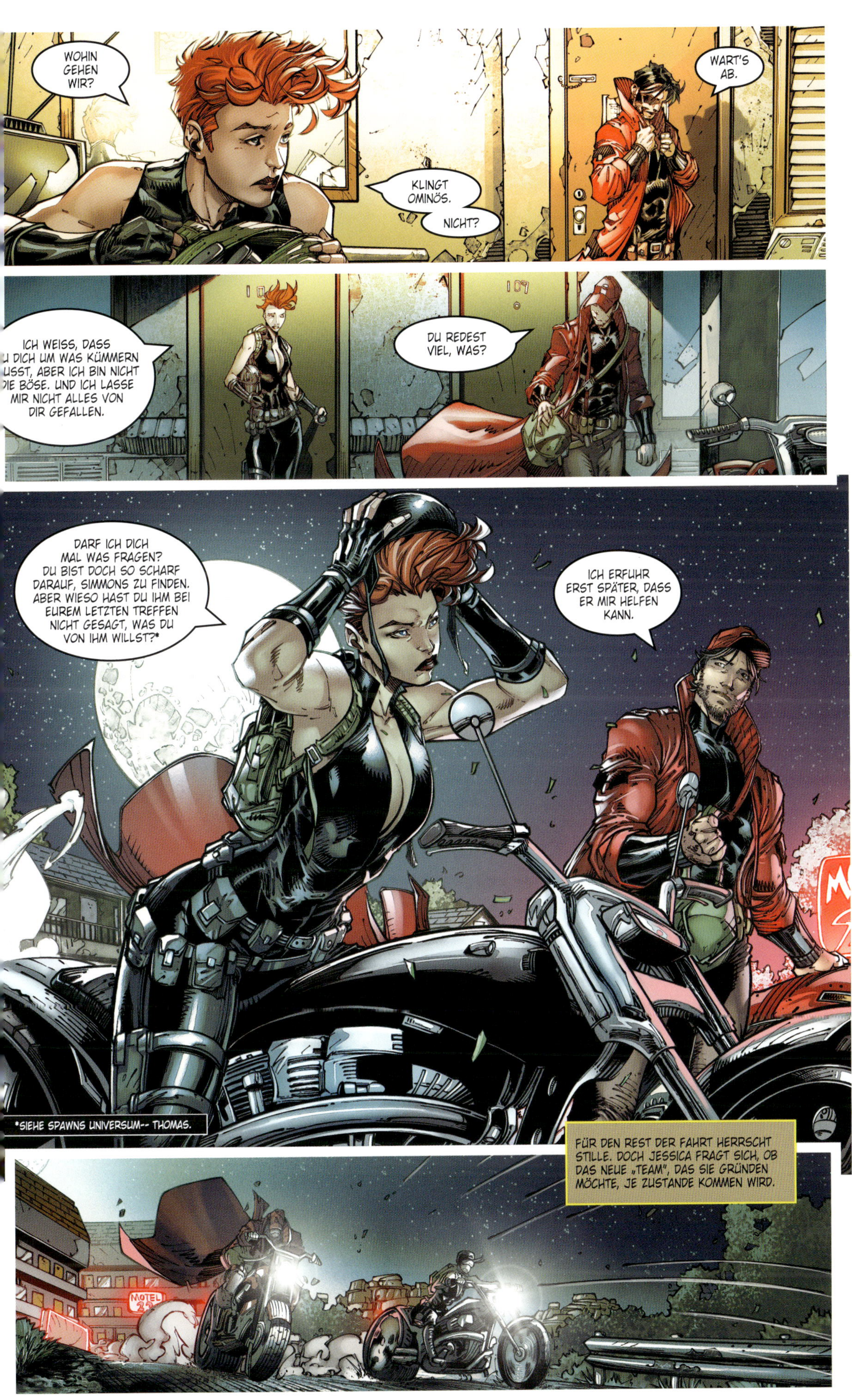
WOHIN GEHEN WIR?
WART'S AB.
KLINGT OMINÖS.
NICHT?
ICH WEISS, DASS U DICH UM WAS KÜMMERN USST, ABER ICH BIN NICHT IE BÖSE. UND ICH LASSE MIR NICHT ALLES VON DIR GEFALLEN.
DU REDEST VIEL, WAS?
DARF ICH DICH MAL WAS FRAGEN? DU BIST DOCH SO SCHARF DARAUF, SIMMONS ZU FINDEN. ABER WIESO HAST DU IHM BEI EUREM LETZTEN TREFFEN NICHT GESAGT, WAS DU VON IHM WILLST?*
ICH ERFUHR ERST SPÄTER, DASS ER MIR HELFEN KANN.
*SIEHE SPAWNS UNIVERSUM-- THOMAS.
FÜR DEN REST DER FAHRT HERRSCHT STILLE. DOCH JESSICA FRAGT SICH, OB DAS NEUE „TEAM", DAS SIE GRÜNDEN MÖCHTE, JE ZUSTANDE KOMMEN WIRD.
MOTEL

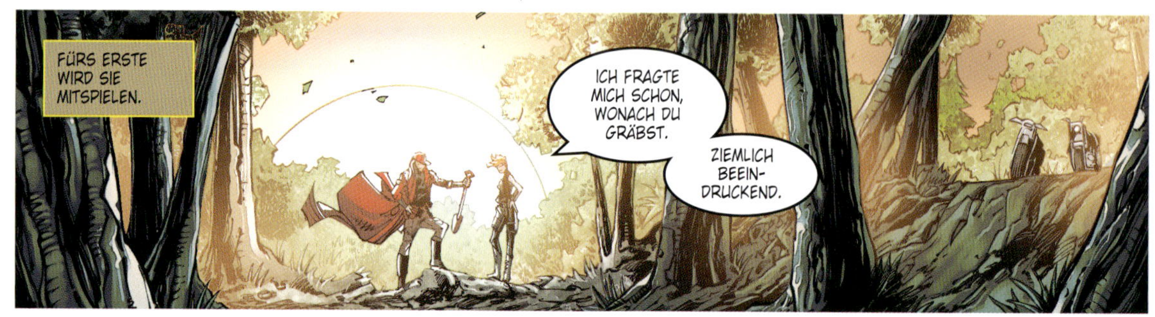
FÜRS ERSTE WIRD SIE MITSPIELEN.
ICH FRAGTE MICH SCHON, WONACH DU GRÄBST.
ZIEMLICH BEEIN-DRUCKEND.

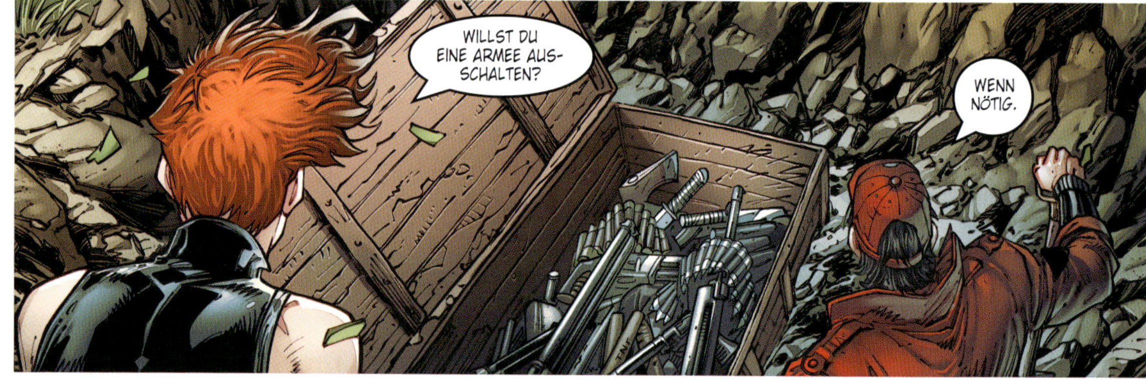
WILLST DU EINE ARMEE AUS-SCHALTEN?
WENN NÖTIG.

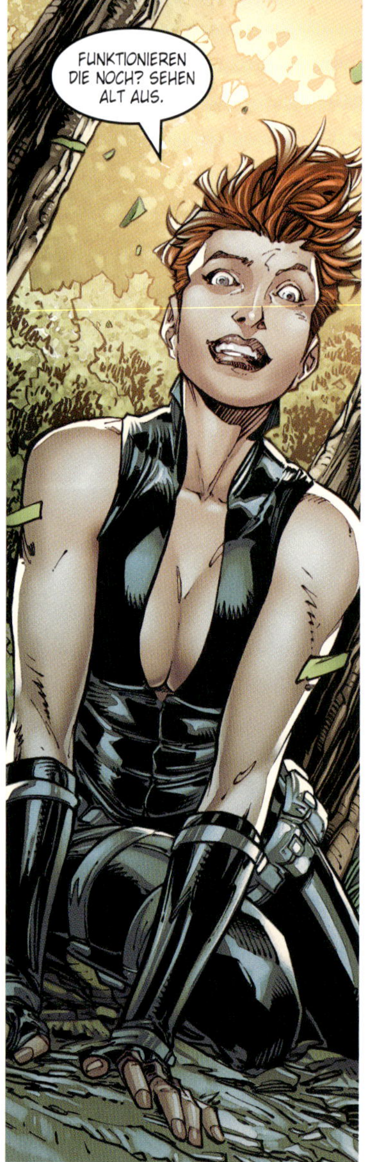
FUNKTIONIEREN DIE NOCH? SEHEN ALT AUS.

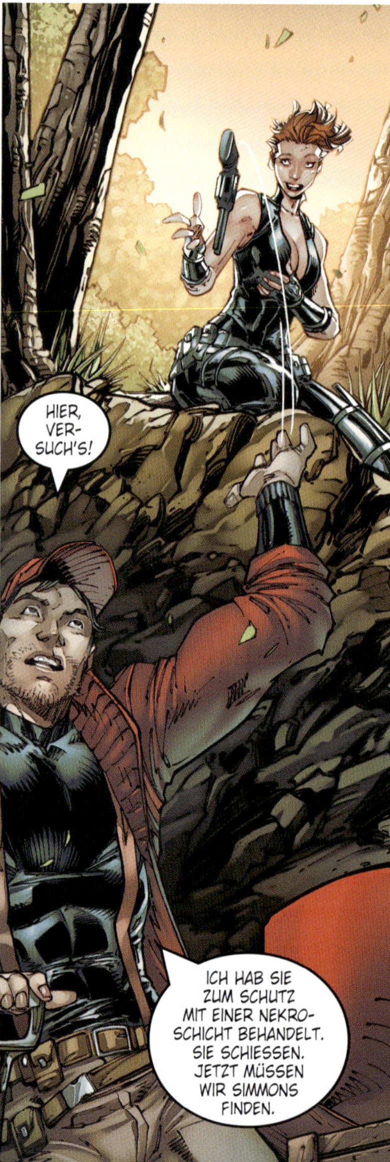
HIER, VER-SUCH'S!
ICH HAB SIE ZUM SCHUTZ MIT EINER NEKRO-SCHICHT BEHANDELT. SIE SCHIESSEN. JETZT MÜSSEN WIR SIMMONS FINDEN.

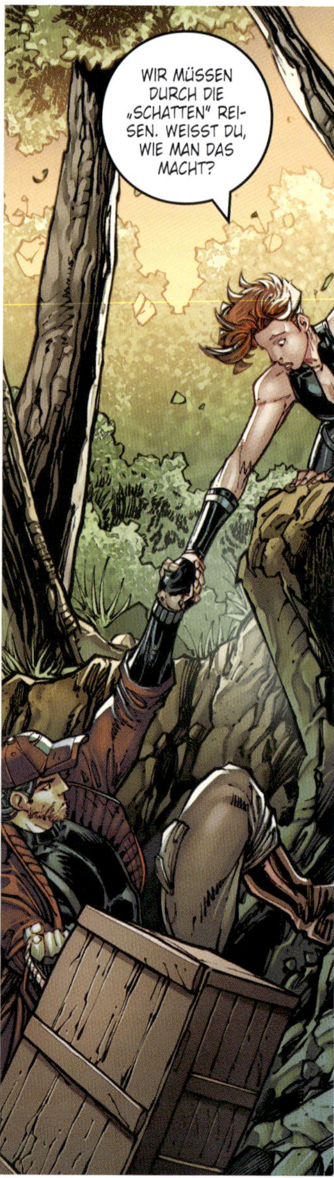
WIR MÜSSEN DURCH DIE „SCHATTEN" REI-SEN. WEISST DU, WIE MAN DAS MACHT?

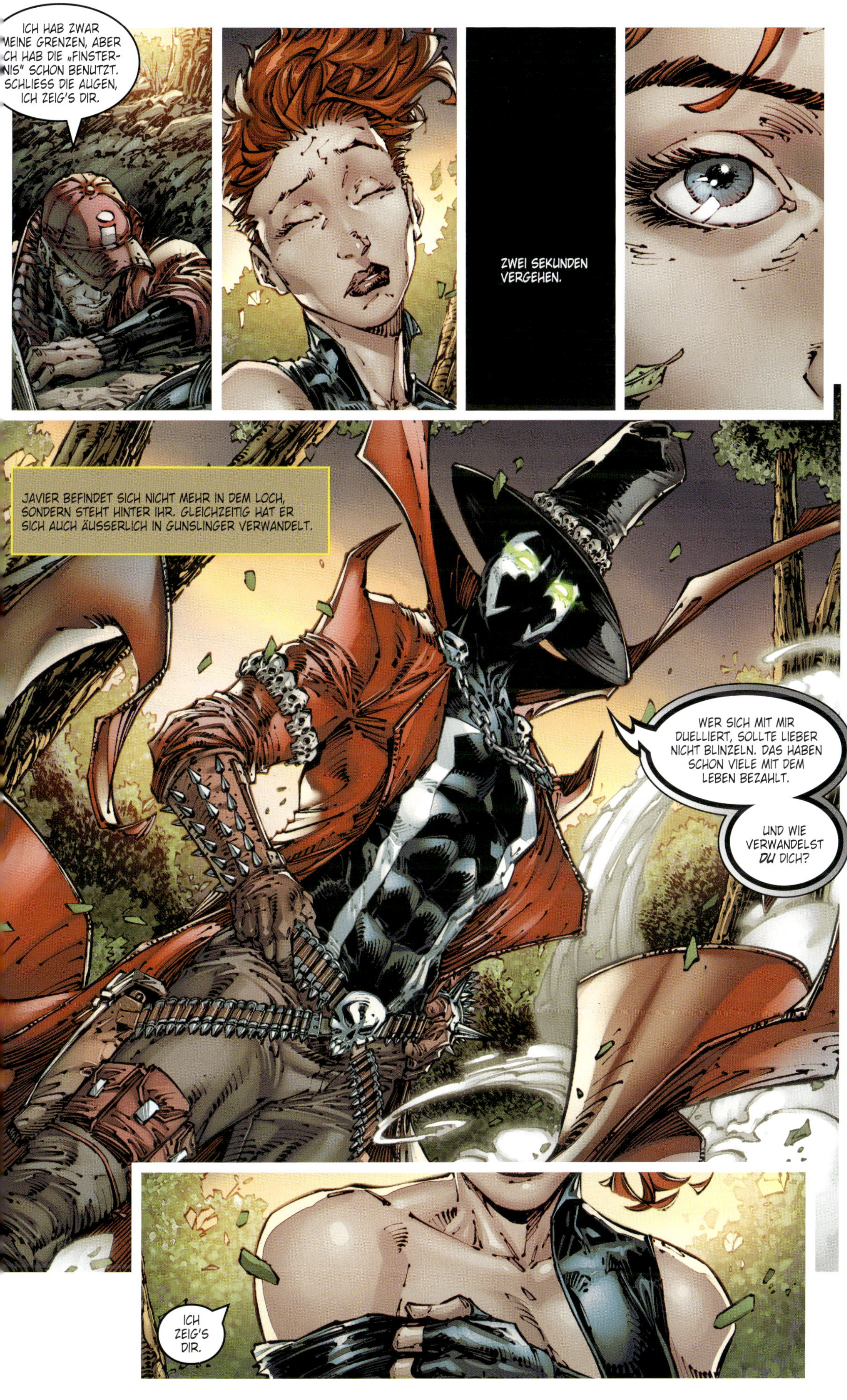

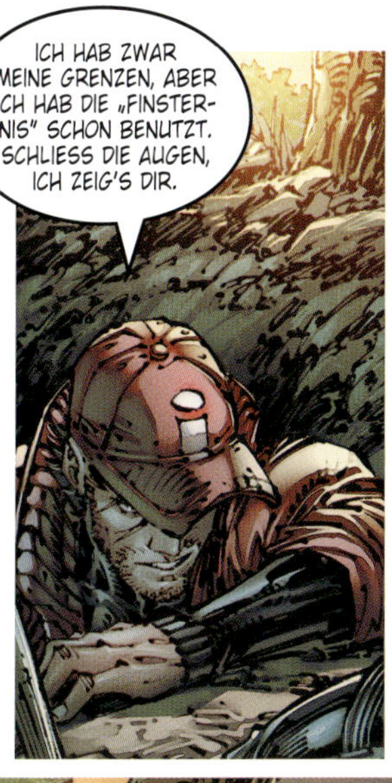

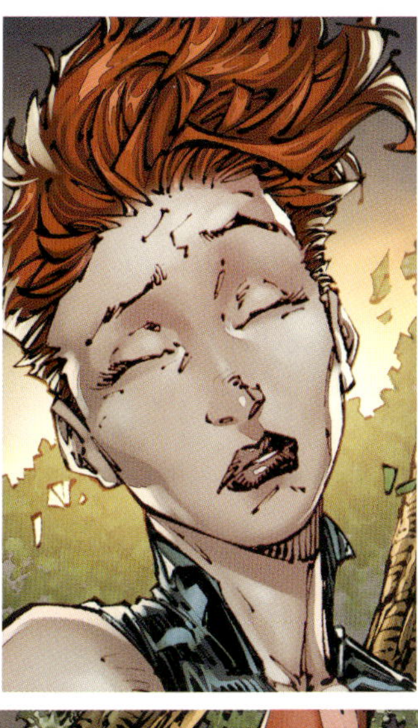

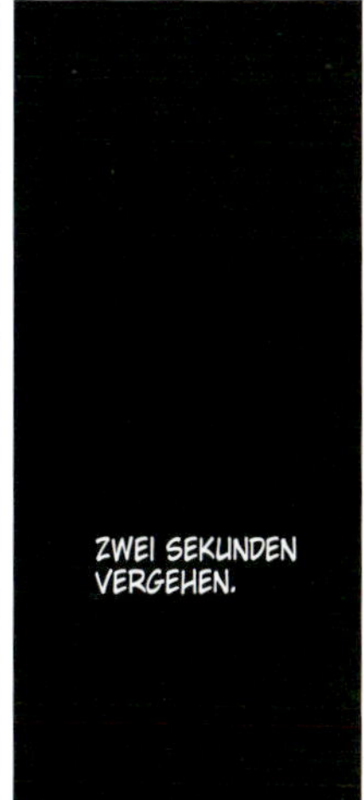

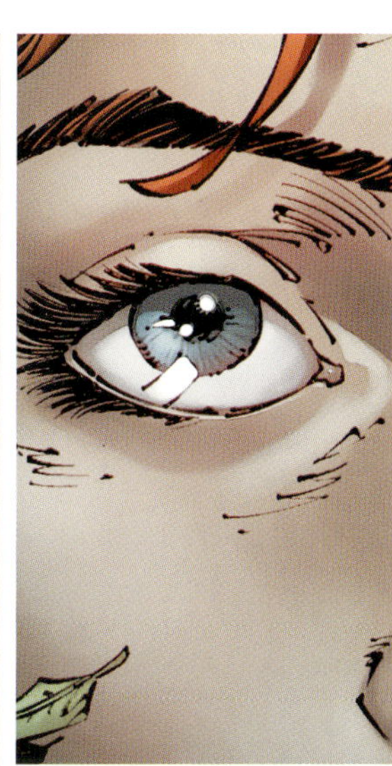

JAVIER BEFINDET SICH NICHT MEHR IN DEM LOCH, SONDERN STEHT HINTER IHR. GLEICHZEITIG HAT ER SICH AUCH ÄUSSERLICH IN GUNSLINGER VERWANDELT.

WER SICH MIT MIR DUELLIERT, SOLLTE LIEBER NICHT BLINZELN. DAS HABEN SCHON VIELE MIT DEM LEBEN BEZAHLT.

UND WIE VERWANDELST *DU* DICH?

ICH ZEIG'S DIR.

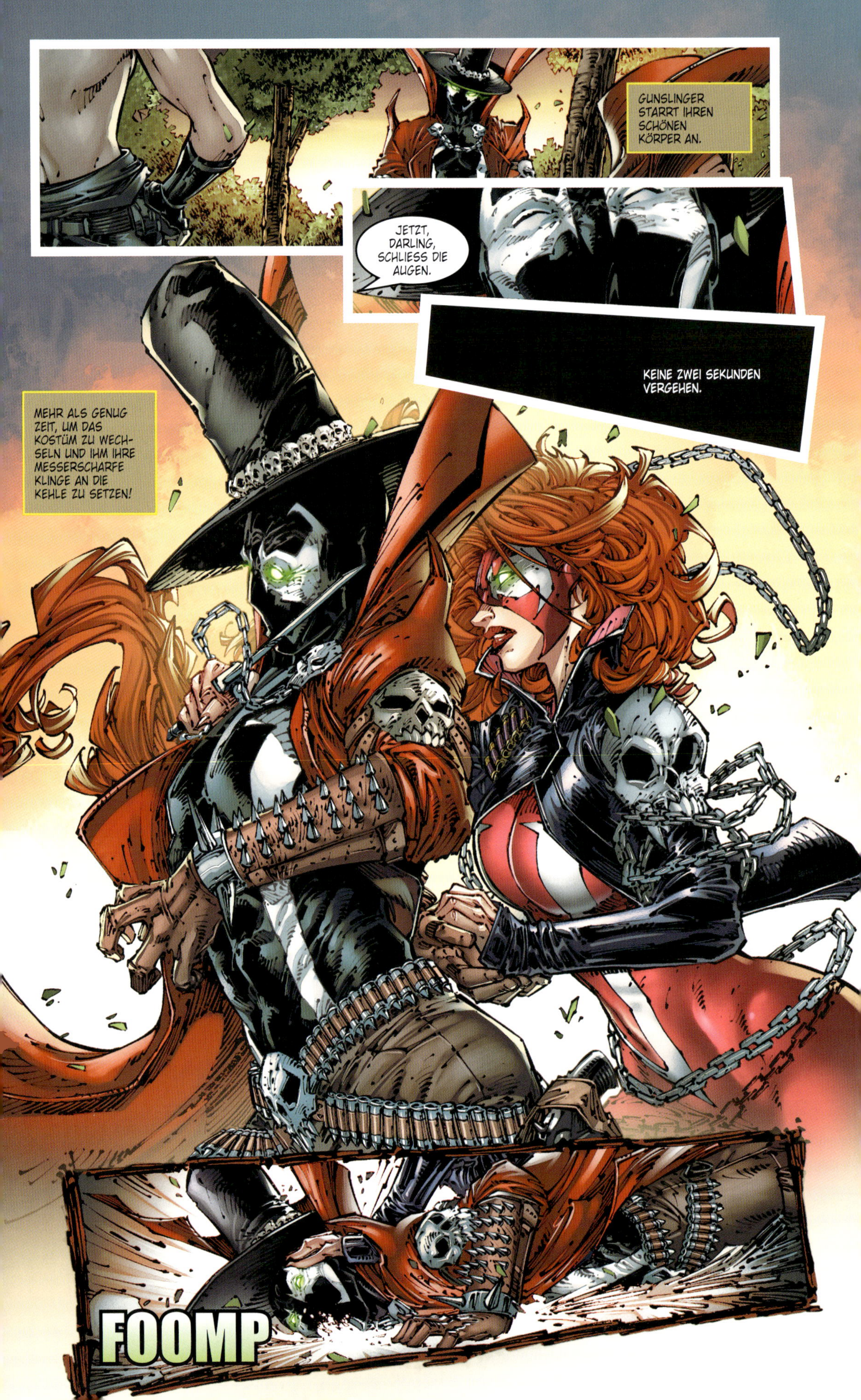
GUNSLINGER STARRT IHREN SCHÖNEN KÖRPER AN.
JETZT, DARLING, SCHLIESS DIE AUGEN.
KEINE ZWEI SEKUNDEN VERGEHEN.
MEHR ALS GENUG ZEIT, UM DAS KOSTÜM ZU WECHSELN UND IHM IHRE MESSERSCHARFE KLINGE AN DIE KEHLE ZU SETZEN!
FOOMP

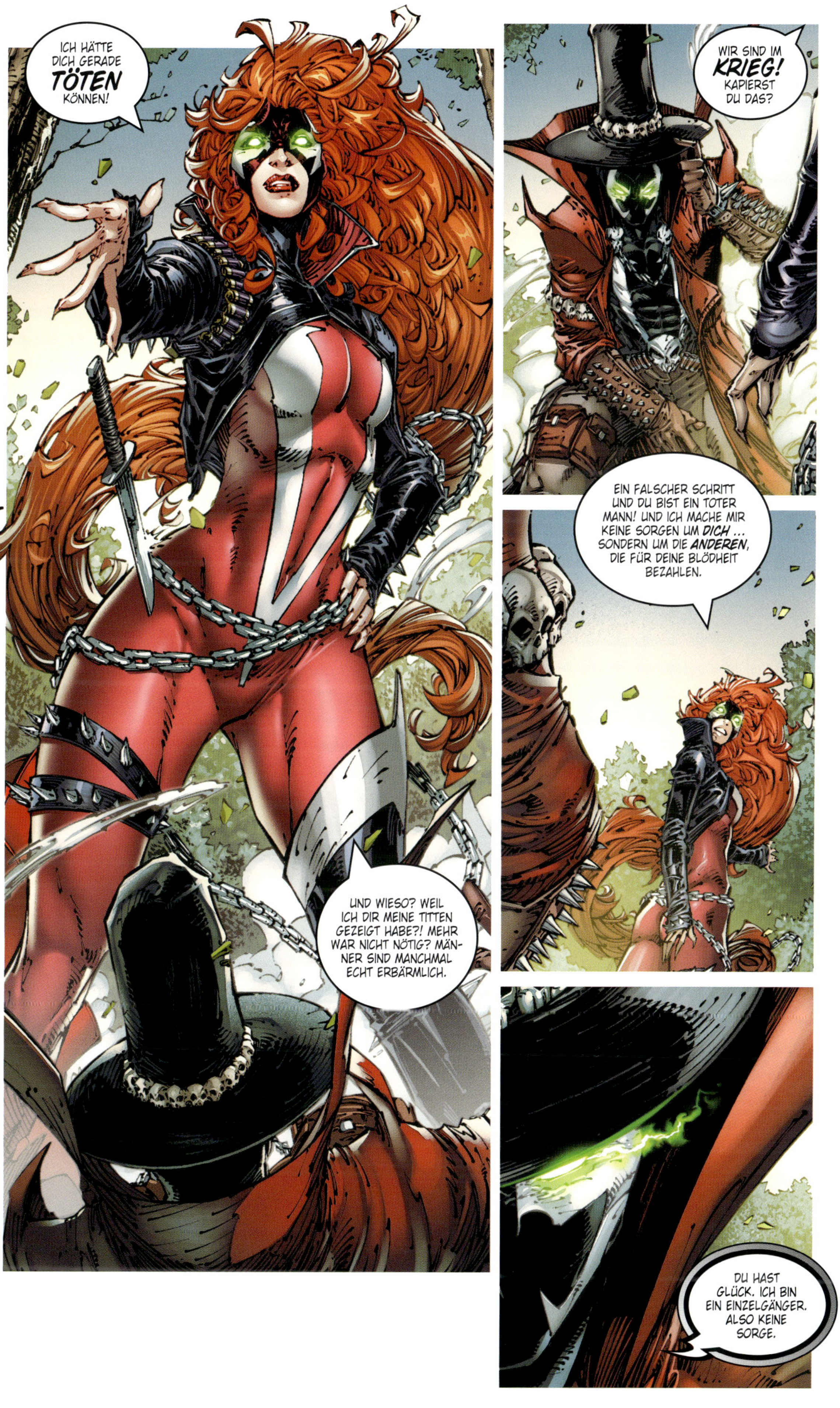

ICH HÄTTE DICH GERADE **TÖTEN** KÖNNEN!

UND WIESO? WEIL ICH DIR MEINE TITTEN GEZEIGT HABE?! MEHR WAR NICHT NÖTIG? MÄNNER SIND MANCHMAL ECHT ERBÄRMLICH.

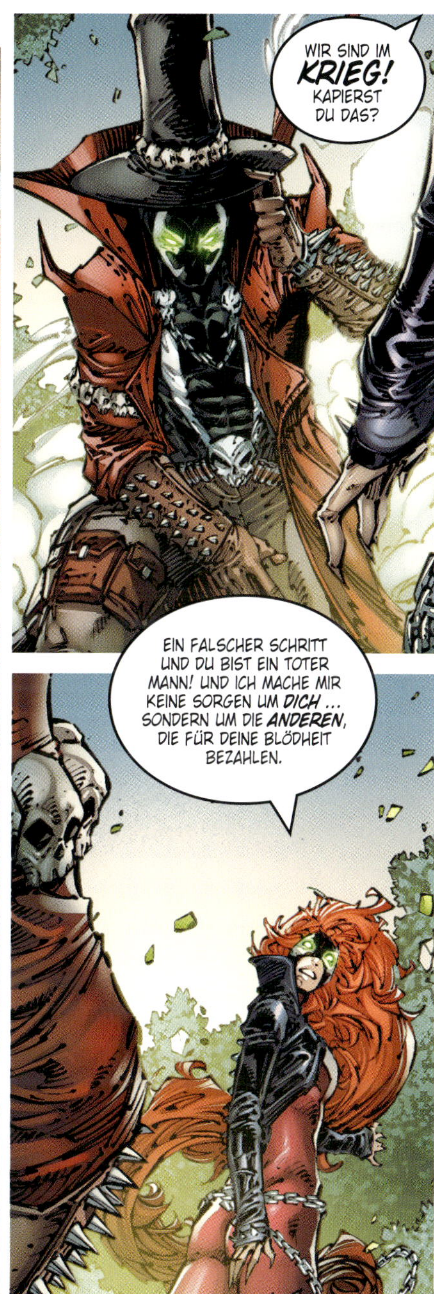

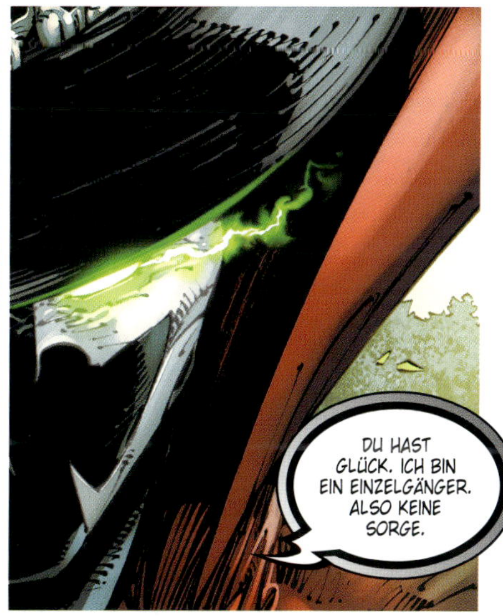

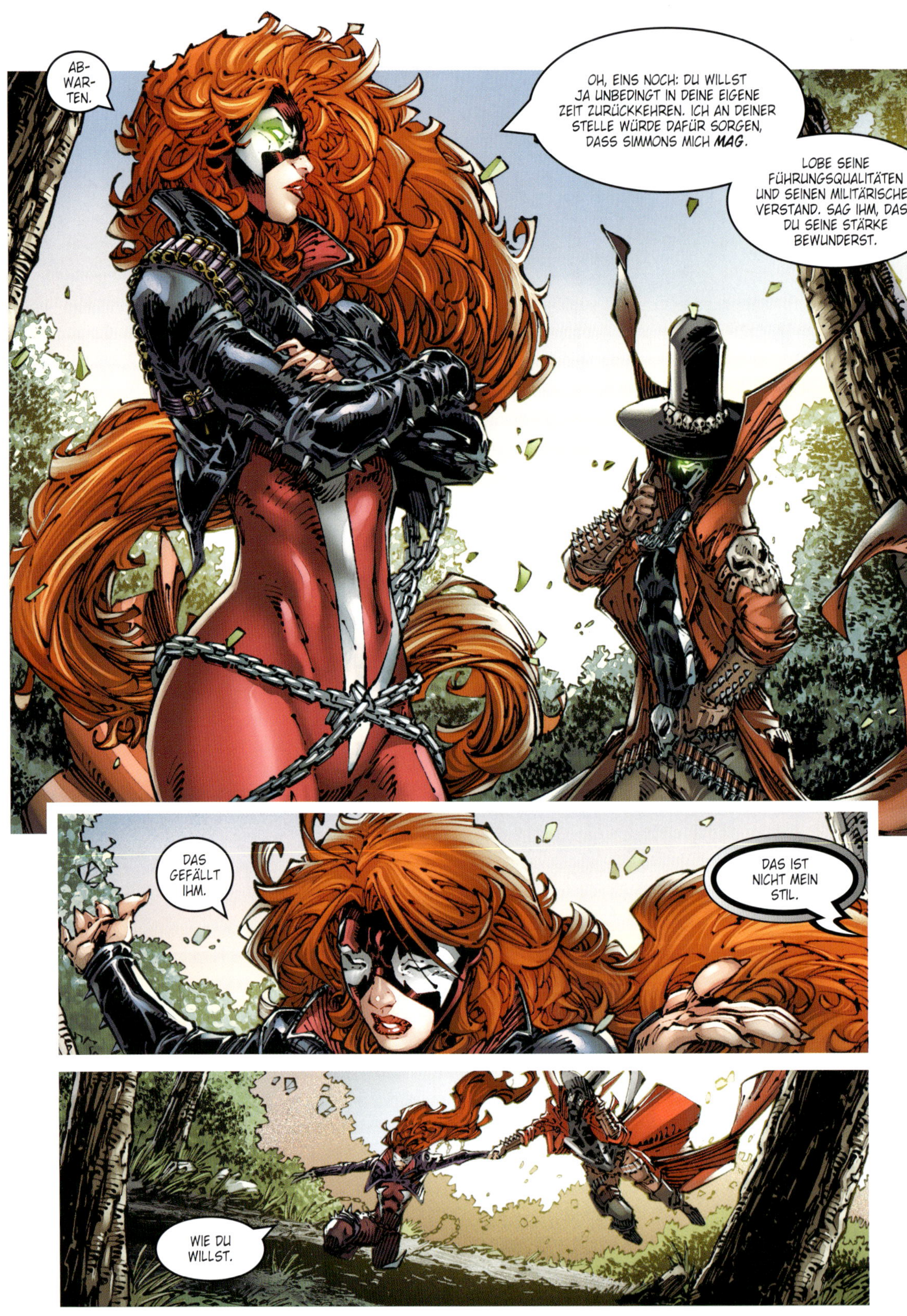
AB-
WAR-
TEN.
OH, EINS NOCH: DU WILLST JA UNBEDINGT IN DEINE EIGENE ZEIT ZURÜCKKEHREN. ICH AN DEINER STELLE WÜRDE DAFÜR SORGEN, DASS SIMMONS MICH **MAG**.
LOBE SEINE FÜHRUNGSQUALITÄTEN UND SEINEN MILITÄRISCHEN VERSTAND. SAG IHM, DASS DU SEINE STÄRKE BEWUNDERST.
DAS GEFÄLLT IHM.
DAS IST NICHT MEIN STIL.
WIE DU WILLST.
DIE SCHATTEN VERSCHLINGEN SIE BEIDE.

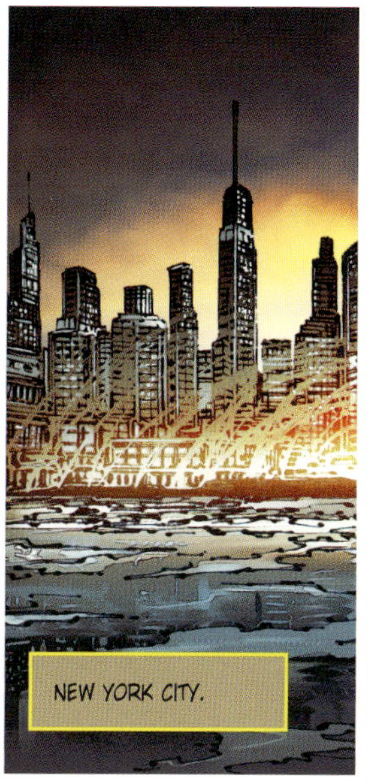
NEW YORK CITY.

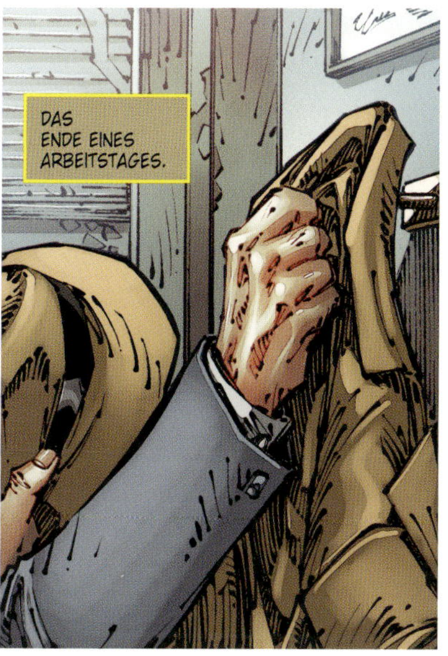
DAS
ENDE EINES
ARBEITSTAGES.

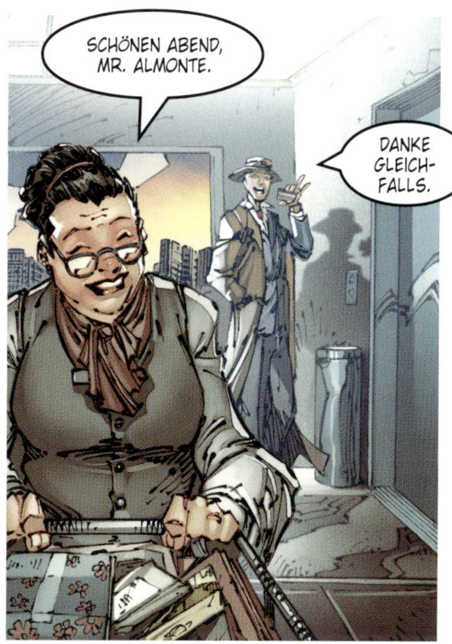
SCHÖNEN ABEND,
MR. ALMONTE.
DANKE
GLEICH-
FALLS.

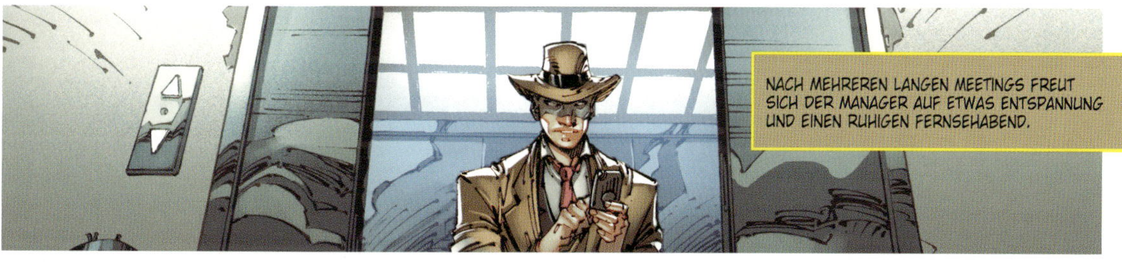
NACH MEHREREN LANGEN MEETINGS FREUT
SICH DER MANAGER AUF ETWAS ENTSPANNUNG
UND EINEN RUHIGEN FERNSEHABEND.

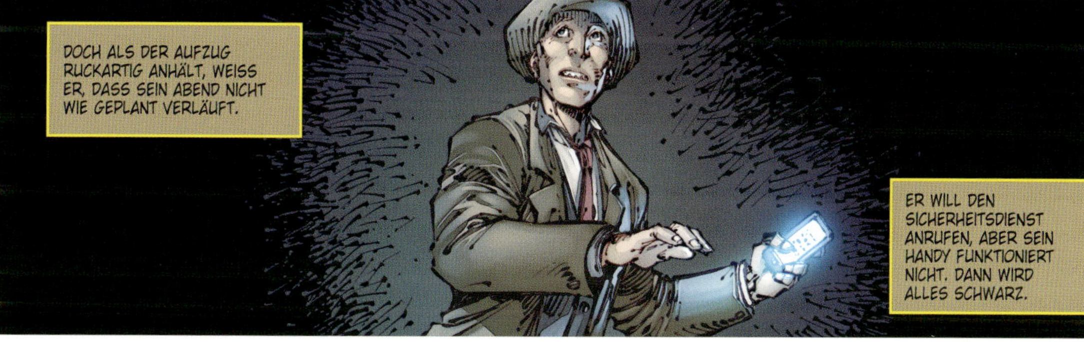
DOCH ALS DER AUFZUG
RUCKARTIG ANHÄLT, WEISS
ER, DASS SEIN ABEND NICHT
WIE GEPLANT VERLÄUFT.
ER WILL DEN
SICHERHEITSDIENST
ANRUFEN, ABER SEIN
HANDY FUNKTIONIERT
NICHT. DANN WIRD
ALLES SCHWARZ.

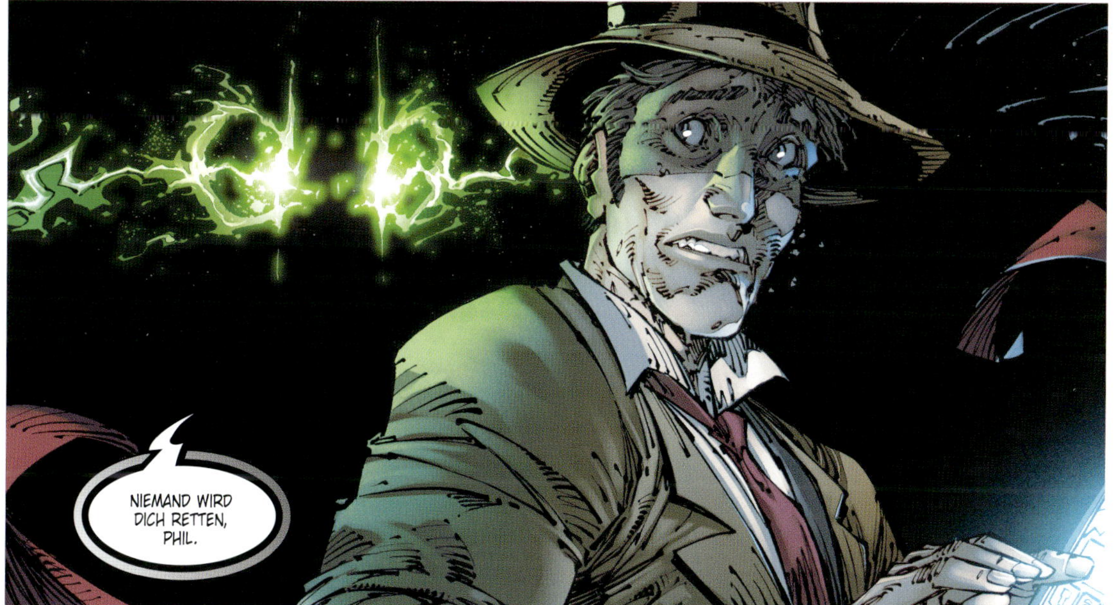
NIEMAND WIRD
DICH RETTEN,
PHIL.

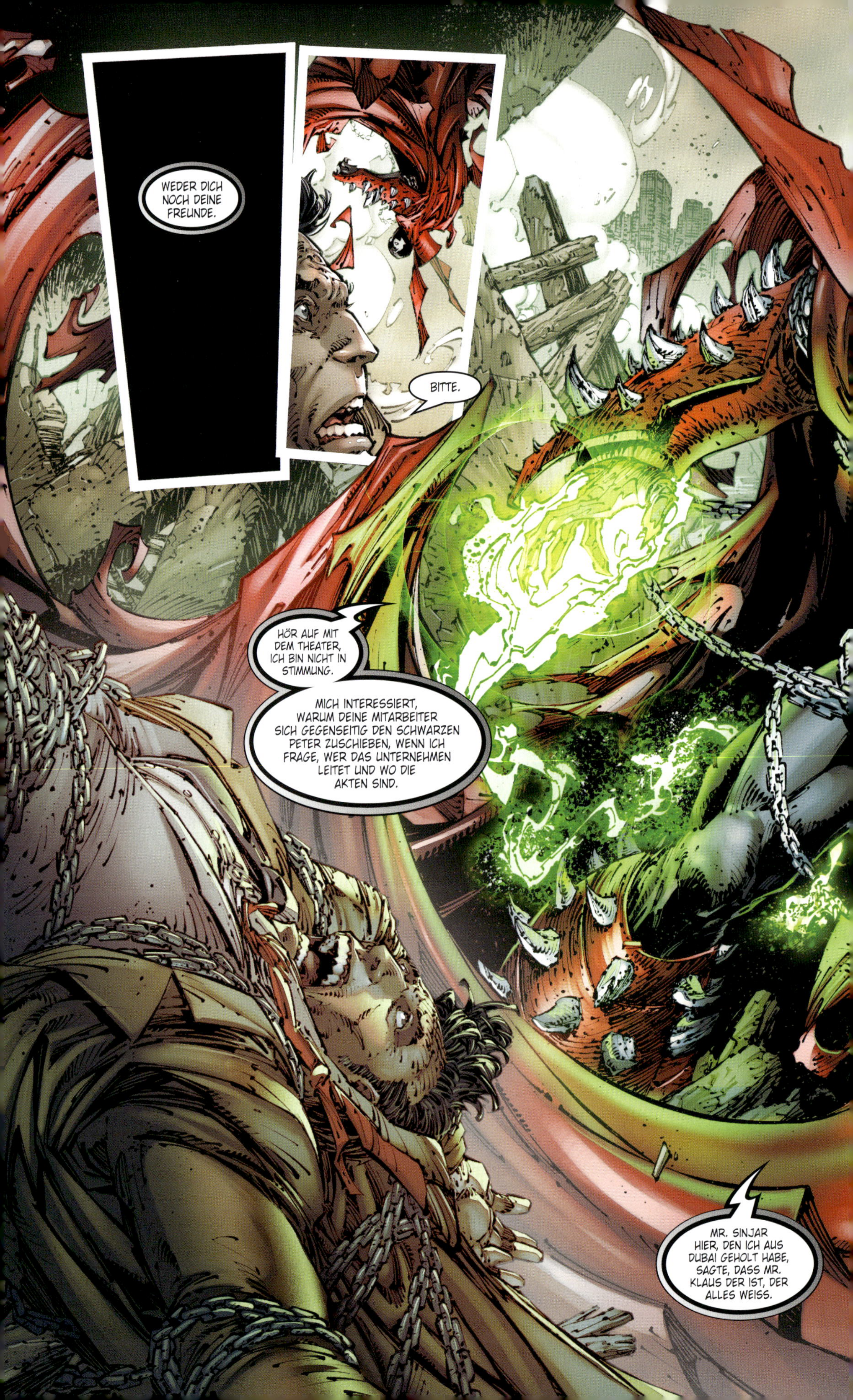
WEDER DICH NOCH DEINE FREUNDE.
BITTE.
HÖR AUF MIT DEM THEATER, ICH BIN NICHT IN STIMMUNG.
MICH INTERESSIERT, WARUM DEINE MITARBEITER SICH GEGENSEITIG DEN SCHWARZEN PETER ZUSCHIEBEN, WENN ICH FRAGE, WER DAS UNTERNEHMEN LEITET UND WO DIE AKTEN SIND.
MR. SINJAR HIER, DEN ICH AUS DUBAI GEHOLT HABE, SAGTE, DASS MR. KLAUS DER IST, DER ALLES WEISS.

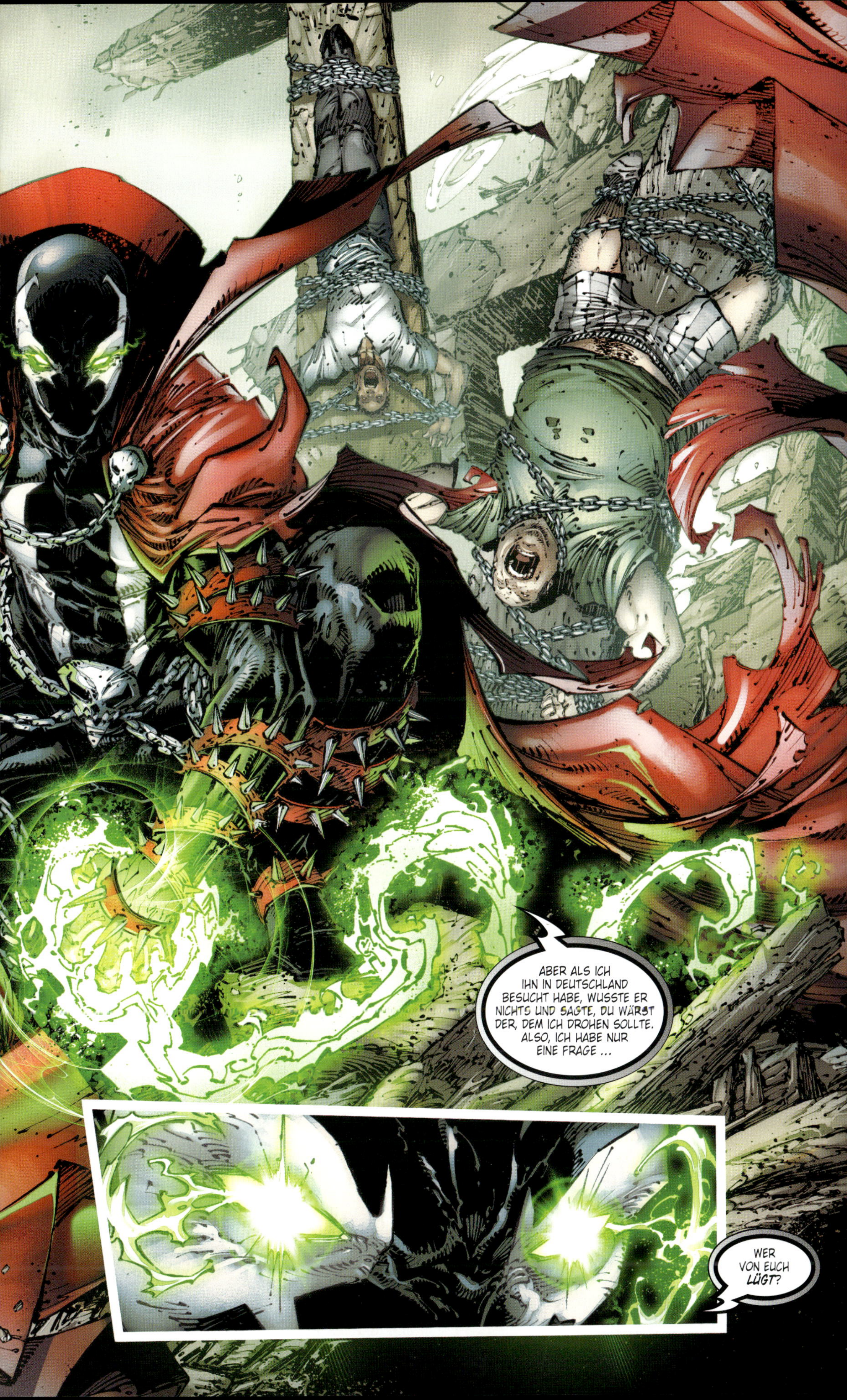
ABER ALS ICH IHN IN DEUTSCHLAND BESUCHT HABE, WUSSTE ER NICHTS UND SAGTE, DU WÄRST DER, DEM ICH DROHEN SOLLTE. ALSO, ICH HABE NUR EINE FRAGE …
WER VON EUCH *LÜGT*?

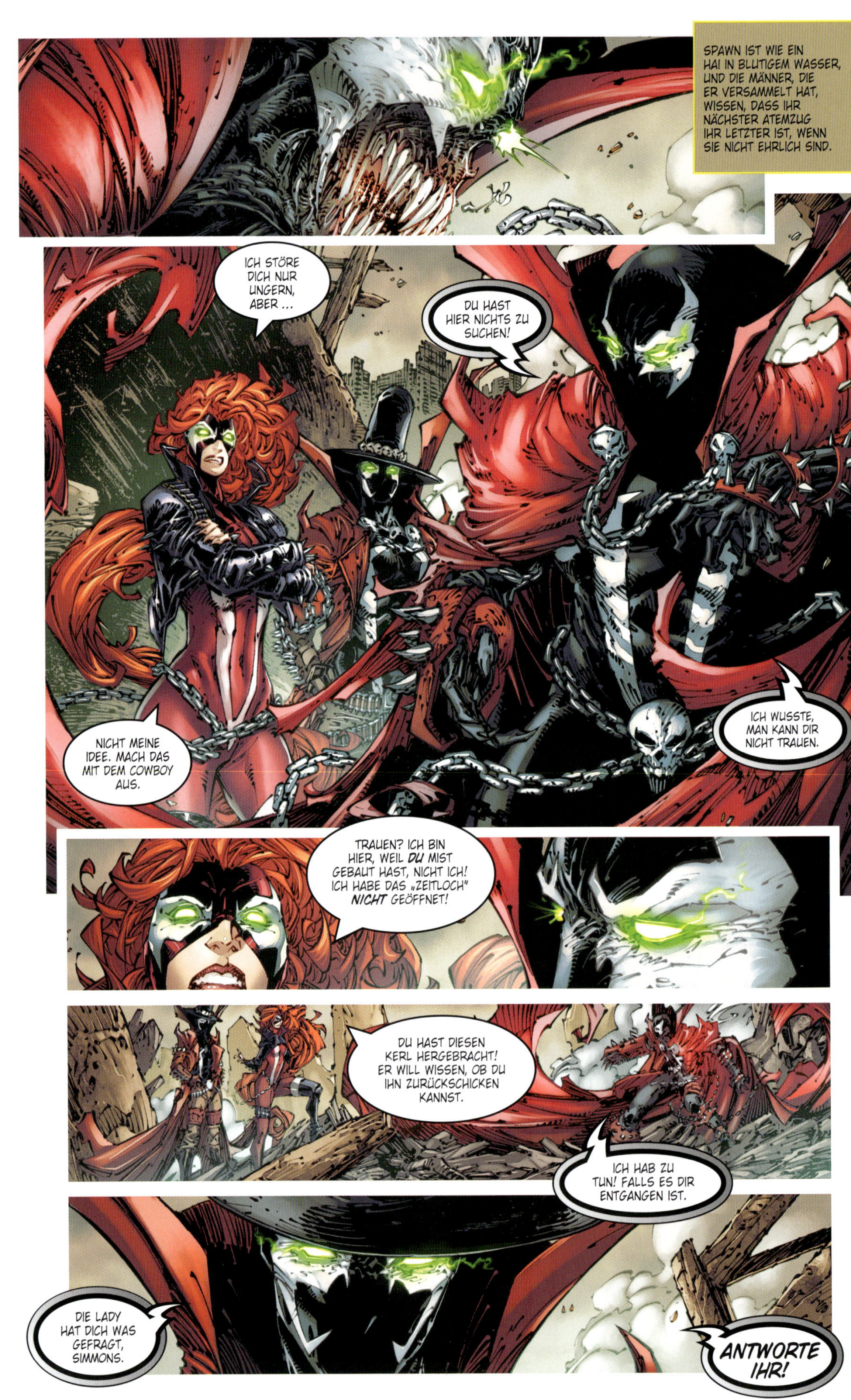
SPAWN IST WIE EIN HAI IN BLUTIGEM WASSER, UND DIE MÄNNER, DIE ER VERSAMMELT HAT, WISSEN, DASS IHR NÄCHSTER ATEMZUG IHR LETZTER IST, WENN SIE NICHT EHRLICH SIND.
ICH STÖRE DICH NUR UNGERN, ABER ...
DU HAST HIER NICHTS ZU SUCHEN!
NICHT MEINE IDEE. MACH DAS MIT DEM COWBOY AUS.
ICH WUSSTE, MAN KANN DIR NICHT TRAUEN.
TRAUEN? ICH BIN HIER, WEIL DU MIST GEBAUT HAST, NICHT ICH! ICH HABE DAS „ZEITLOCH" NICHT GEÖFFNET!
DU HAST DIESEN KERL HERGEBRACHT! ER WILL WISSEN, OB DU IHN ZURÜCKSCHICKEN KANNST.
ICH HAB ZU TUN! FALLS ES DIR ENTGANGEN IST.
DIE LADY HAT DICH WAS GEFRAGT, SIMMONS.
ANTWORTE IHR!

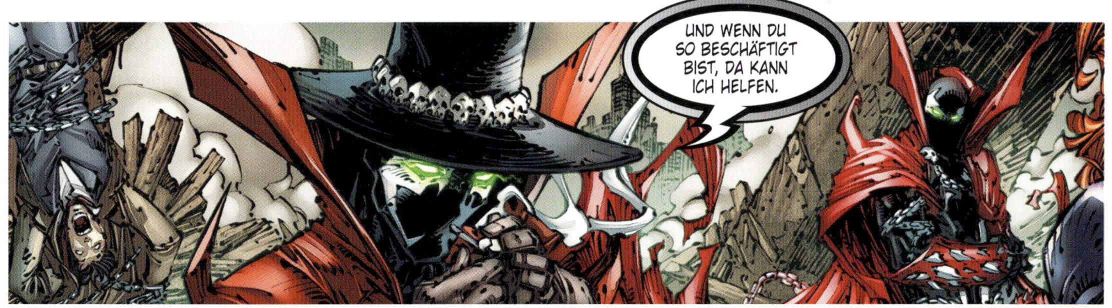
UND WENN DU SO BESCHÄFTIGT BIST, DA KANN ICH HELFEN.

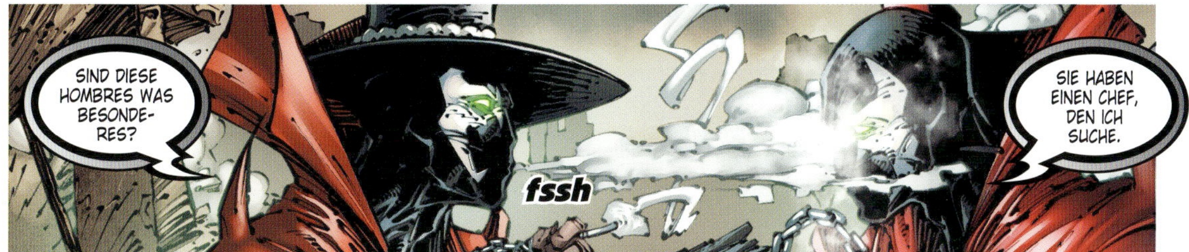
SIND DIESE HOMBRES WAS BESONDE-RES?
fssh
SIE HABEN EINEN CHEF, DEN ICH SUCHE.

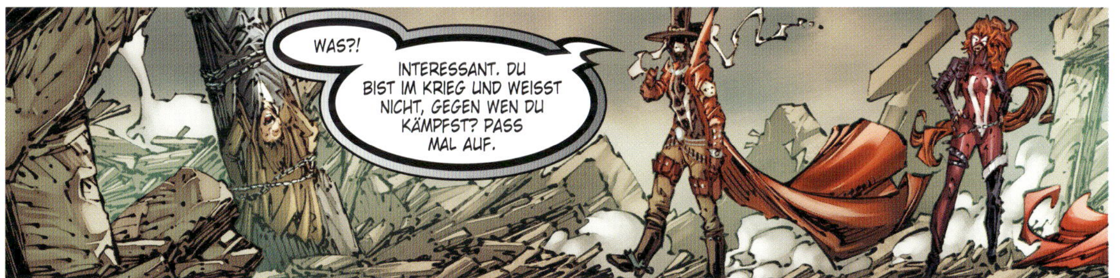
WAS?!
INTERESSANT. DU BIST IM KRIEG UND WEISST NICHT, GEGEN WEN DU KÄMPFST? PASS MAL AUF.

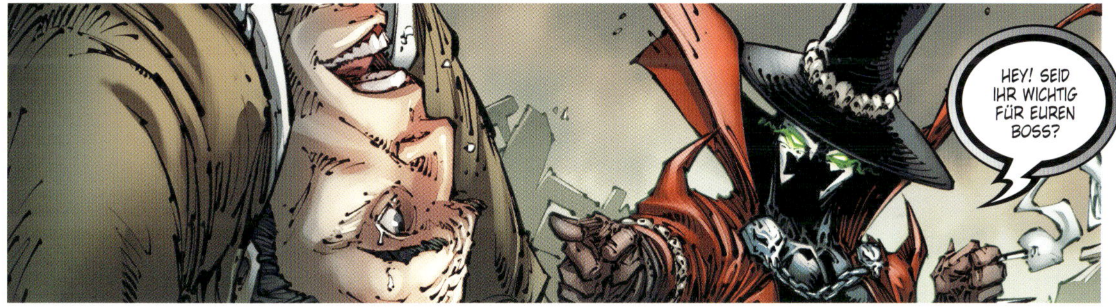
HEY! SEID IHR WICHTIG FÜR EUREN BOSS?

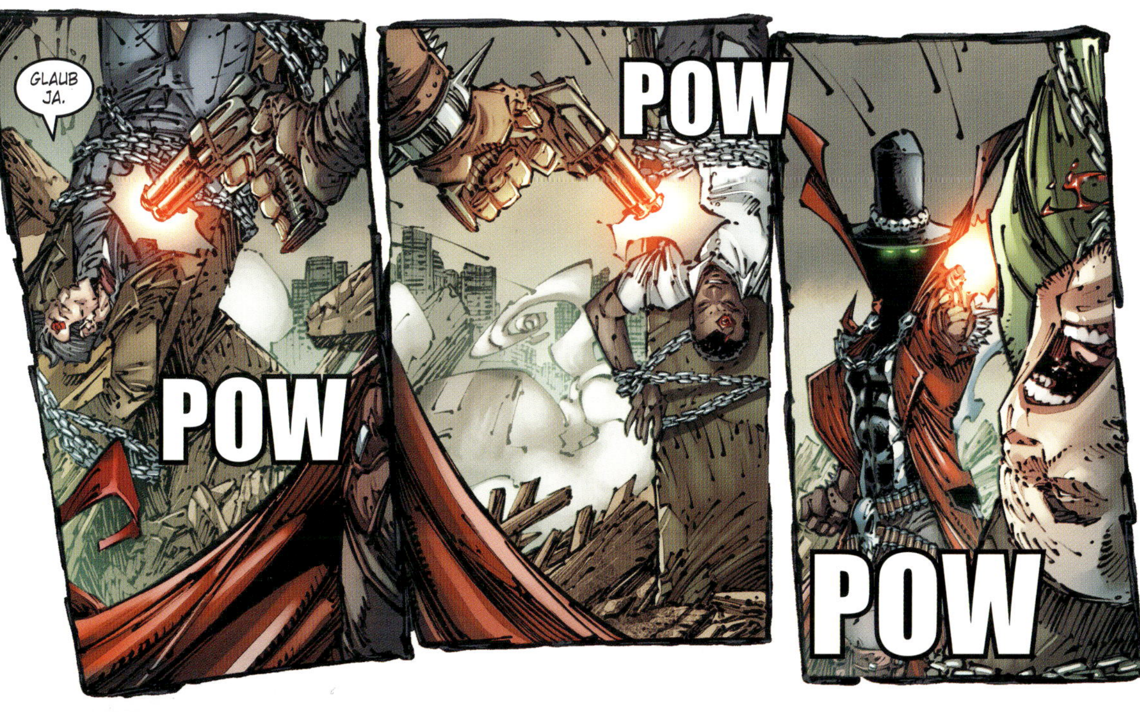
GLAUB JA.
POW
POW
POW

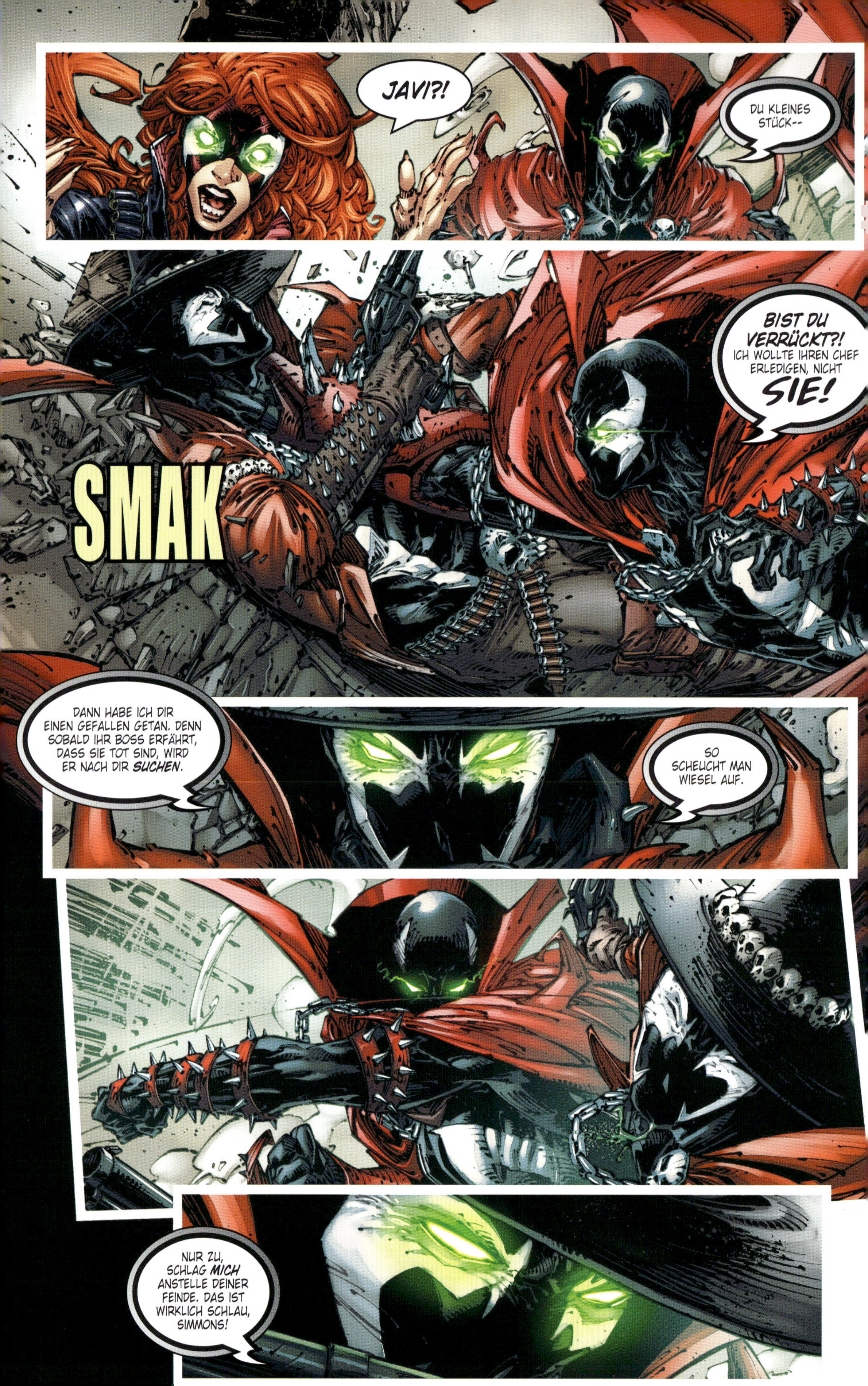
JAVI?!
DU KLEINES STÜCK--
BIST DU VERRÜCKT?! ICH WOLLTE IHREN CHEF ERLEDIGEN, NICHT SIE!
SMAK
DANN HABE ICH DIR EINEN GEFALLEN GETAN. DENN SOBALD IHR BOSS ERFÄHRT, DASS SIE TOT SIND, WIRD ER NACH DIR SUCHEN.
SO SCHEUCHT MAN WIESEL AUF.
NUR ZU, SCHLAG MICH ANSTELLE DEINER FEINDE. DAS IST WIRKLICH SCHLAU, SIMMONS!

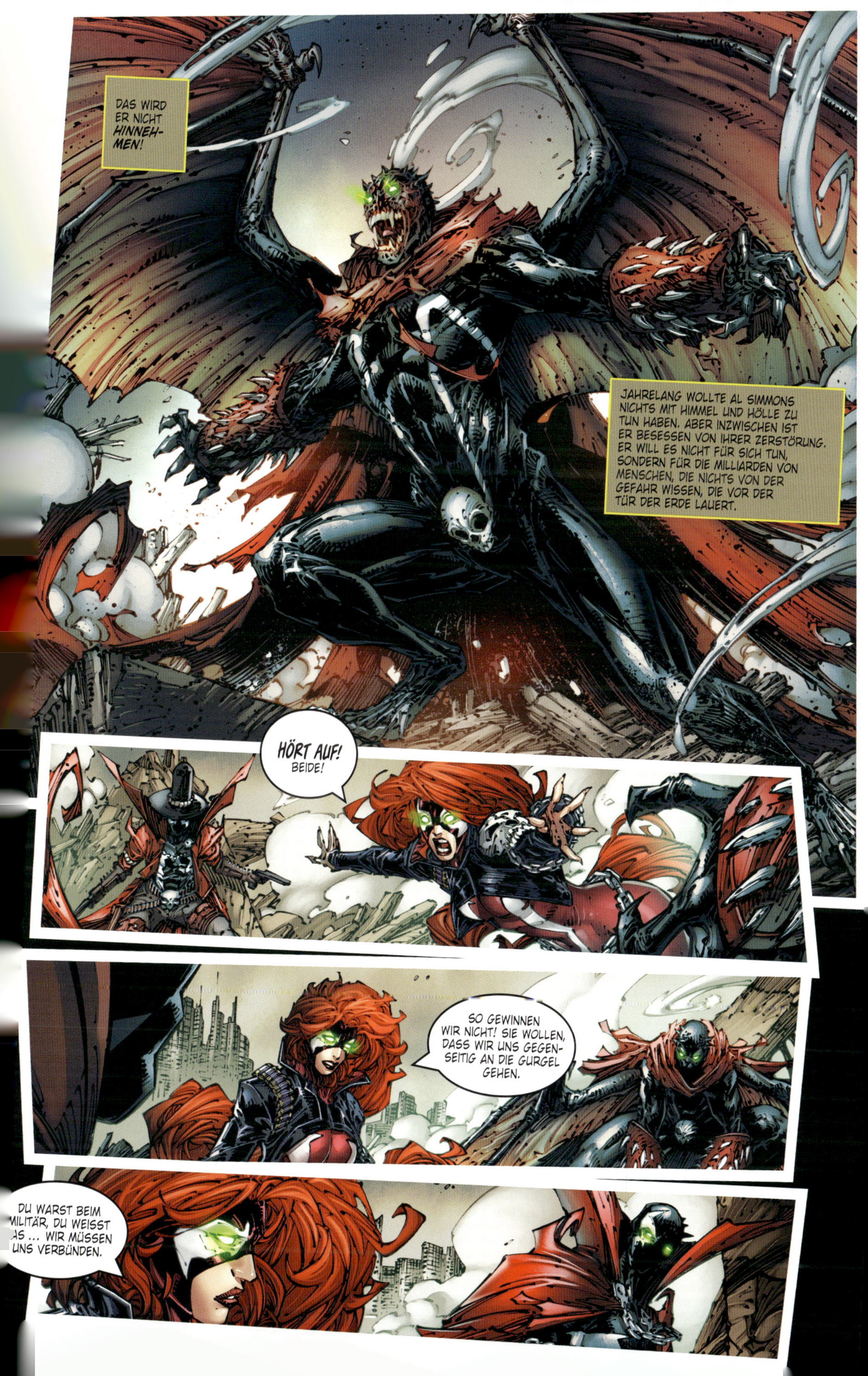

DAS WIRD ER NICHT *HINNEHMEN!*

JAHRELANG WOLLTE AL SIMMONS NICHTS MIT HIMMEL UND HÖLLE ZU TUN HABEN. ABER INZWISCHEN IST ER BESESSEN VON IHRER ZERSTÖRUNG. ER WILL ES NICHT FÜR SICH TUN, SONDERN FÜR DIE MILLIARDEN VON MENSCHEN, DIE NICHTS VON DER GEFAHR WISSEN, DIE VOR DER TÜR DER ERDE LAUERT.

HÖRT AUF! BEIDE!

SO GEWINNEN WIR NICHT! SIE WOLLEN, DASS WIR UNS GEGENSEITIG AN DIE GURGEL GEHEN.

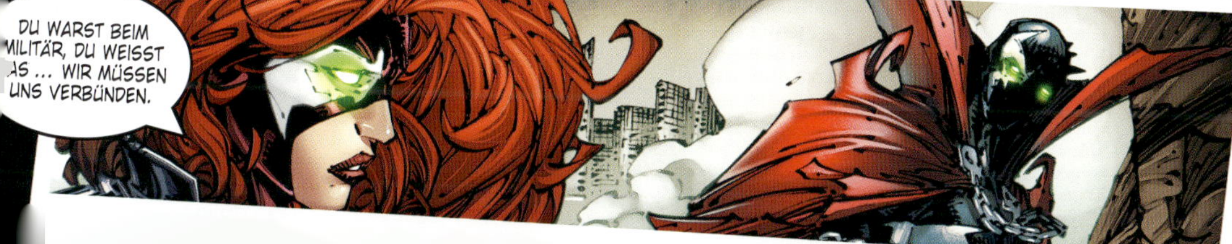

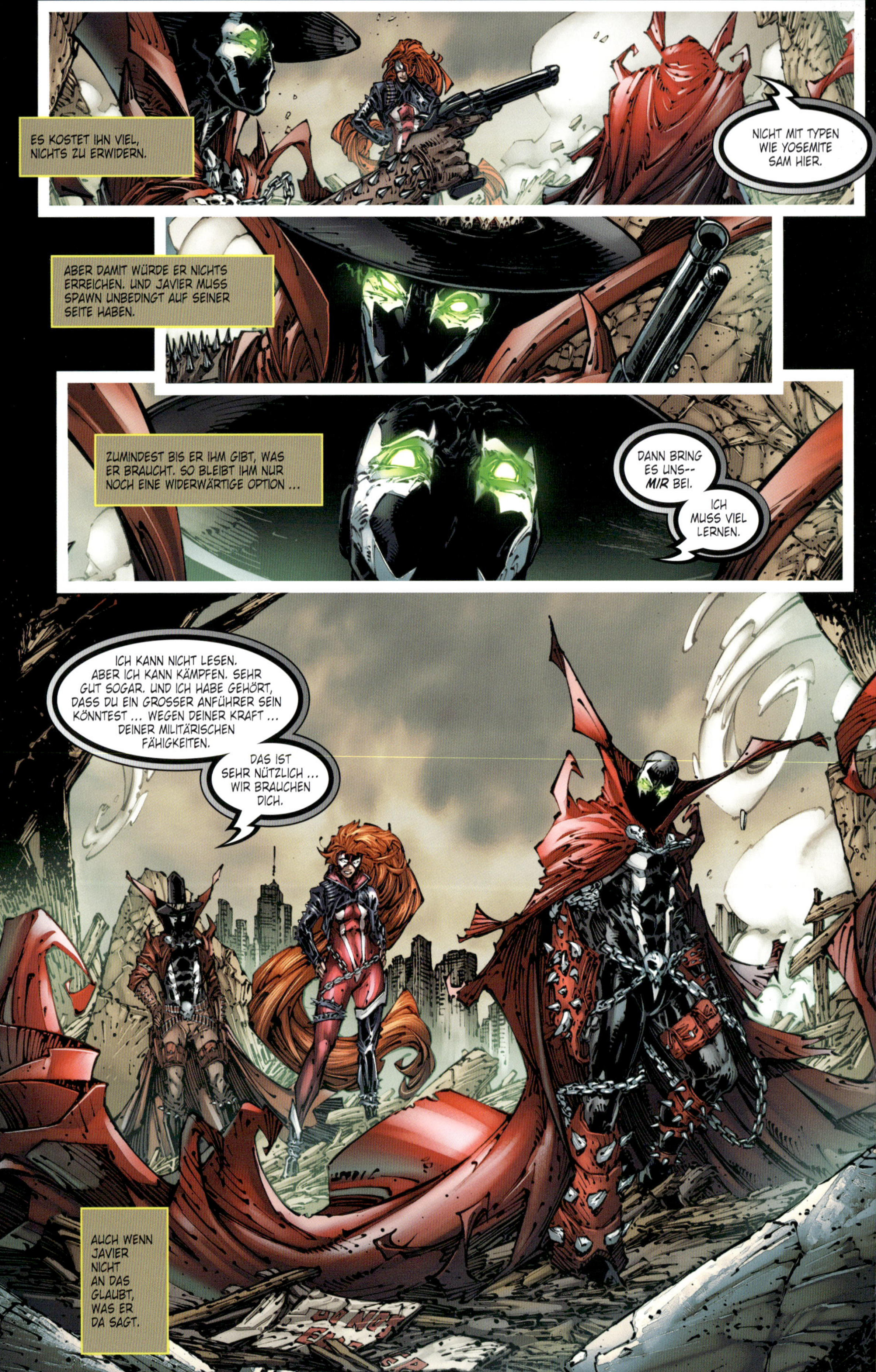
ES KOSTET IHN VIEL, NICHTS ZU ERWIDERN.
NICHT MIT TYPEN WIE YOSEMITE SAM HIER.
ABER DAMIT WÜRDE ER NICHTS ERREICHEN. UND JAVIER MUSS SPAWN UNBEDINGT AUF SEINER SEITE HABEN.
ZUMINDEST BIS ER IHM GIBT, WAS ER BRAUCHT. SO BLEIBT IHM NUR NOCH EINE WIDERWÄRTIGE OPTION ...
DANN BRING ES UNS-- *MIR* BEI.
ICH MUSS VIEL LERNEN.
ICH KANN NICHT LESEN. ABER ICH KANN KÄMPFEN. SEHR GUT SOGAR. UND ICH HABE GEHÖRT, DASS DU EIN GROSSER ANFÜHRER SEIN KÖNNTEST ... WEGEN DEINER KRAFT ... DEINER MILITÄRISCHEN FÄHIGKEITEN.
DAS IST SEHR NÜTZLICH ... WIR BRAUCHEN DICH.
AUCH WENN JAVIER NICHT AN DAS GLAUBT, WAS ER DA SAGT.

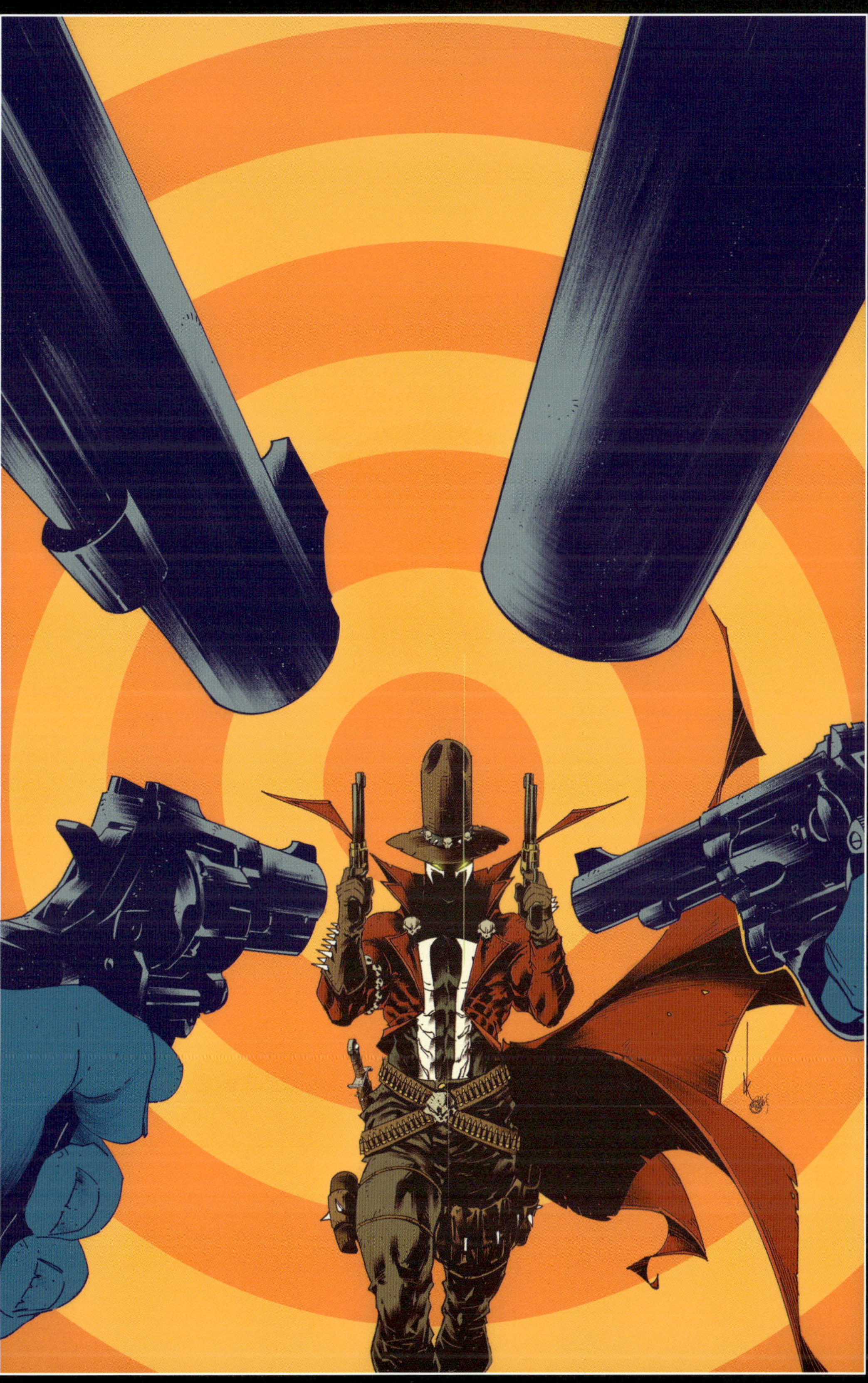

Gunslinger Spawn (2021) 10
Cover von **KEVIN KEANE**

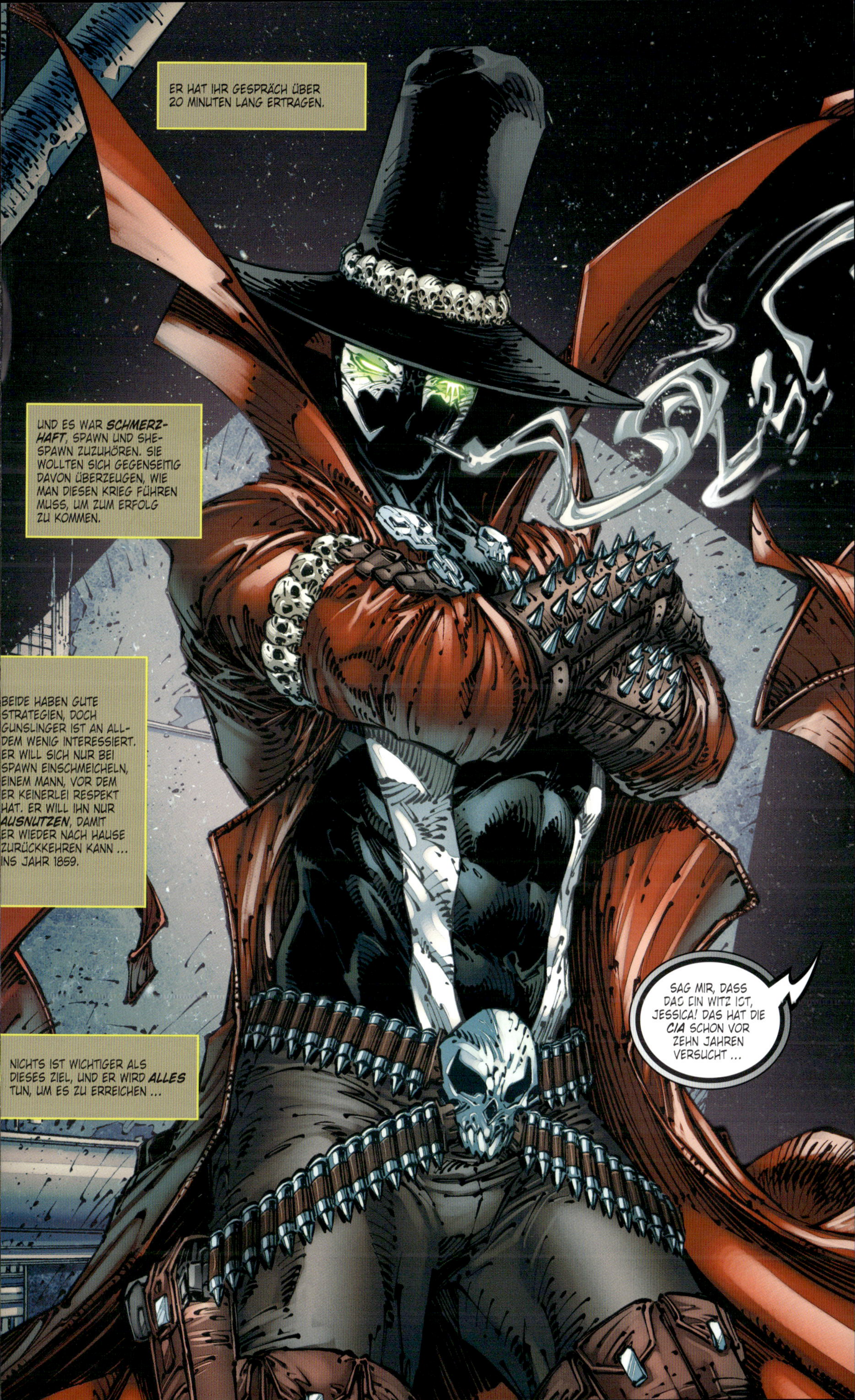
ER HAT IHR GESPRÄCH ÜBER 20 MINUTEN LANG ERTRAGEN.
UND ES WAR **SCHMERZHAFT**, SPAWN UND SHE-SPAWN ZUZUHÖREN. SIE WOLLTEN SICH GEGENSEITIG DAVON ÜBERZEUGEN, WIE MAN DIESEN KRIEG FÜHREN MUSS, UM ZUM ERFOLG ZU KOMMEN.
BEIDE HABEN GUTE STRATEGIEN, DOCH GUNSLINGER IST AN ALLDEM WENIG INTERESSIERT. ER WILL SICH NUR BEI SPAWN EINSCHMEICHELN, EINEM MANN, VOR DEM ER KEINERLEI RESPEKT HAT. ER WILL IHN NUR **AUSNUTZEN**, DAMIT ER WIEDER NACH HAUSE ZURÜCKKEHREN KANN ... INS JAHR 1859.
NICHTS IST WICHTIGER ALS DIESES ZIEL, UND ER WIRD **ALLES** TUN, UM ES ZU ERREICHEN ...
SAG MIR, DASS DAS EIN WITZ IST, JESSICA! DAS HAT DIE **CIA** SCHON VOR ZEHN JAHREN VERSUCHT ...

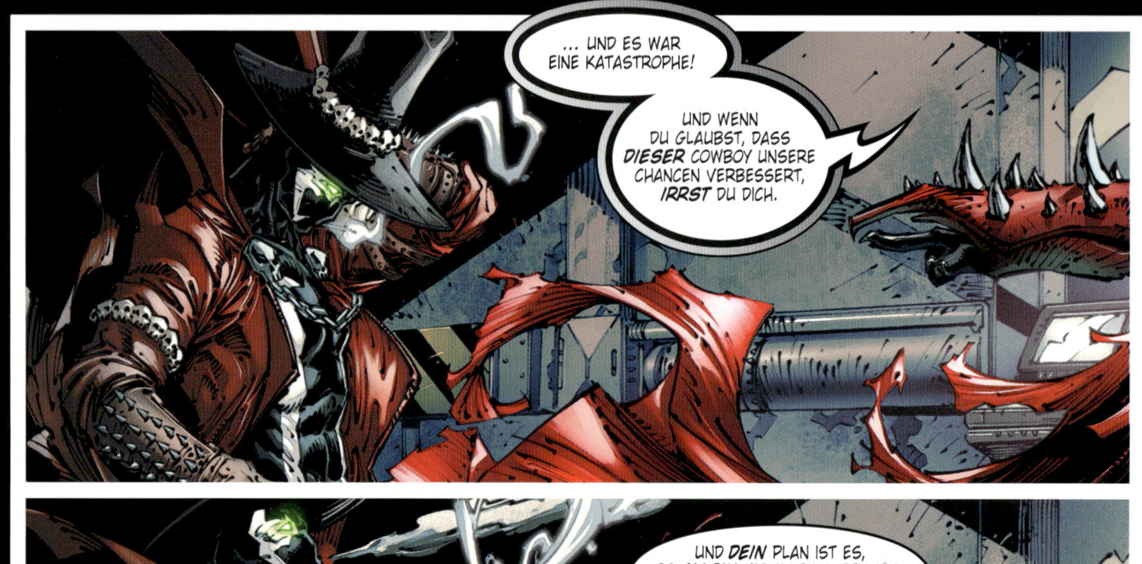
... UND ES WAR EINE KATASTROPHE!
UND WENN DU GLAUBST, DASS **DIESER** COWBOY UNSERE CHANCEN VERBESSERT, **IRRST** DU DICH.

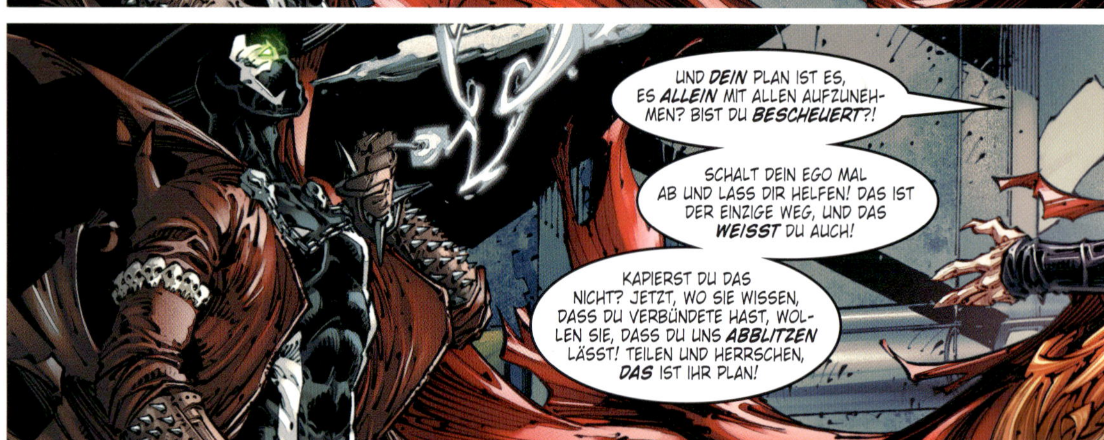
UND **DEIN** PLAN IST ES, ES **ALLEIN** MIT ALLEN AUFZUNEHMEN? BIST DU **BESCHEUERT**?!
SCHALT DEIN EGO MAL AB UND LASS DIR HELFEN! DAS IST DER EINZIGE WEG, UND DAS **WEISST** DU AUCH!
KAPIERST DU DAS NICHT? JETZT, WO SIE WISSEN, DASS DU VERBÜNDETE HAST, WOLLEN SIE, DASS DU UNS **ABBLITZEN** LÄSST! TEILEN UND HERRSCHEN, **DAS** IST IHR PLAN!

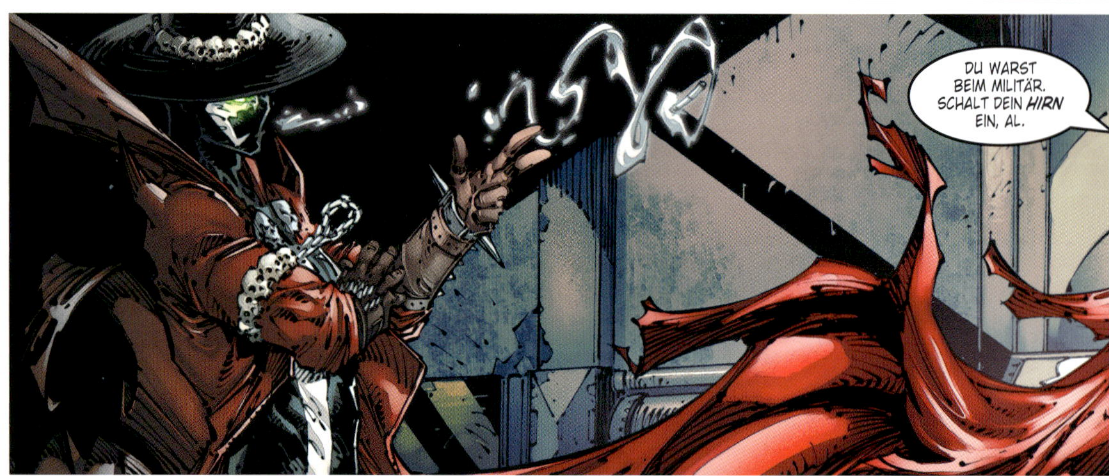
DU WARST BEIM MILITÄR. SCHALT DEIN **HIRN** EIN, AL.

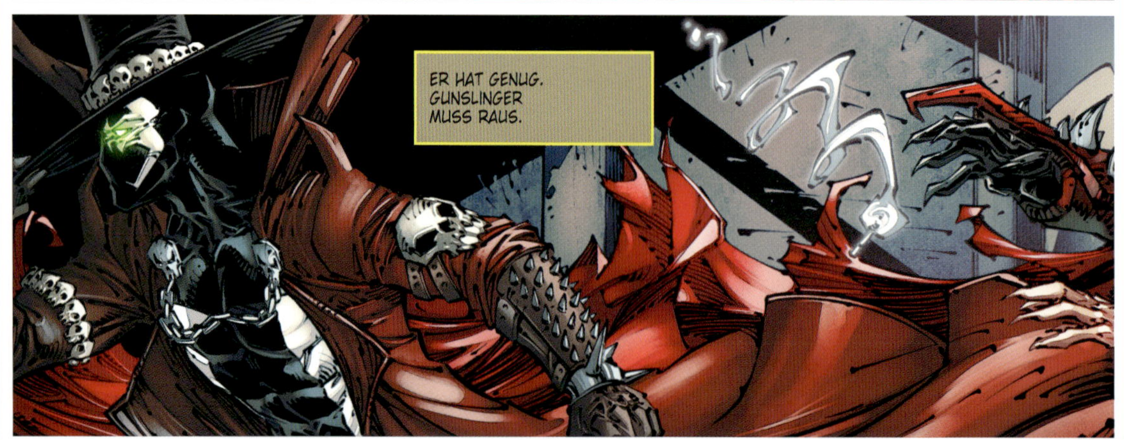
ER HAT GENUG. GUNSLINGER MUSS RAUS.

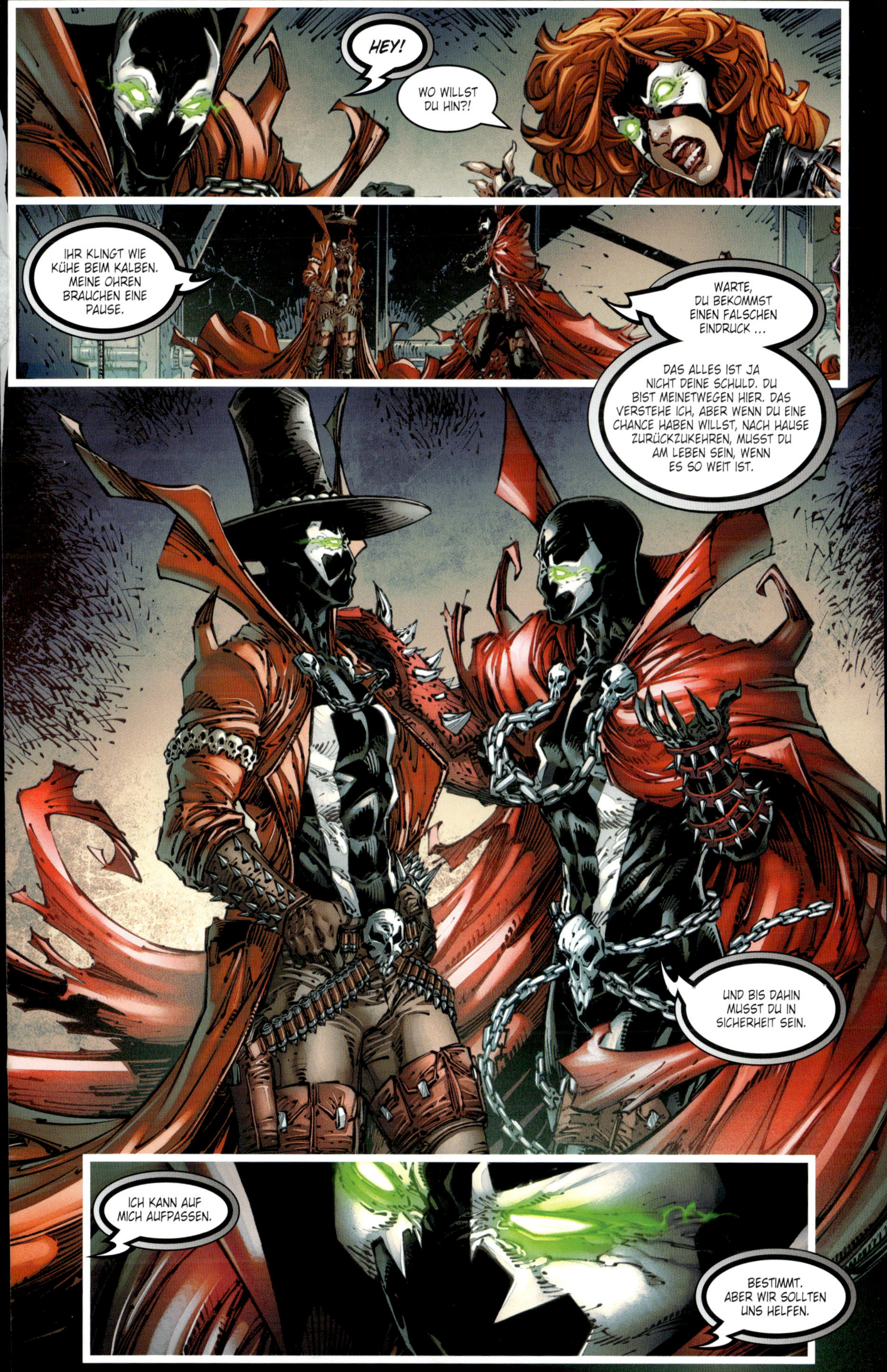
HEY!
WO WILLST DU HIN?!
IHR KLINGT WIE KÜHE BEIM KALBEN. MEINE OHREN BRAUCHEN EINE PAUSE.
WARTE, DU BEKOMMST EINEN FALSCHEN EINDRUCK ...
DAS ALLES IST JA NICHT DEINE SCHULD. DU BIST MEINETWEGEN HIER. DAS VERSTEHE ICH, ABER WENN DU EINE CHANCE HABEN WILLST, NACH HAUSE ZURÜCKZUKEHREN, MUSST DU AM LEBEN SEIN, WENN ES SO WEIT IST.
UND BIS DAHIN MUSST DU IN SICHERHEIT SEIN.
ICH KANN AUF MICH AUFPASSEN.
BESTIMMT. ABER WIR SOLLTEN UNS HELFEN.

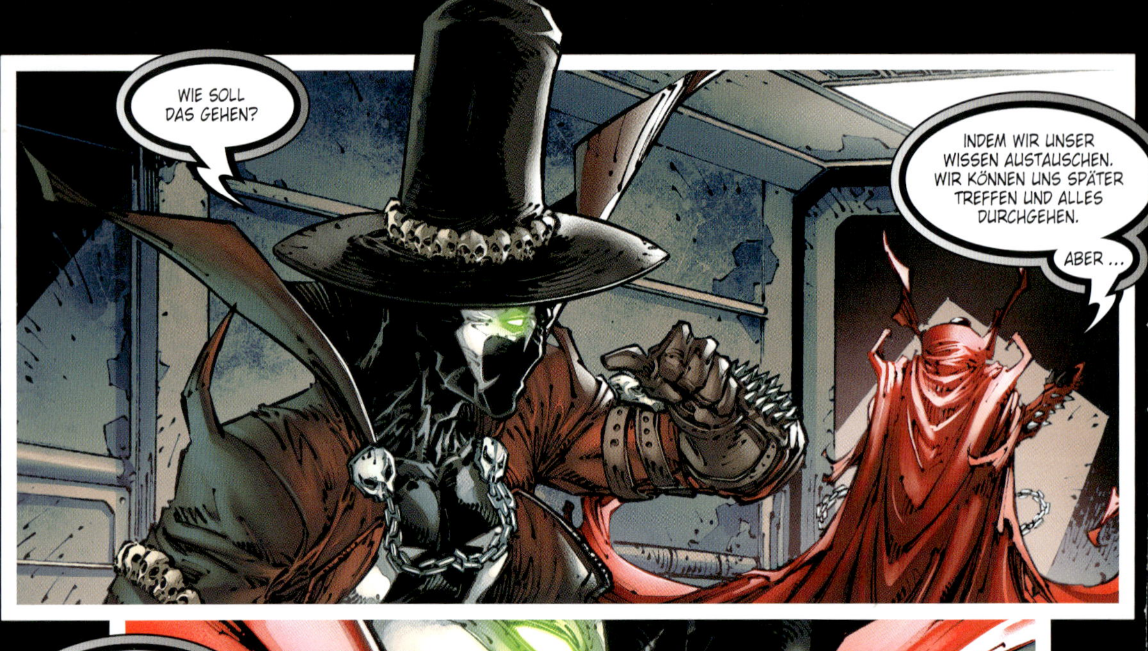
WIE SOLL DAS GEHEN?
INDEM WIR UNSER WISSEN AUSTAUSCHEN. WIR KÖNNEN UNS SPÄTER TREFFEN UND ALLES DURCHGEHEN.
ABER ...

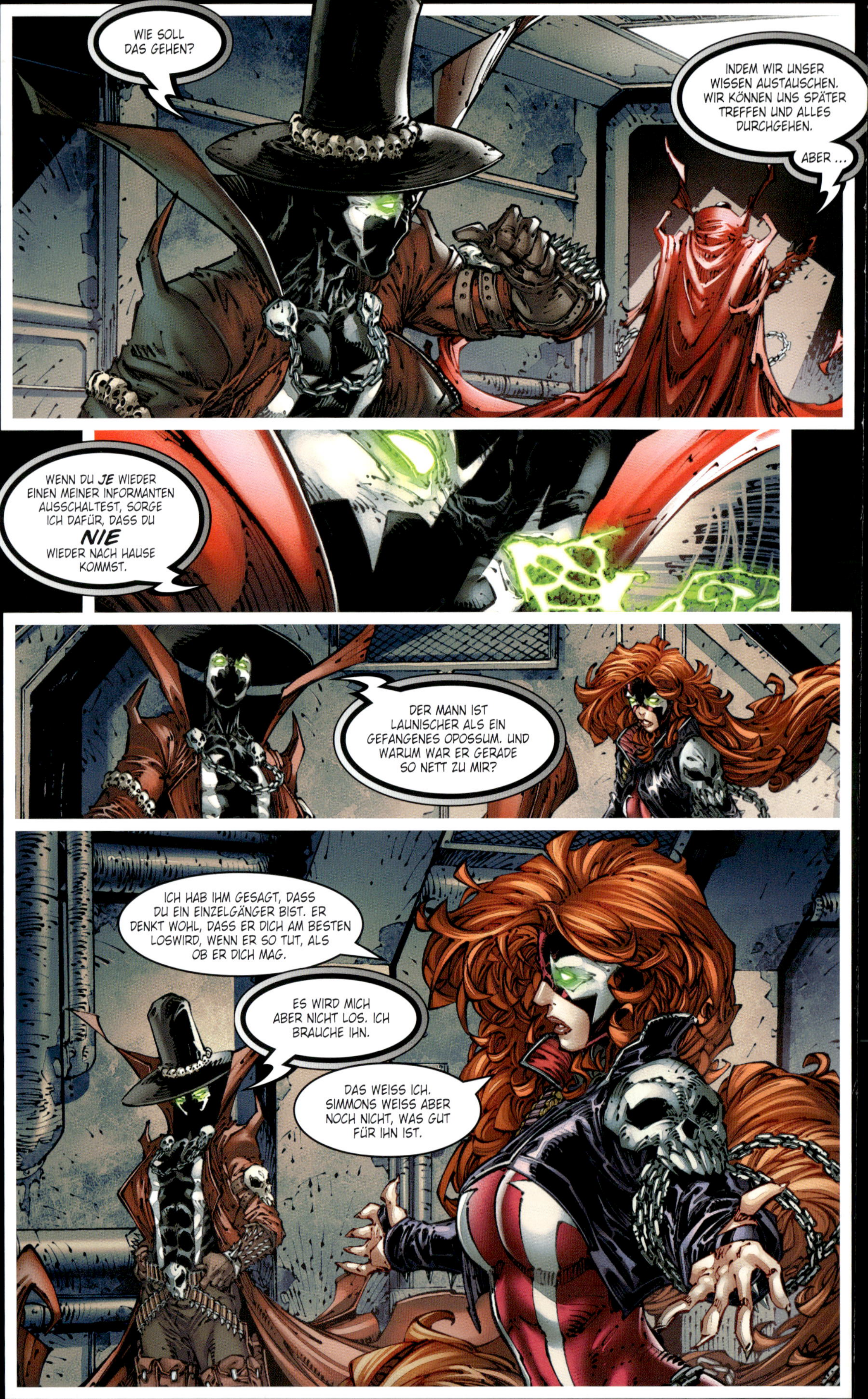

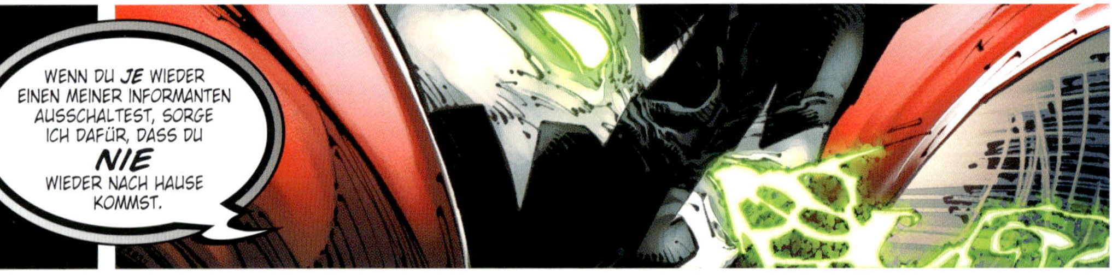
WENN DU JE WIEDER EINEN MEINER INFORMANTEN AUSSCHALTEST, SORGE ICH DAFÜR, DASS DU NIE WIEDER NACH HAUSE KOMMST.

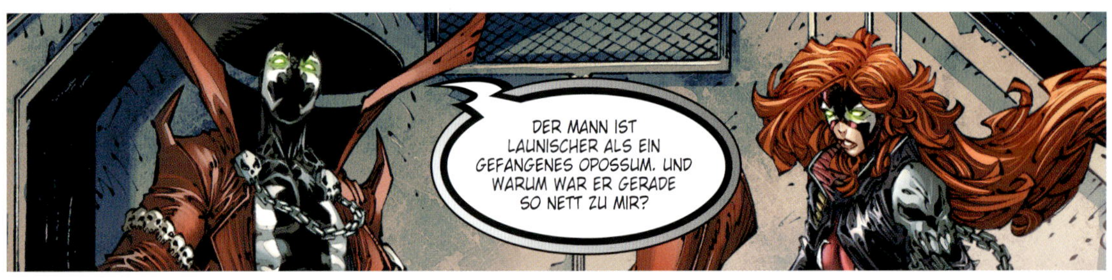
DER MANN IST LAUNISCHER ALS EIN GEFANGENES OPOSSUM. UND WARUM WAR ER GERADE SO NETT ZU MIR?

ICH HAB IHM GESAGT, DASS DU EIN EINZELGÄNGER BIST. ER DENKT WOHL, DASS ER DICH AM BESTEN LOSWIRD, WENN ER SO TUT, ALS OB ER DICH MAG.
ES WIRD MICH ABER NICHT LOS. ICH BRAUCHE IHN.
DAS WEISS ICH. SIMMONS WEISS ABER NOCH NICHT, WAS GUT FÜR IHN IST.

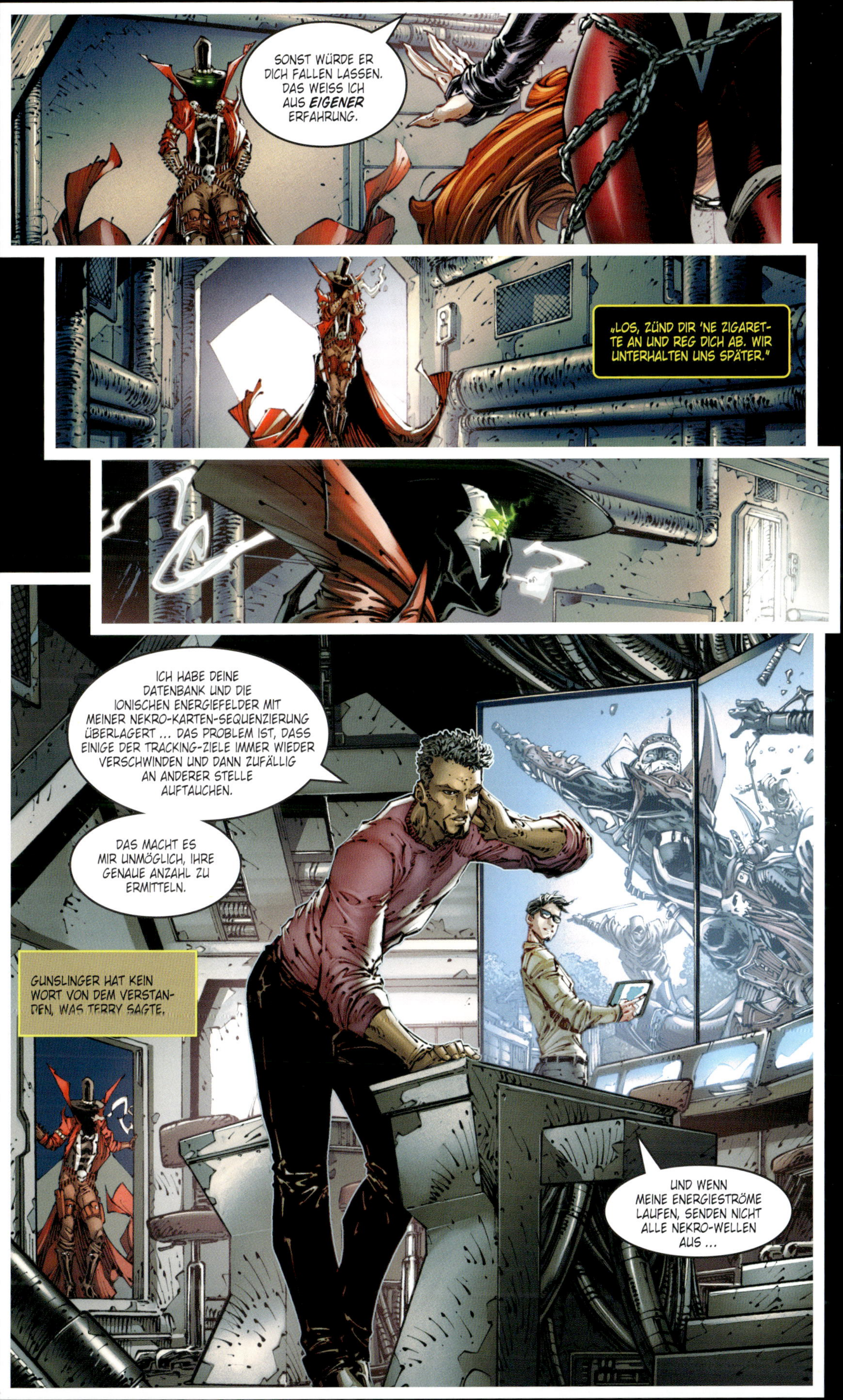

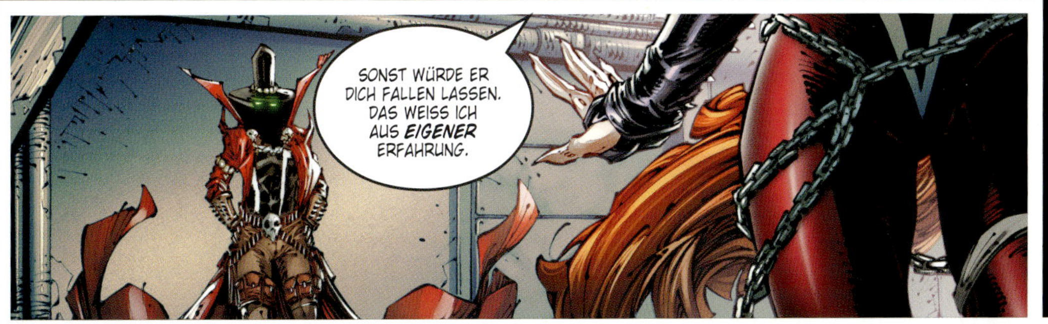

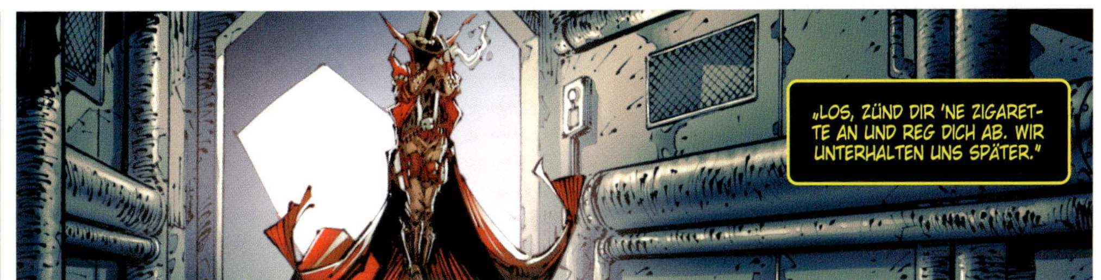

ICH HABE DEINE DATENBANK UND DIE IONISCHEN ENERGIEFELDER MIT MEINER NEKRO-KARTEN-SEQUENZIERUNG ÜBERLAGERT ... DAS PROBLEM IST, DASS EINIGE DER TRACKING-ZIELE IMMER WIEDER VERSCHWINDEN UND DANN ZUFÄLLIG AN ANDERER STELLE AUFTAUCHEN.

DAS MACHT ES MIR UNMÖGLICH, IHRE GENAUE ANZAHL ZU ERMITTELN.

GUNSLINGER HAT KEIN WORT VON DEM VERSTANDEN, WAS TERRY SAGTE.

UND WENN MEINE ENERGIESTRÖME LAUFEN, SENDEN NICHT ALLE NEKRO-WELLEN AUS ...

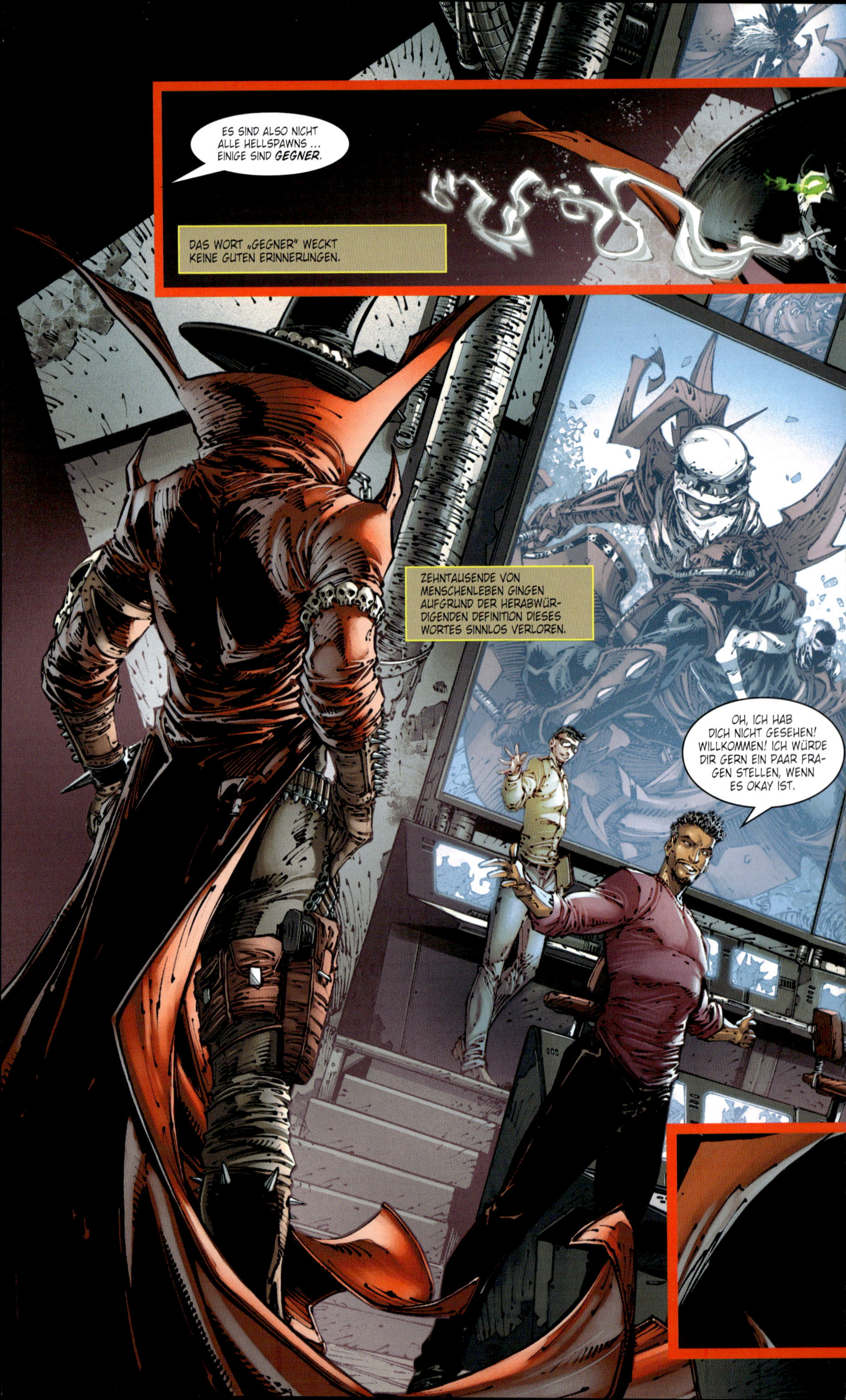
ES SIND ALSO NICHT ALLE HELLSPAWNS ... EINIGE SIND GEGNER.
DAS WORT „GEGNER" WECKT KEINE GUTEN ERINNERUNGEN.
ZEHNTAUSENDE VON MENSCHENLEBEN GINGEN AUFGRUND DER HERABWÜRDIGENDEN DEFINITION DIESES WORTES SINNLOS VERLOREN.
OH, ICH HAB DICH NICHT GESEHEN! WILLKOMMEN! ICH WÜRDE DIR GERN EIN PAAR FRAGEN STELLEN, WENN ES OKAY IST.

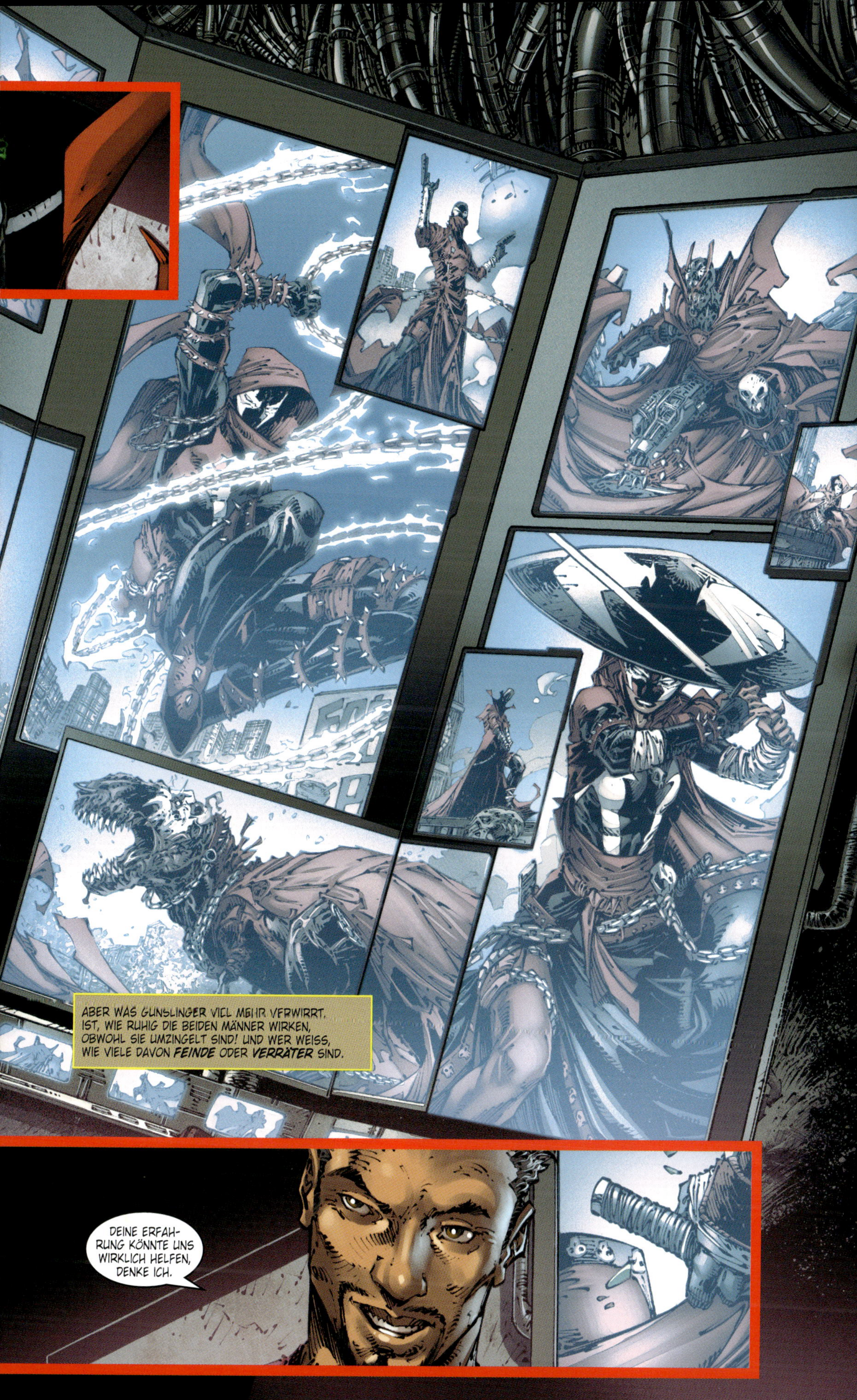

ABER WAS GUNSLINGER VIEL MEHR VERWIRRT, IST, WIE RUHIG DIE BEIDEN MÄNNER WIRKEN, OBWOHL SIE UMZINGELT SIND! UND WER WEISS, WIE VIELE DAVON *FEINDE* ODER *VERRÄTER* SIND.
DEINE ERFAHRUNG KÖNNTE UNS WIRKLICH HELFEN, DENKE ICH.

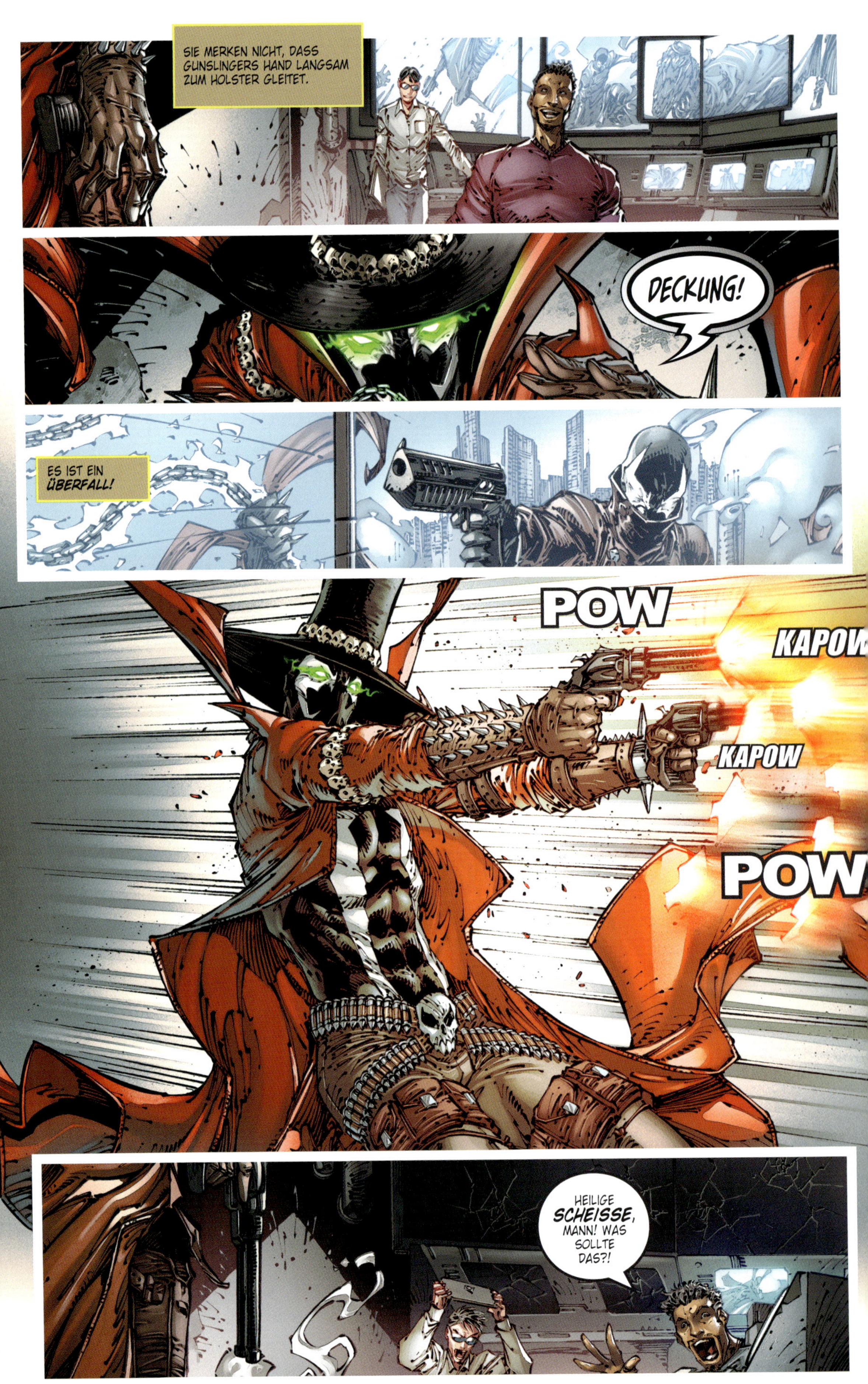
SIE MERKEN NICHT, DASS GUNSLINGERS HAND LANGSAM ZUM HOLSTER GLEITET.
DECKUNG!
ES IST EIN ÜBERFALL!
POW
KAPOW
KAPOW
POW
HEILIGE SCHEISSE, MANN! WAS SOLLTE DAS?!

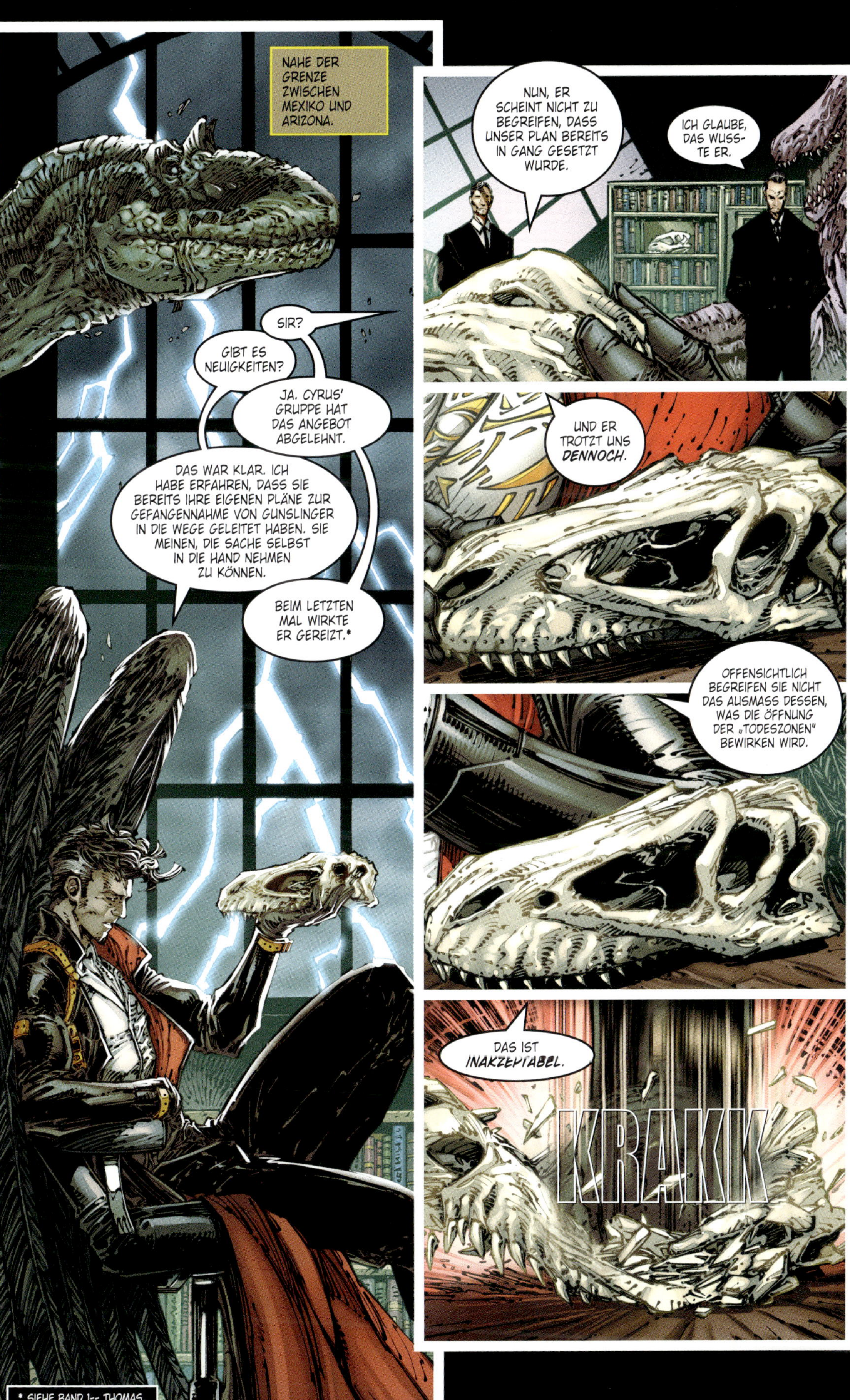
NAHE DER GRENZE ZWISCHEN MEXIKO UND ARIZONA.
SIR?
GIBT ES NEUIGKEITEN?
JA. CYRUS' GRUPPE HAT DAS ANGEBOT ABGELEHNT.
DAS WAR KLAR. ICH HABE ERFAHREN, DASS SIE BEREITS IHRE EIGENEN PLÄNE ZUR GEFANGENNAHME VON GUNSLINGER IN DIE WEGE GELEITET HABEN. SIE MEINEN, DIE SACHE SELBST IN DIE HAND NEHMEN ZU KÖNNEN.
BEIM LETZTEN MAL WIRKTE ER GEREIZT.*
NUN, ER SCHEINT NICHT ZU BEGREIFEN, DASS UNSER PLAN BEREITS IN GANG GESETZT WURDE.
ICH GLAUBE, DAS WUSS-TE ER.
UND ER TROTZT UNS *DENNOCH*.
OFFENSICHTLICH BEGREIFEN SIE NICHT DAS AUSMASS DESSEN, WAS DIE ÖFFNUNG DER „TODESZONEN" BEWIRKEN WIRD.
DAS IST *INAKZEPTABEL*.
KRAKIK
* SIEHE BAND 1-- THOMAS.

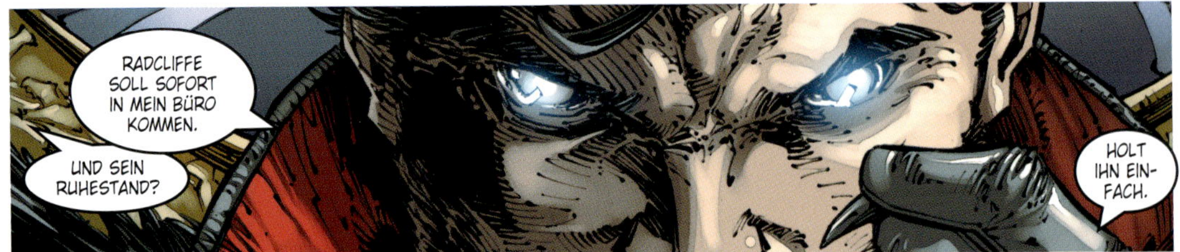
RADCLIFFE SOLL SOFORT IN MEIN BÜRO KOMMEN.
UND SEIN RUHESTAND?
HOLT IHN EIN-FACH.

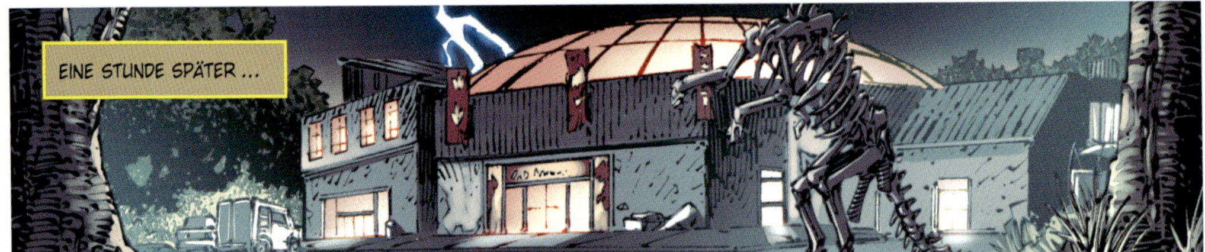
EINE STUNDE SPÄTER ...

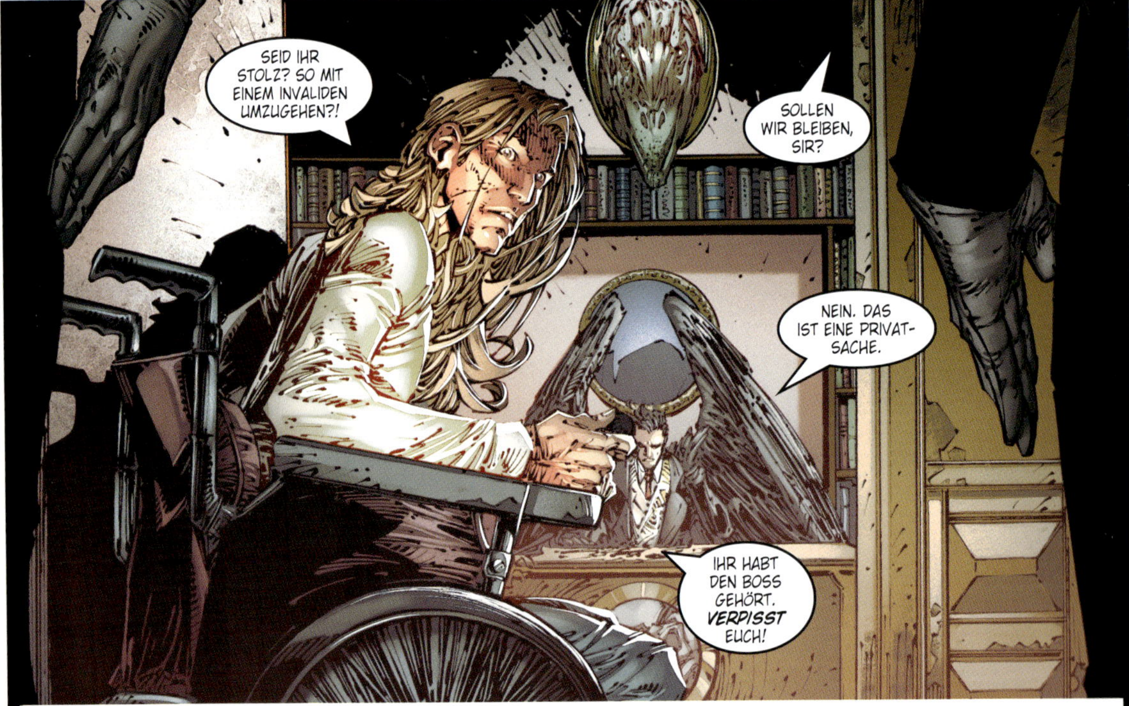
SEID IHR STOLZ? SO MIT EINEM INVALIDEN UMZUGEHEN?!
SOLLEN WIR BLEIBEN, SIR?
NEIN. DAS IST EINE PRIVAT-SACHE.
IHR HABT DEN BOSS GEHÖRT. VERPISST EUCH!

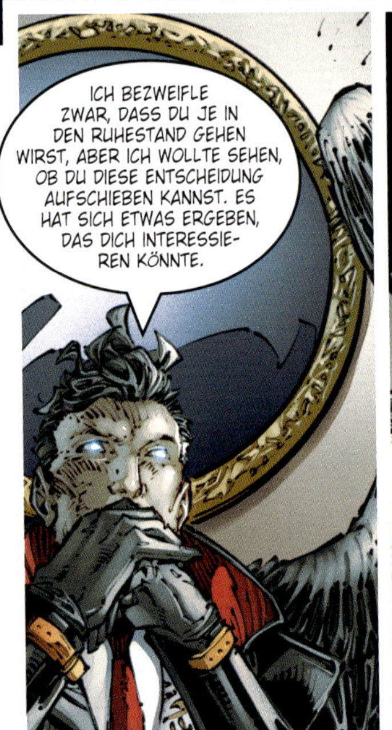
ICH BEZWEIFLE ZWAR, DASS DU JE IN DEN RUHESTAND GEHEN WIRST, ABER ICH WOLLTE SEHEN, OB DU DIESE ENTSCHEIDUNG AUFSCHIEBEN KANNST. ES HAT SICH ETWAS ERGEBEN, DAS DICH INTERESSIE-REN KÖNNTE.

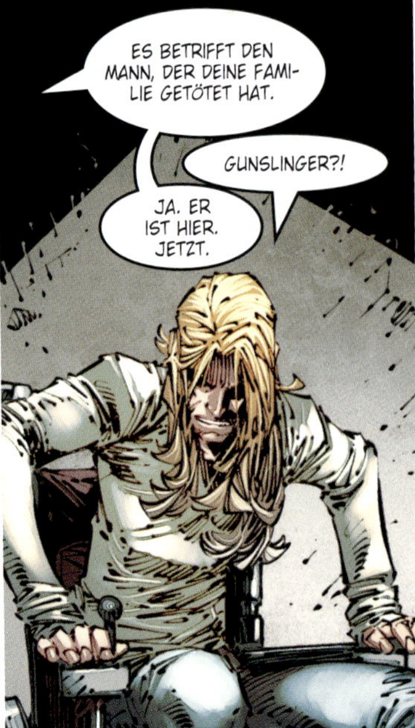
ES BETRIFFT DEN MANN, DER DEINE FAMI-LIE GETÖTET HAT.
GUNSLINGER?!
JA. ER IST HIER. JETZT.

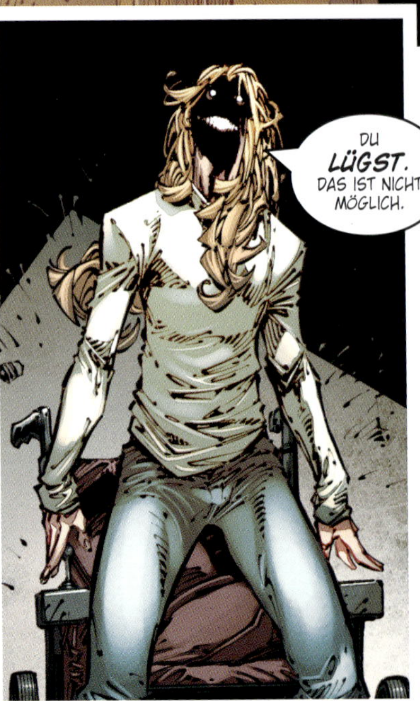
DU LÜGST. DAS IST NICHT MÖGLICH.

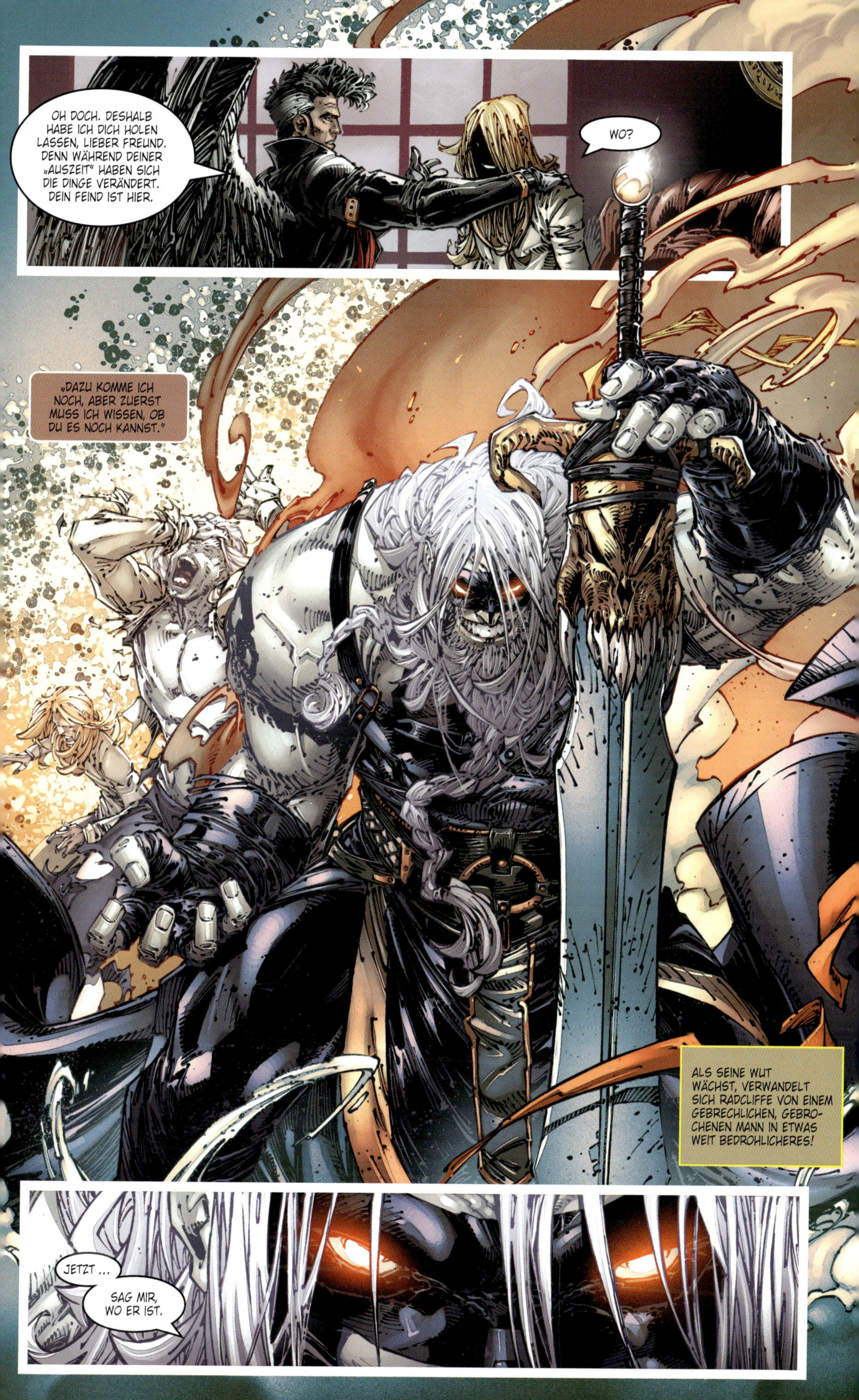
OH DOCH. DESHALB HABE ICH DICH HOLEN LASSEN, LIEBER FREUND. DENN WÄHREND DEINER „AUSZEIT" HABEN SICH DIE DINGE VERÄNDERT. DEIN FEIND IST HIER.
WO?
„DAZU KOMME ICH NOCH, ABER ZUERST MUSS ICH WISSEN, OB DU ES NOCH KANNST."
ALS SEINE WUT WÄCHST, VERWANDELT SICH RADCLIFFE VON EINEM GEBRECHLICHEN, GEBROCHENEN MANN IN ETWAS WEIT BEDROHLICHERES!
JETZT ...
SAG MIR, WO ER IST.

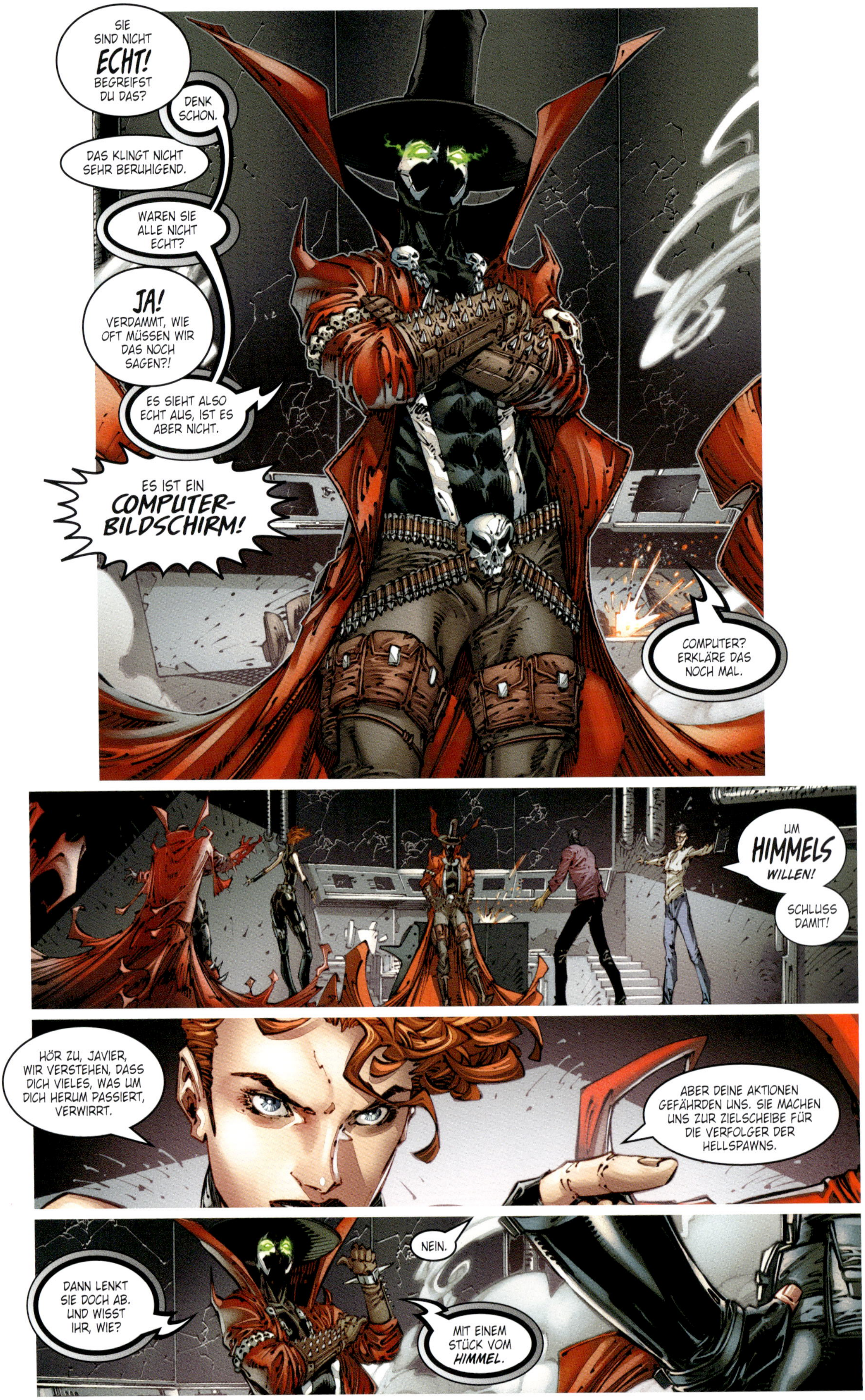

SIE SIND NICHT ECHT! BEGREIFST DU DAS?
DENK SCHON.
DAS KLINGT NICHT SEHR BERUHIGEND.
WAREN SIE ALLE NICHT ECHT?
JA! VERDAMMT, WIE OFT MÜSSEN WIR DAS NOCH SAGEN?!
ES SIEHT ALSO ECHT AUS, IST ES ABER NICHT.
ES IST EIN COMPUTER-BILDSCHIRM!
COMPUTER? ERKLÄRE DAS NOCH MAL.

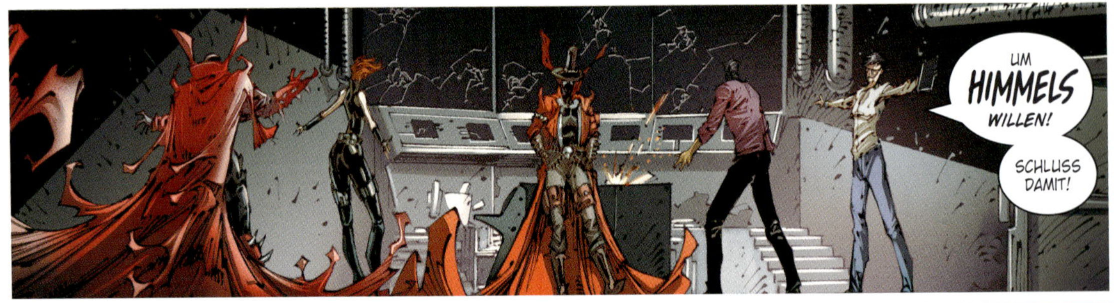

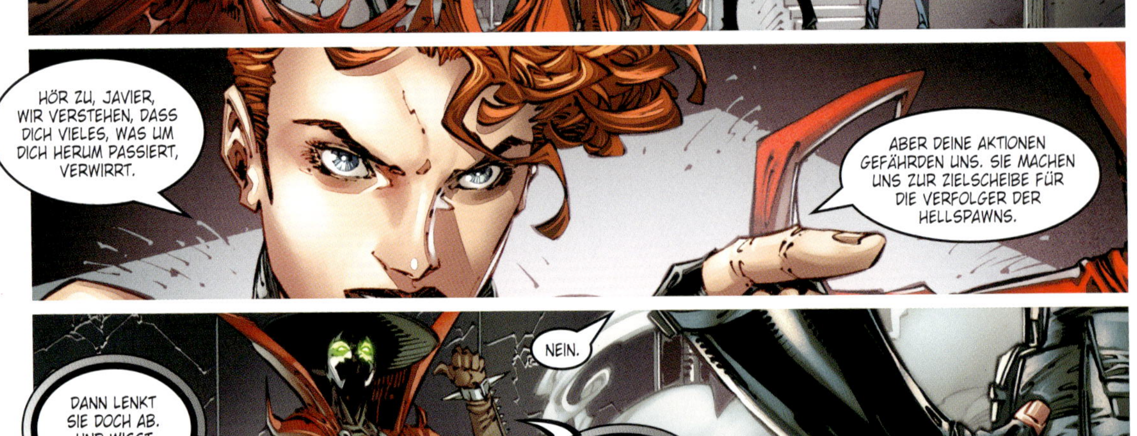

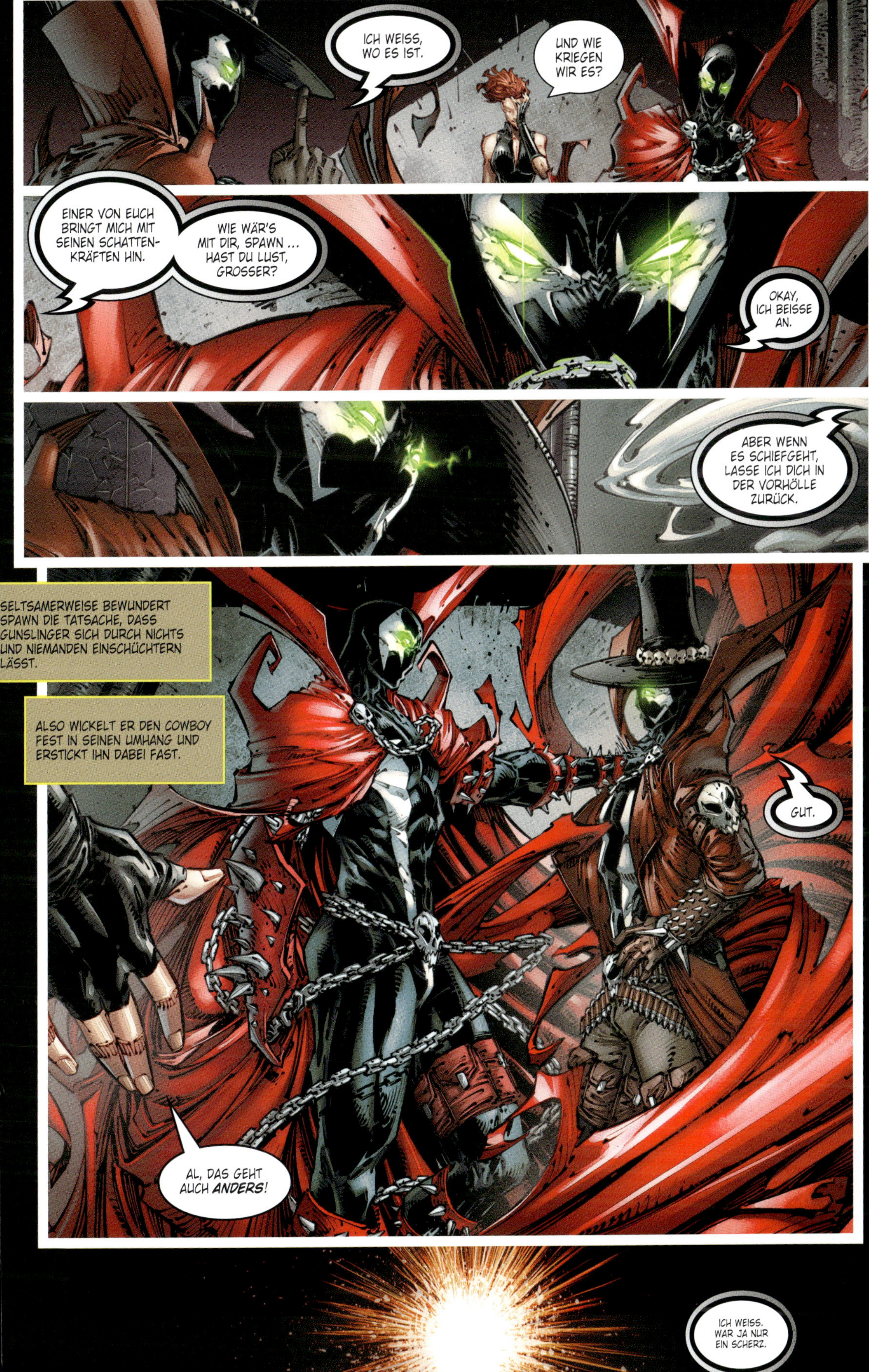
ICH WEISS, WO ES IST.
UND WIE KRIEGEN WIR ES?
EINER VON EUCH BRINGT MICH MIT SEINEN SCHATTEN-KRÄFTEN HIN.
WIE WÄR'S MIT DIR, SPAWN ... HAST DU LUST, GROSSER?
OKAY, ICH BEISSE AN.
ABER WENN ES SCHIEFGEHT, LASSE ICH DICH IN DER VORHÖLLE ZURÜCK.
SELTSAMERWEISE BEWUNDERT SPAWN DIE TATSACHE, DASS GUNSLINGER SICH DURCH NICHTS UND NIEMANDEN EINSCHÜCHTERN LÄSST.
ALSO WICKELT ER DEN COWBOY FEST IN SEINEN UMHANG UND ERSTICKT IHN DABEI FAST.
GUT.
AL, DAS GEHT AUCH ***ANDERS***!
ICH WEISS. WAR JA NUR EIN SCHERZ.

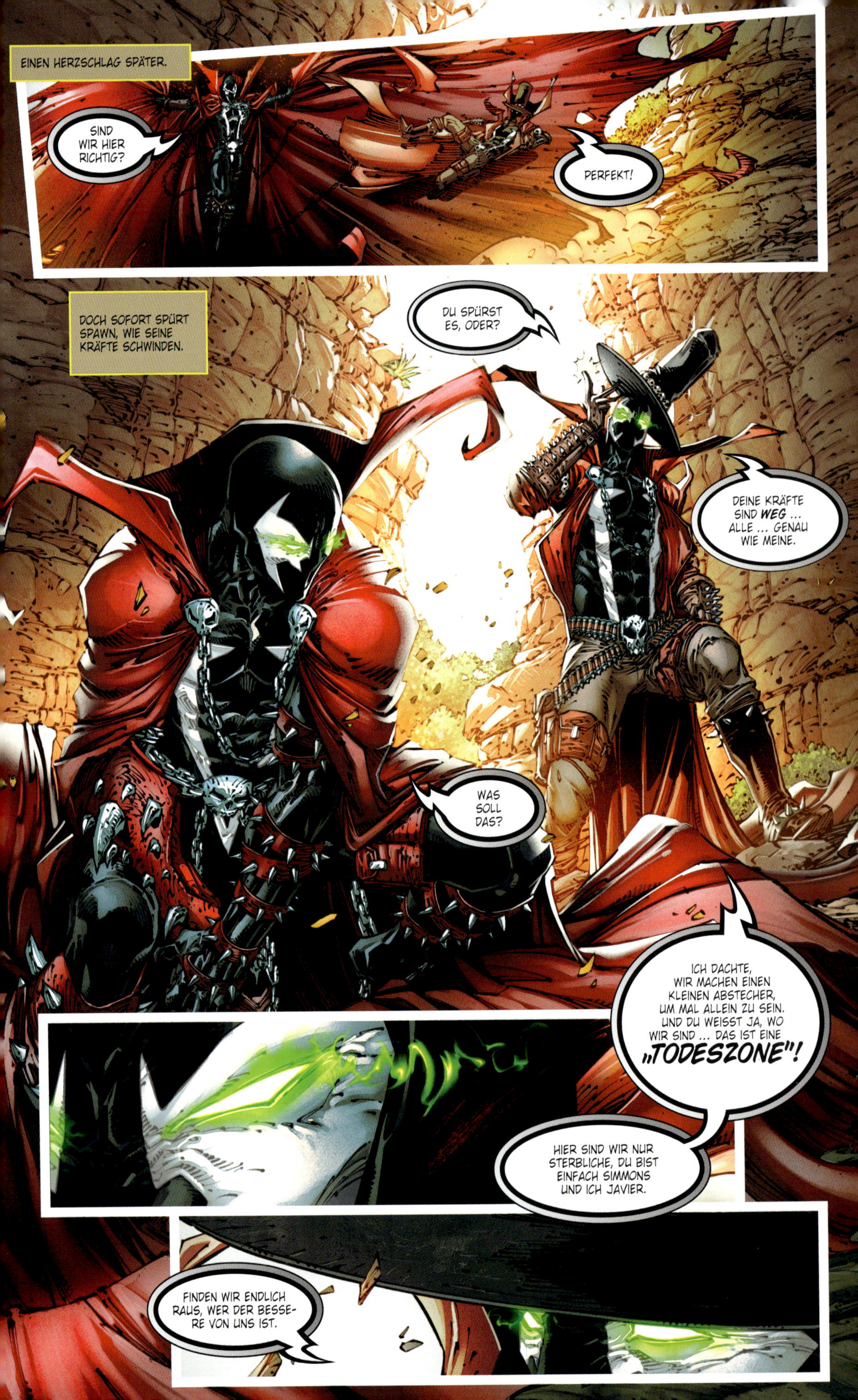
EINEN HERZSCHLAG SPÄTER.
SIND WIR HIER RICHTIG?
PERFEKT!
DOCH SOFORT SPÜRT SPAWN, WIE SEINE KRÄFTE SCHWINDEN.
DU SPÜRST ES, ODER?
DEINE KRÄFTE SIND **WEG** ... ALLE ... GENAU WIE MEINE.
WAS SOLL DAS?
ICH DACHTE, WIR MACHEN EINEN KLEINEN ABSTECHER, UM MAL ALLEIN ZU SEIN. UND DU WEISST JA, WO WIR SIND ... DAS IST EINE „TODESZONE"!
HIER SIND WIR NUR STERBLICHE, DU BIST EINFACH SIMMONS UND ICH JAVIER.
FINDEN WIR ENDLICH RAUS, WER DER BESSE-RE VON UNS IST.

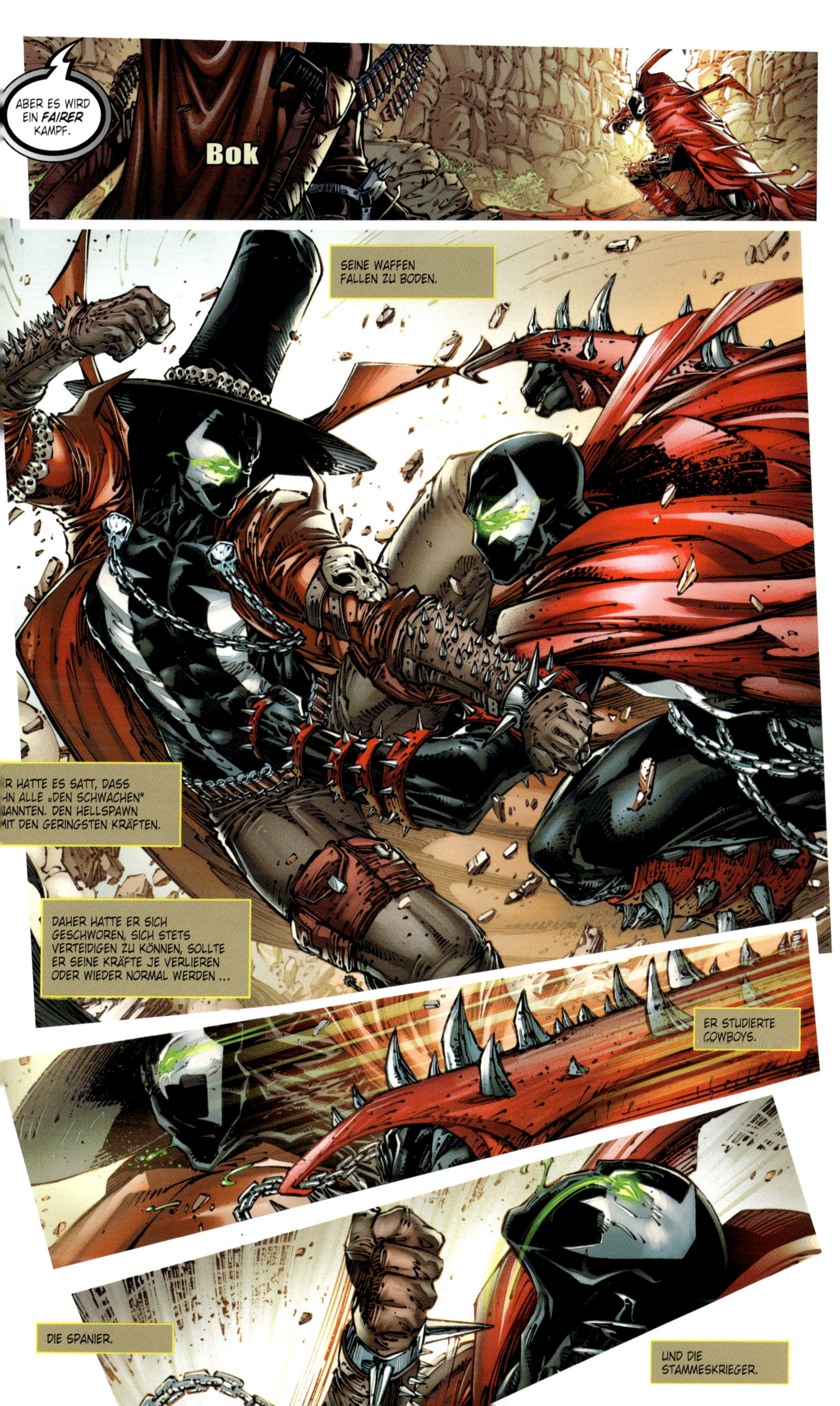

ABER ES WIRD EIN *FAIRER* KAMPF.
Bok
SEINE WAFFEN FALLEN ZU BODEN.
R HATTE ES SATT, DASS HN ALLE „DEN SCHWACHEN" NANNTEN. DEN HELLSPAWN MIT DEN GERINGSTEN KRÄFTEN.
DAHER HATTE ER SICH GESCHWOREN, SICH STETS VERTEIDIGEN ZU KÖNNEN, SOLLTE ER SEINE KRÄFTE JE VERLIEREN ODER WIEDER NORMAL WERDEN …
ER STUDIERTE COWBOYS.
DIE SPANIER.
UND DIE STAMMESKRIEGER.

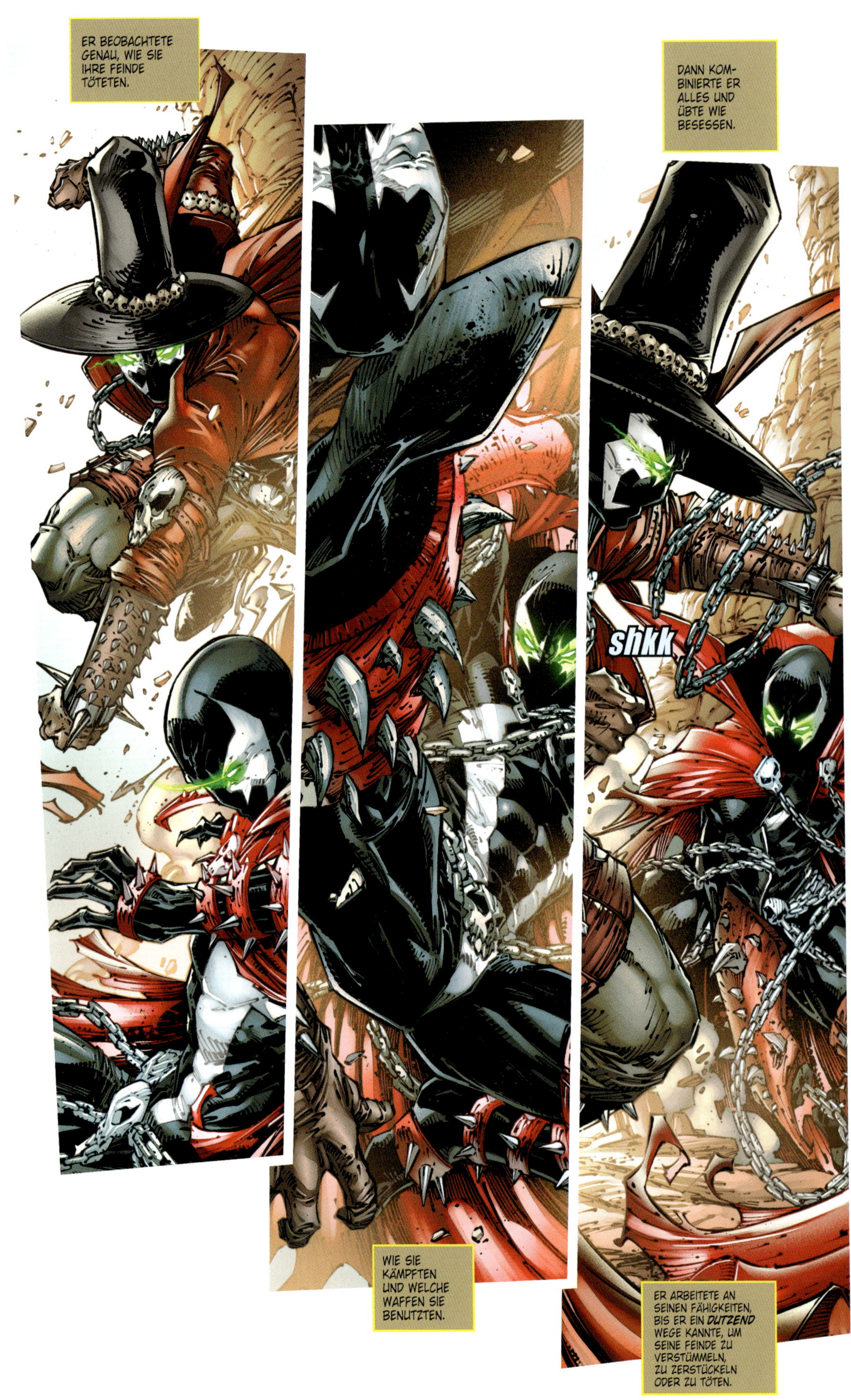
ER BEOBACHTETE GENAU, WIE SIE IHRE FEINDE TÖTETEN.
WIE SIE KÄMPFTEN UND WELCHE WAFFEN SIE BENUTZTEN.
DANN KOMBINIERTE ER ALLES UND ÜBTE WIE BESESSEN.
shkk
ER ARBEITETE AN SEINEN FÄHIGKEITEN, BIS ER EIN *DUTZEND* WEGE KANNTE, UM SEINE FEINDE ZU VERSTÜMMELN, ZU ZERSTÜCKELN ODER ZU TÖTEN.

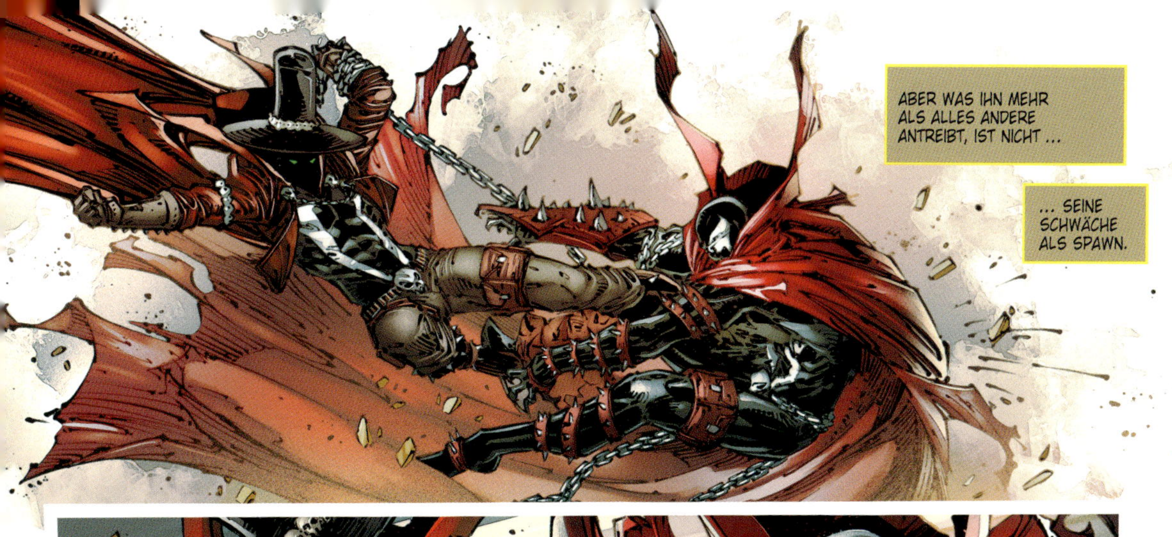
ABER WAS IHN MEHR ALS ALLES ANDERE ANTREIBT, IST NICHT ...
... SEINE SCHWÄCHE ALS SPAWN.

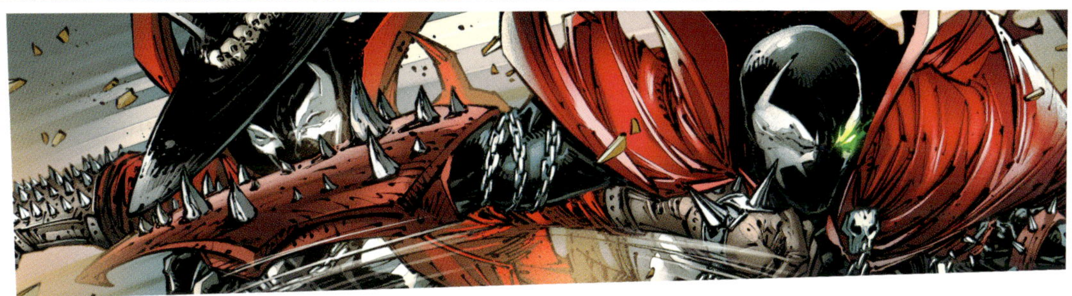

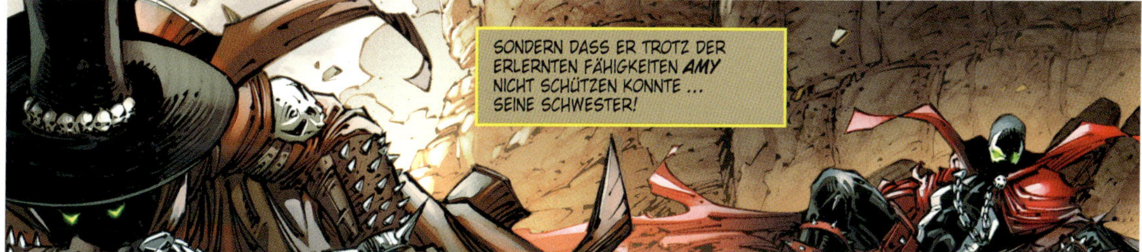
SONDERN DASS ER TROTZ DER ERLERNTEN FÄHIGKEITEN AMY NICHT SCHÜTZEN KONNTE ... SEINE SCHWESTER!

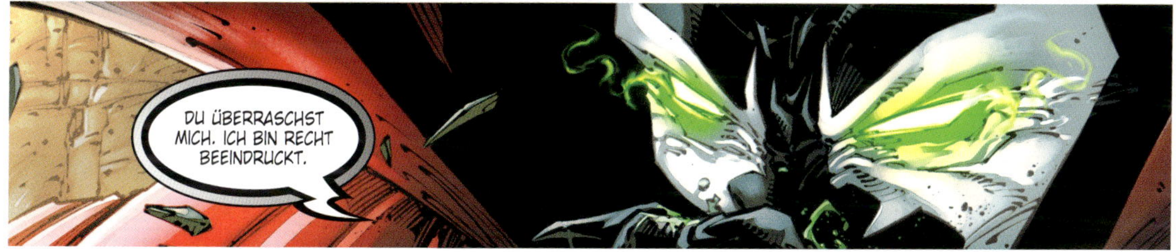
DU ÜBERRASCHST MICH. ICH BIN RECHT BEEINDRUCKT.

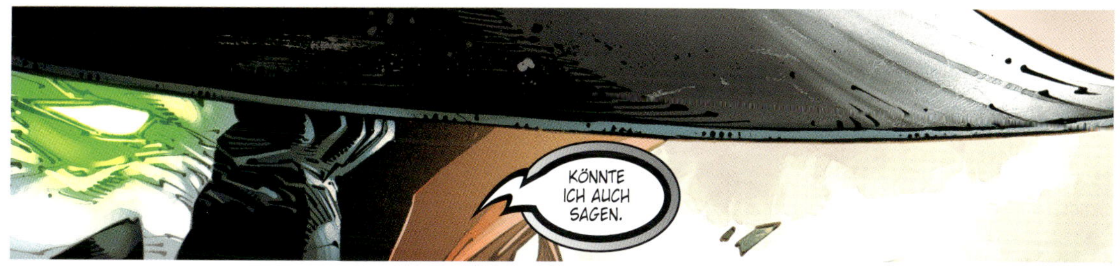
KÖNNTE ICH AUCH SAGEN.

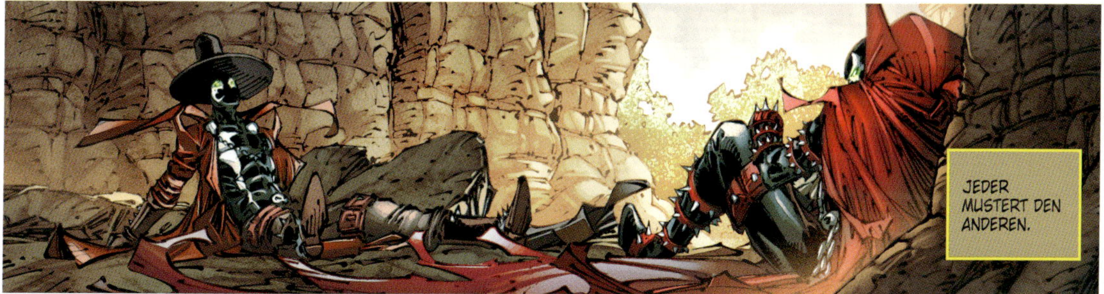
JEDER MUSTERT DEN ANDEREN.

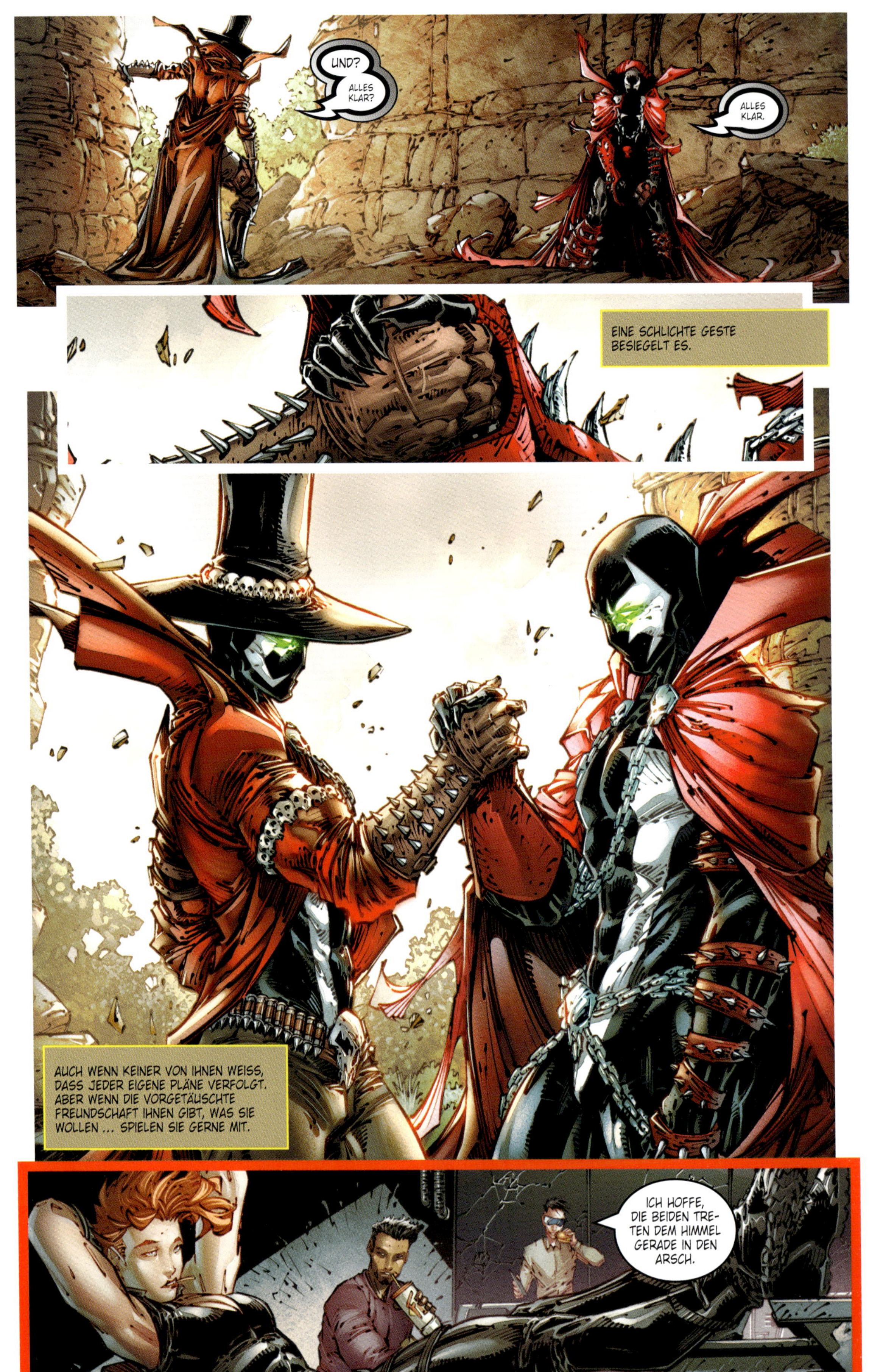
UND?
ALLES KLAR?
ALLES KLAR.
EINE SCHLICHTE GESTE BESIEGELT ES.
AUCH WENN KEINER VON IHNEN WEISS, DASS JEDER EIGENE PLÄNE VERFOLGT. ABER WENN DIE VORGETÄUSCHTE FREUNDSCHAFT IHNEN GIBT, WAS SIE WOLLEN ... SPIELEN SIE GERNE MIT.
ICH HOFFE, DIE BEIDEN TRETEN DEM HIMMEL GERADE IN DEN ARSCH.

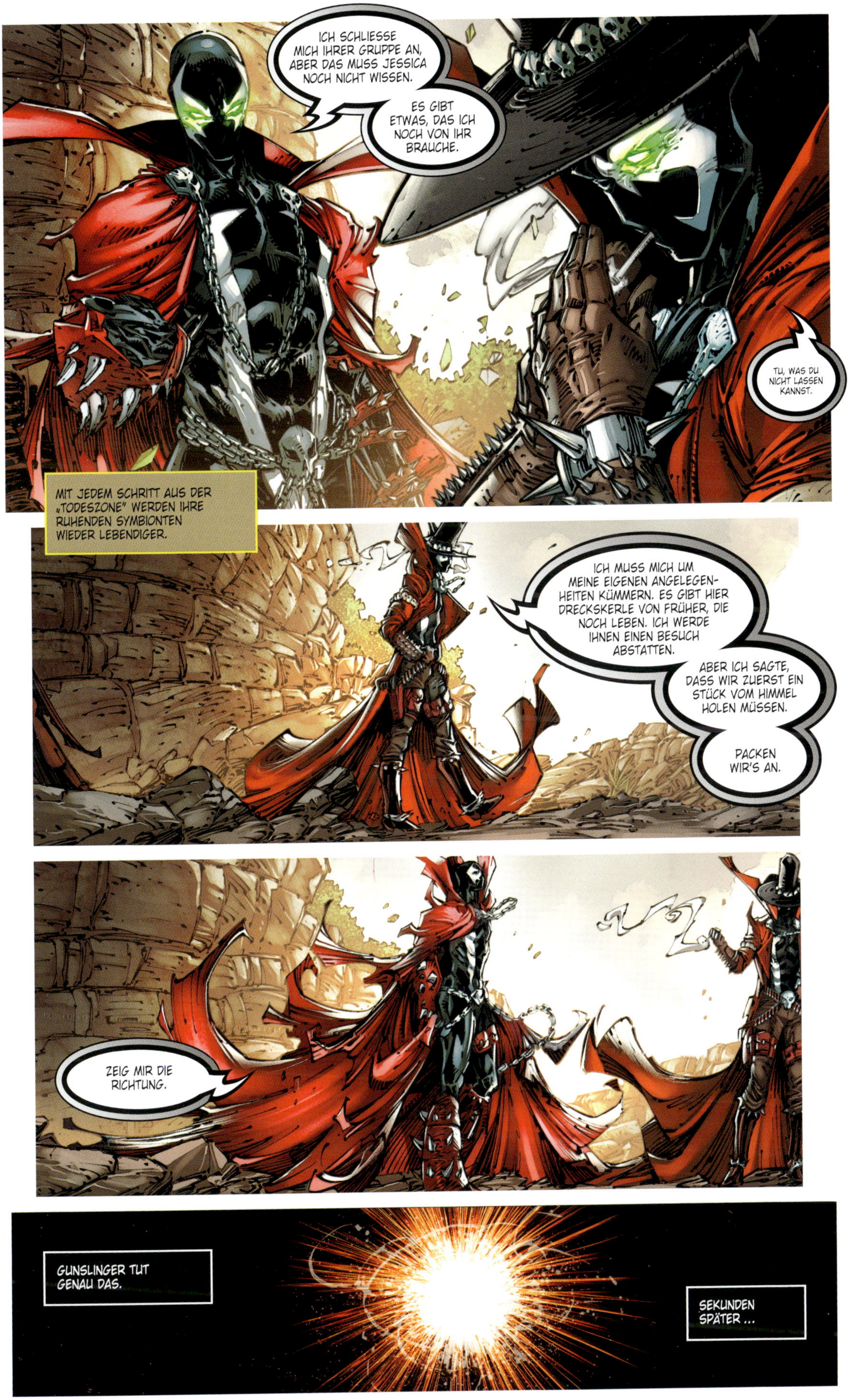

ICH SCHLIESSE MICH IHRER GRUPPE AN, ABER DAS MUSS JESSICA NOCH NICHT WISSEN.

ES GIBT ETWAS, DAS ICH NOCH VON IHR BRAUCHE.

TU, WAS DU NICHT LASSEN KANNST.

MIT JEDEM SCHRITT AUS DER „TODESZONE" WERDEN IHRE RUHENDEN SYMBIONTEN WIEDER LEBENDIGER.

ICH MUSS MICH UM MEINE EIGENEN ANGELEGENHEITEN KÜMMERN. ES GIBT HIER DRECKSKERLE VON FRÜHER, DIE NOCH LEBEN. ICH WERDE IHNEN EINEN BESUCH ABSTATTEN.

ABER ICH SAGTE, DASS WIR ZUERST EIN STÜCK VOM HIMMEL HOLEN MÜSSEN.

PACKEN WIR'S AN.

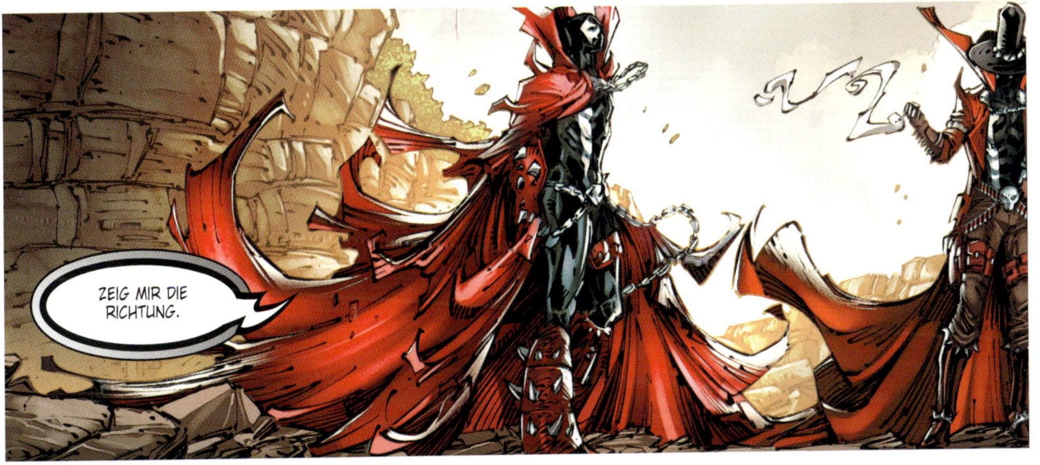

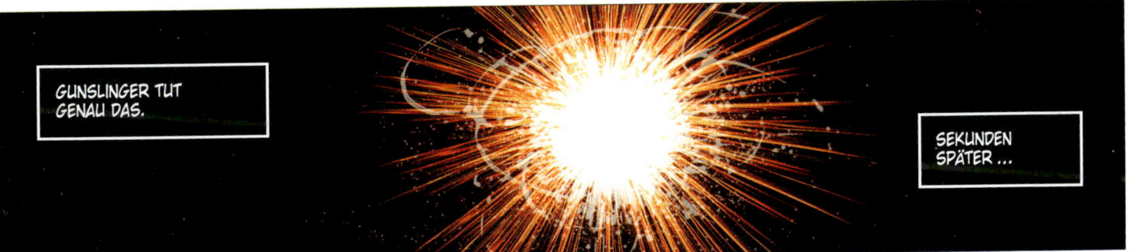

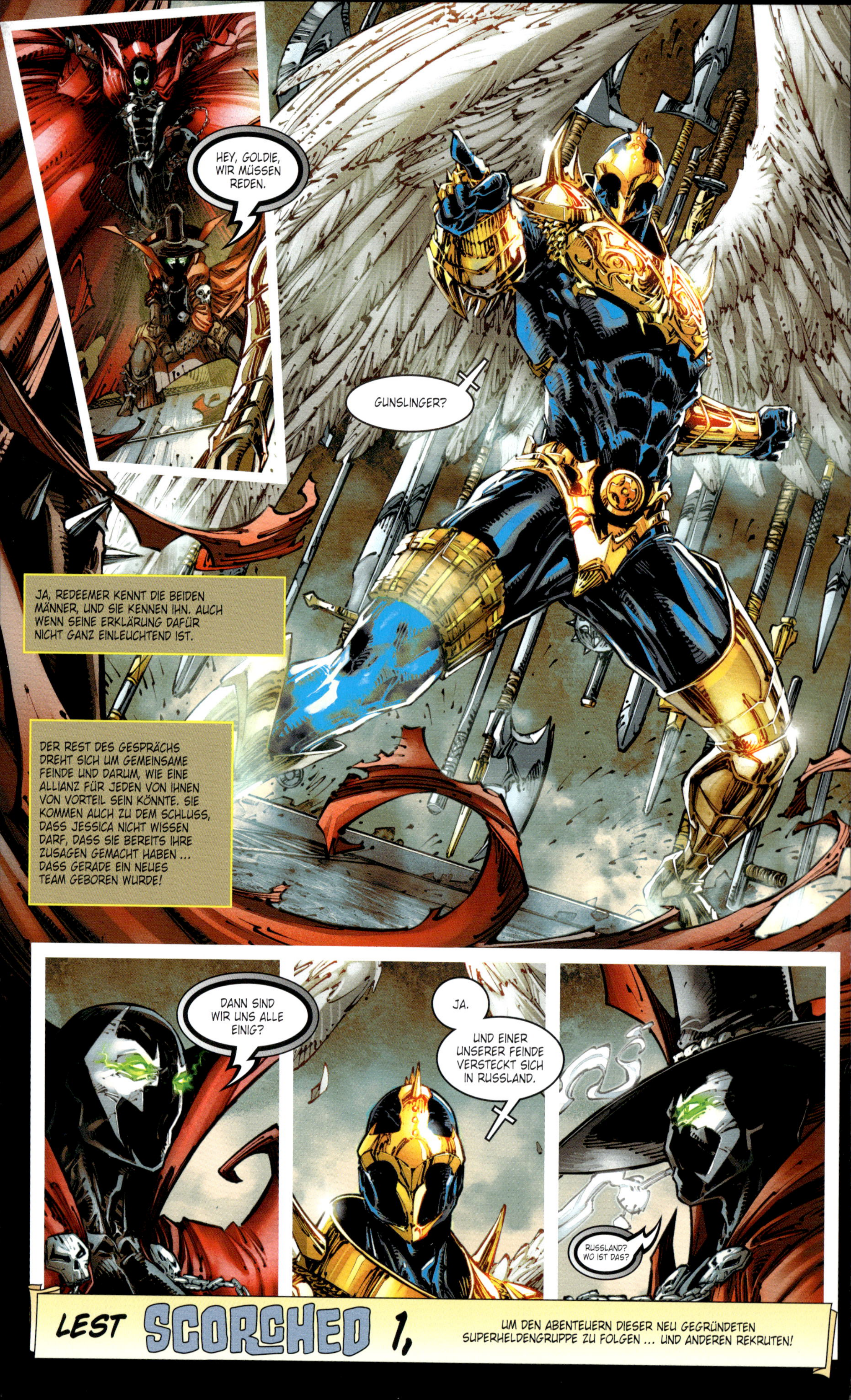

HEY, GOLDIE, WIR MÜSSEN REDEN.

GUNSLINGER?

JA, REDEEMER KENNT DIE BEIDEN MÄNNER, UND SIE KENNEN IHN. AUCH WENN SEINE ERKLÄRUNG DAFÜR NICHT GANZ EINLEUCHTEND IST.

DER REST DES GESPRÄCHS DREHT SICH UM GEMEINSAME FEINDE UND DARUM, WIE EINE ALLIANZ FÜR JEDEN VON IHNEN VON VORTEIL SEIN KÖNNTE. SIE KOMMEN AUCH ZU DEM SCHLUSS, DASS JESSICA NICHT WISSEN DARF, DASS SIE BEREITS IHRE ZUSAGEN GEMACHT HABEN ... DASS GERADE EIN NEUES TEAM GEBOREN WURDE!

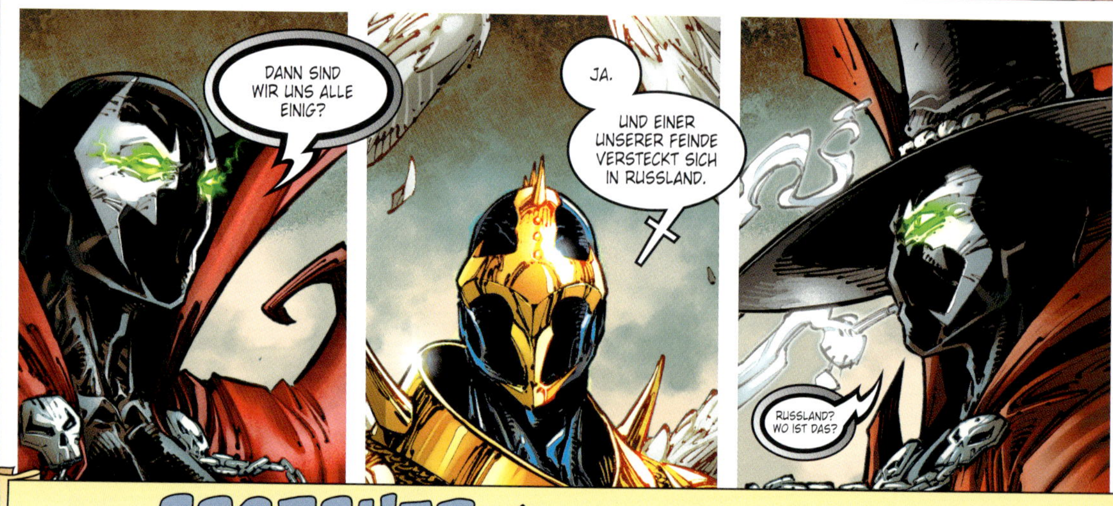

LEST SCORCHED 1, UM DEN ABENTEUERN DIESER NEU GEGRÜNDETEN SUPERHELDENGRUPPE ZU FOLGEN ... UND ANDEREN REKRUTEN!

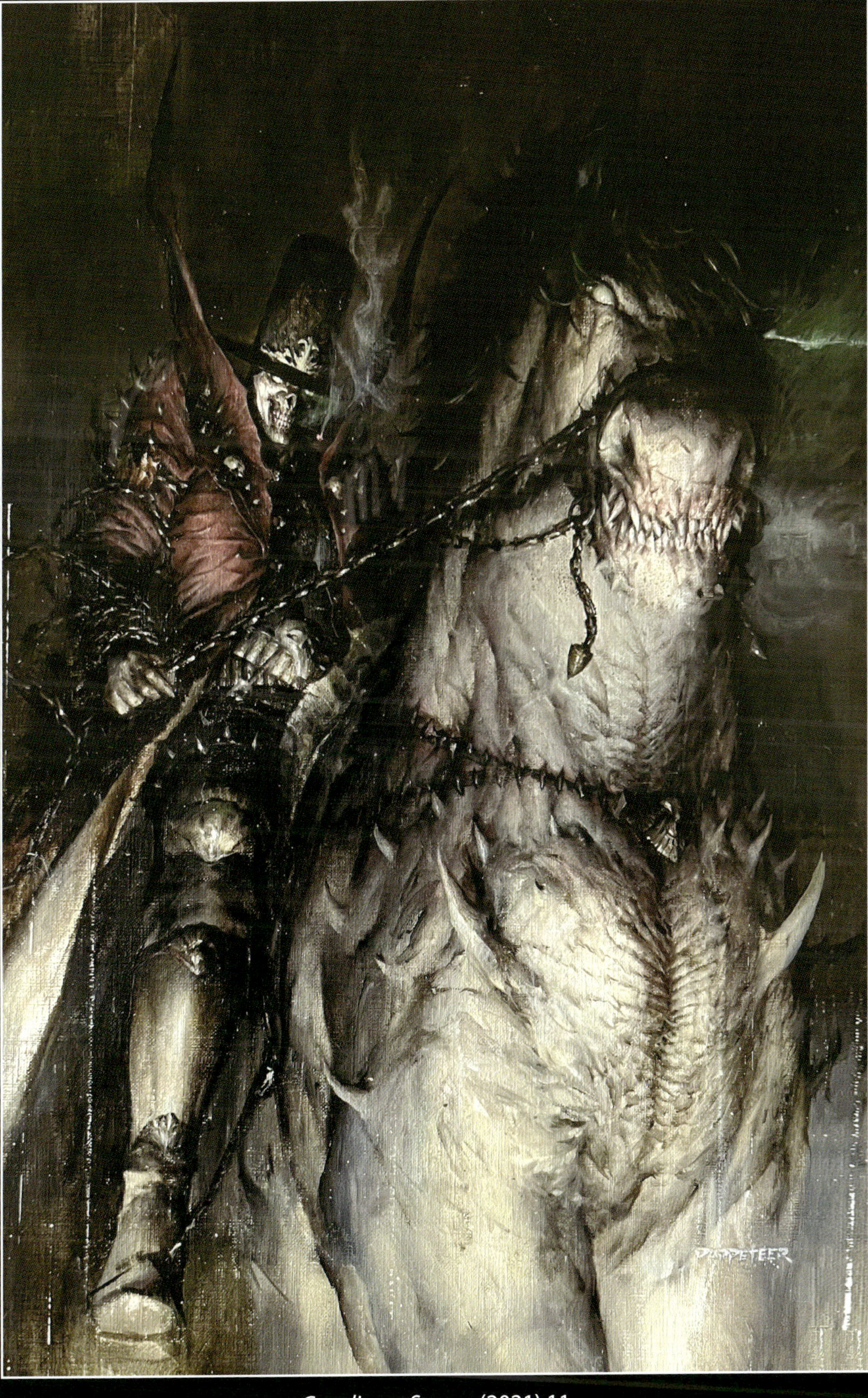

Gunslinger Spawn (2021) 11

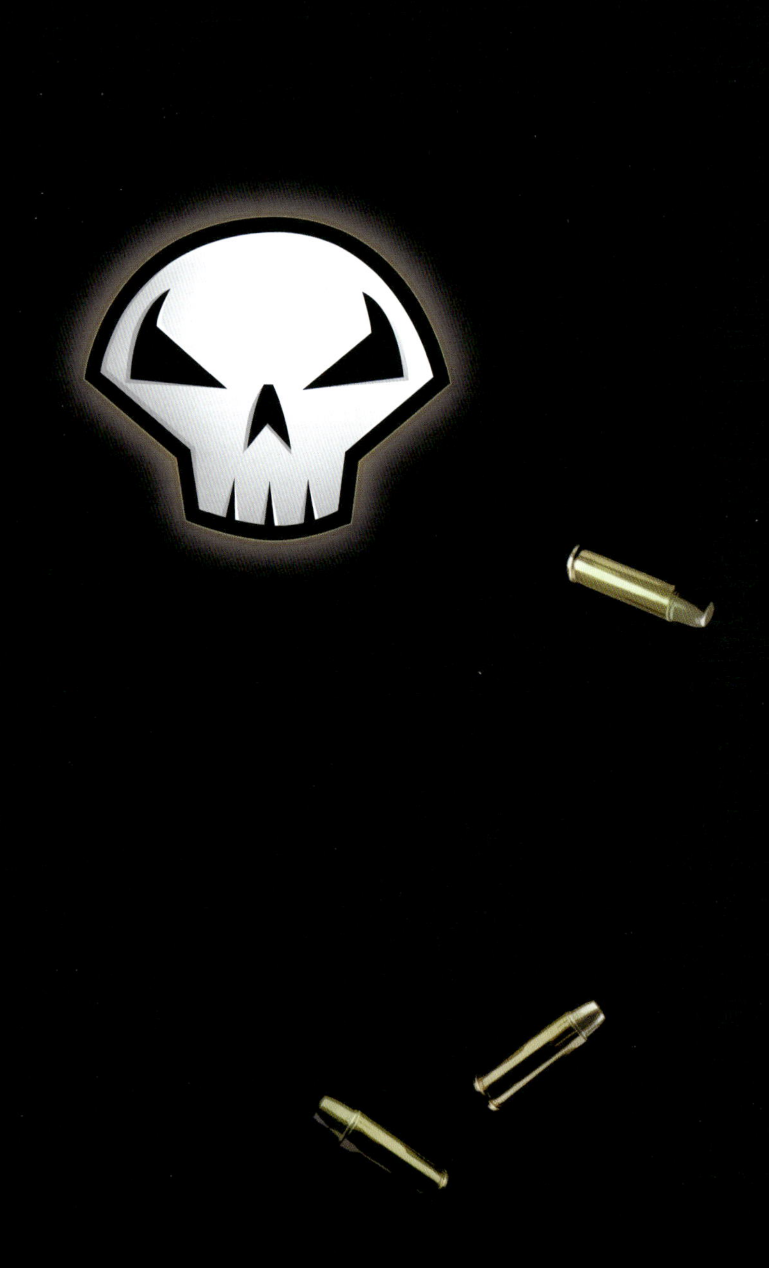

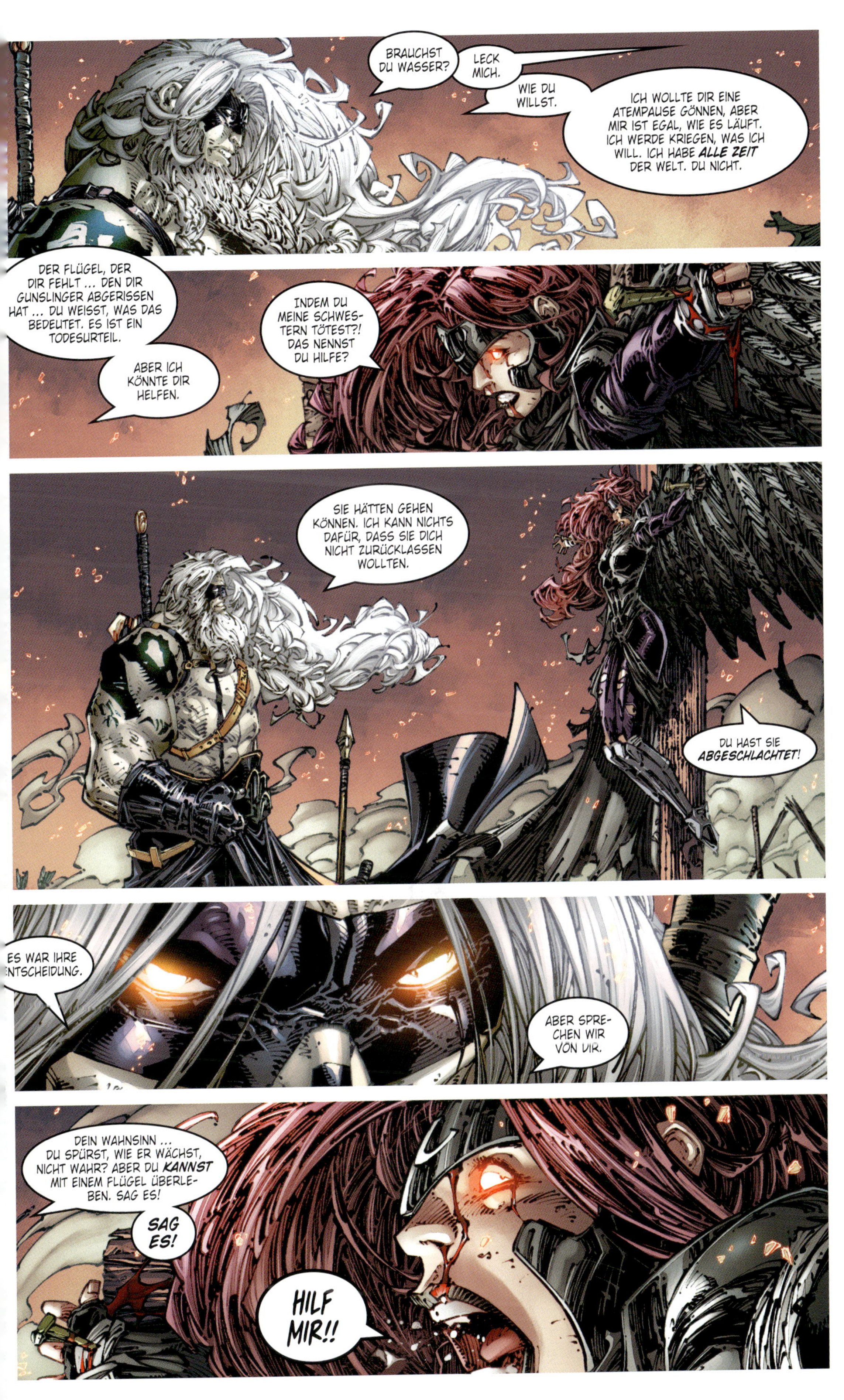

BRAUCHST DU WASSER?
LECK MICH.
WIE DU WILLST.
ICH WOLLTE DIR EINE ATEMPAUSE GÖNNEN, ABER MIR IST EGAL, WIE ES LÄUFT. ICH WERDE KRIEGEN, WAS ICH WILL. ICH HABE ***ALLE ZEIT*** DER WELT. DU NICHT.
DER FLÜGEL, DER DIR FEHLT … DEN DIR GUNSLINGER ABGERISSEN HAT … DU WEISST, WAS DAS BEDEUTET. ES IST EIN TODESURTEIL.
ABER ICH KÖNNTE DIR HELFEN.
INDEM DU MEINE SCHWES-TERN TÖTEST?! DAS NENNST DU HILFE?
SIE HÄTTEN GEHEN KÖNNEN. ICH KANN NICHTS DAFÜR, DASS SIE DICH NICHT ZURÜCKLASSEN WOLLTEN.
DU HAST SIE ***ABGESCHLACHTET***!
ES WAR IHRE ENTSCHEIDUNG.
ABER SPRE-CHEN WIR VON VIR.
DEIN WAHNSINN … DU SPÜRST, WIE ER WÄCHST, NICHT WAHR? ABER DU ***KANNST*** MIT EINEM FLÜGEL ÜBERLE-BEN. SAG ES!
SAG ES!
HILF MIR!!

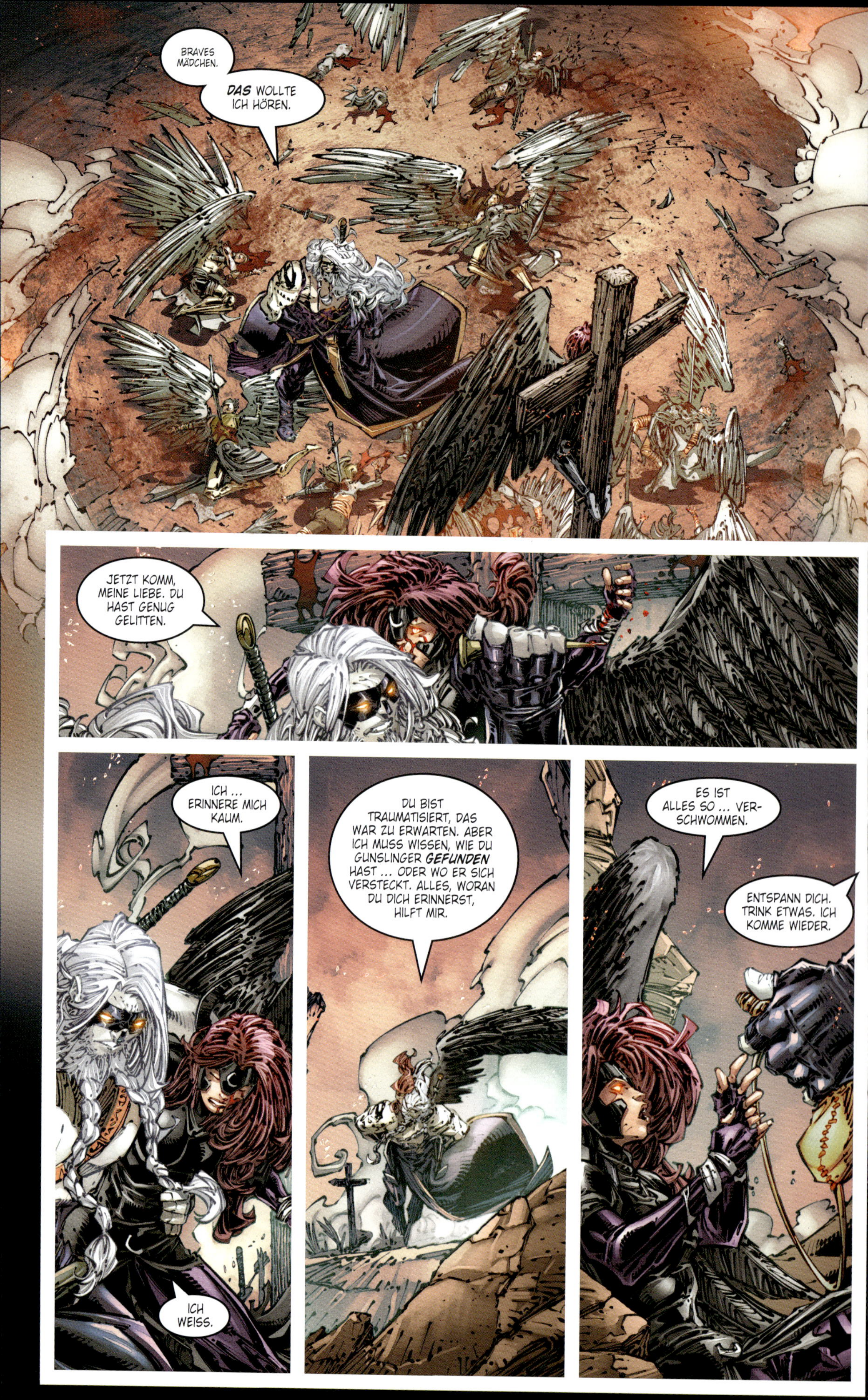

BRAVES MÄDCHEN.
DAS WOLLTE ICH HÖREN.

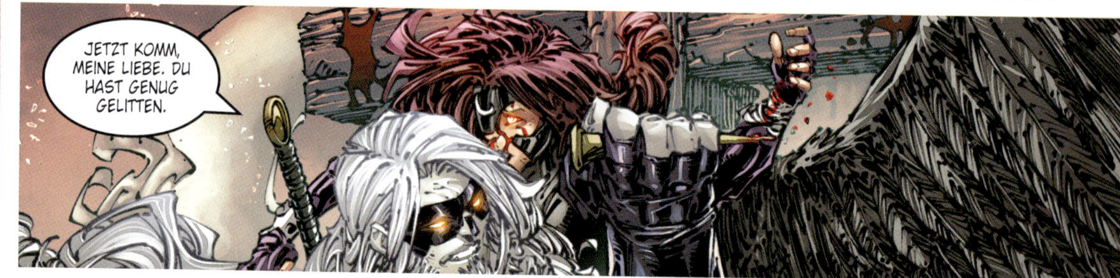

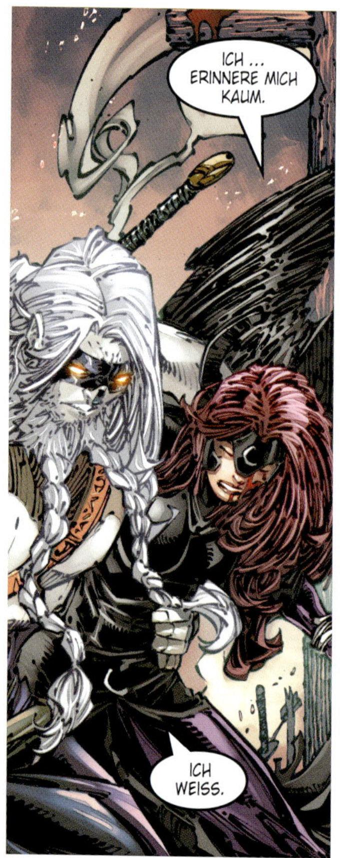

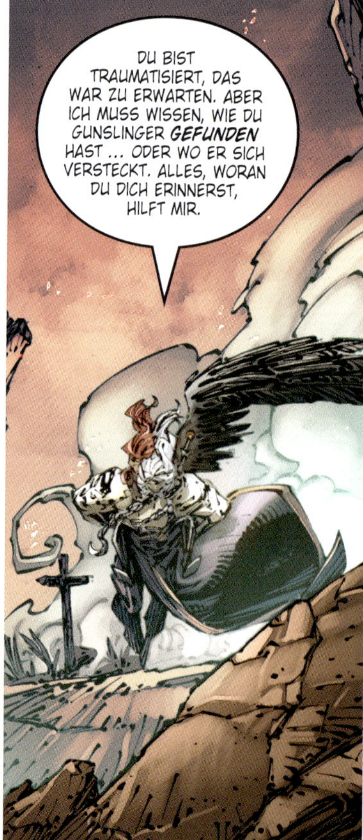

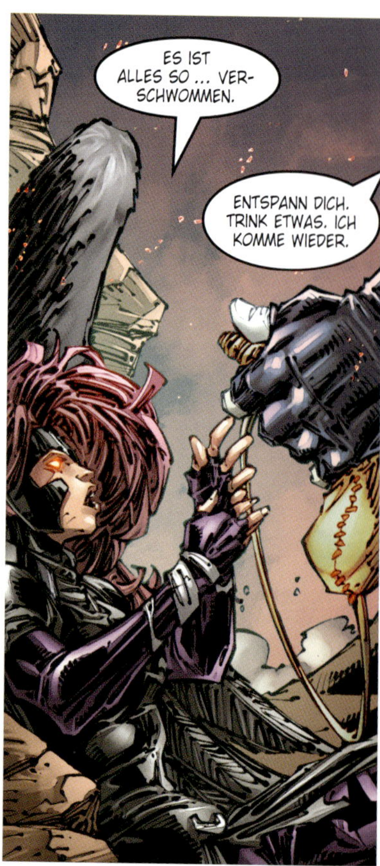

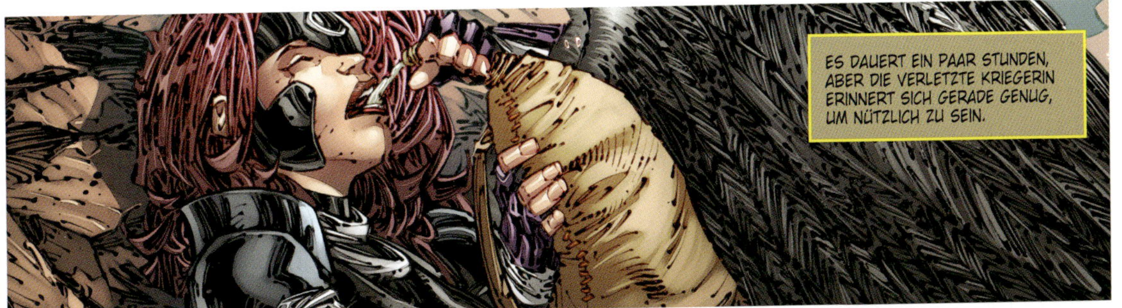
ES DAUERT EIN PAAR STUNDEN, ABER DIE VERLETZTE KRIEGERIN ERINNERT SICH GERADE GENUG, UM NÜTZLICH ZU SEIN.

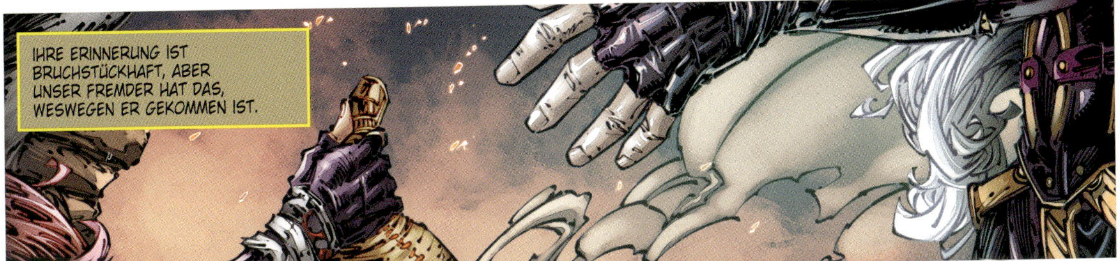
IHRE ERINNERUNG IST BRUCHSTÜCKHAFT, ABER UNSER FREMDER HAT DAS, WESWEGEN ER GEKOMMEN IST.

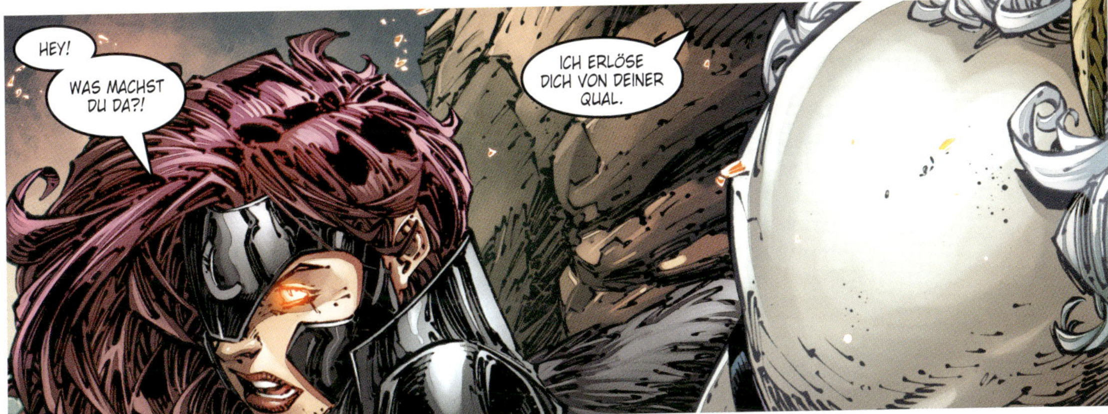
HEY!
WAS MACHST DU DA?!
ICH ERLÖSE DICH VON DEINER QUAL.

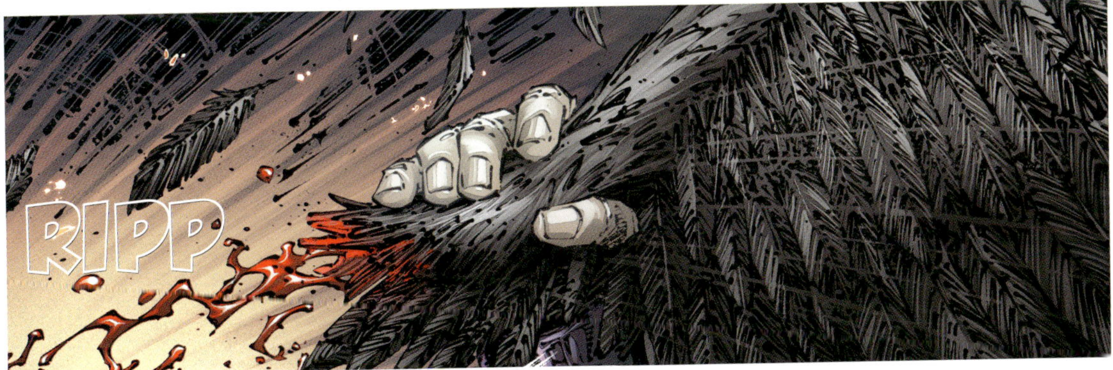
RIPP

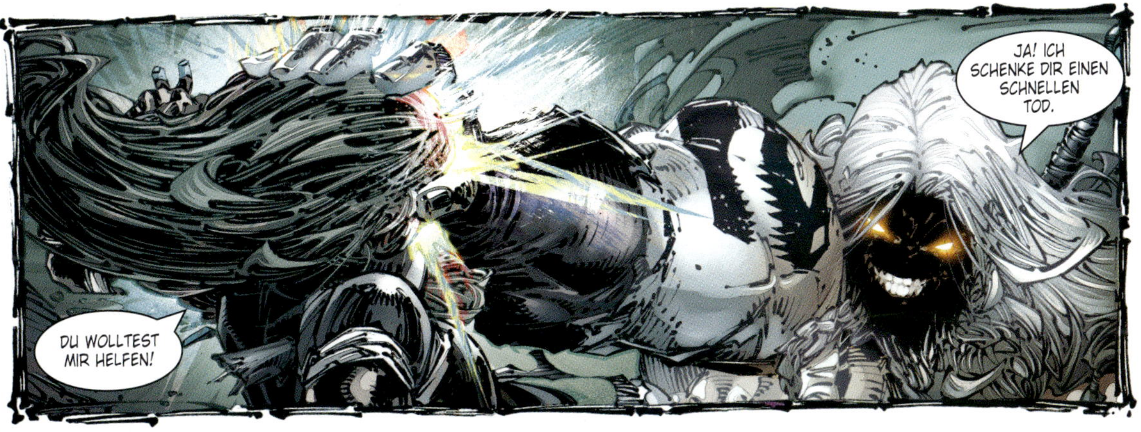
JA! ICH SCHENKE DIR EINEN SCHNELLEN TOD.
DU WOLLTEST MIR HELFEN!

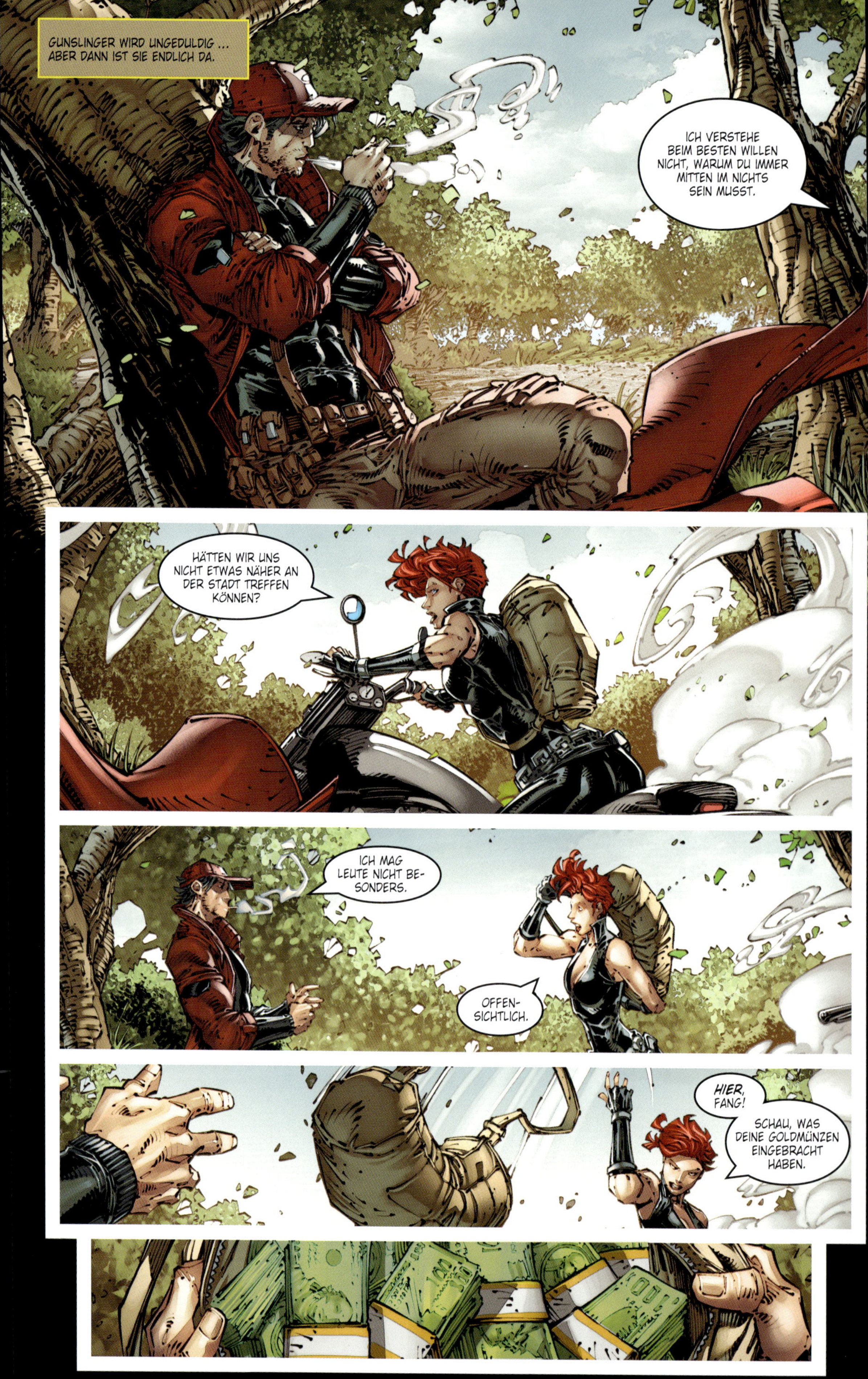
GUNSLINGER WIRD UNGEDULDIG ... ABER DANN IST SIE ENDLICH DA.
ICH VERSTEHE BEIM BESTEN WILLEN NICHT, WARUM DU IMMER MITTEN IM NICHTS SEIN MUSST.
HÄTTEN WIR UNS NICHT ETWAS NÄHER AN DER STADT TREFFEN KÖNNEN?
ICH MAG LEUTE NICHT BESONDERS.
OFFENSICHTLICH.
HIER, FANG!
SCHAU, WAS DEINE GOLDMÜNZEN EINGEBRACHT HABEN.

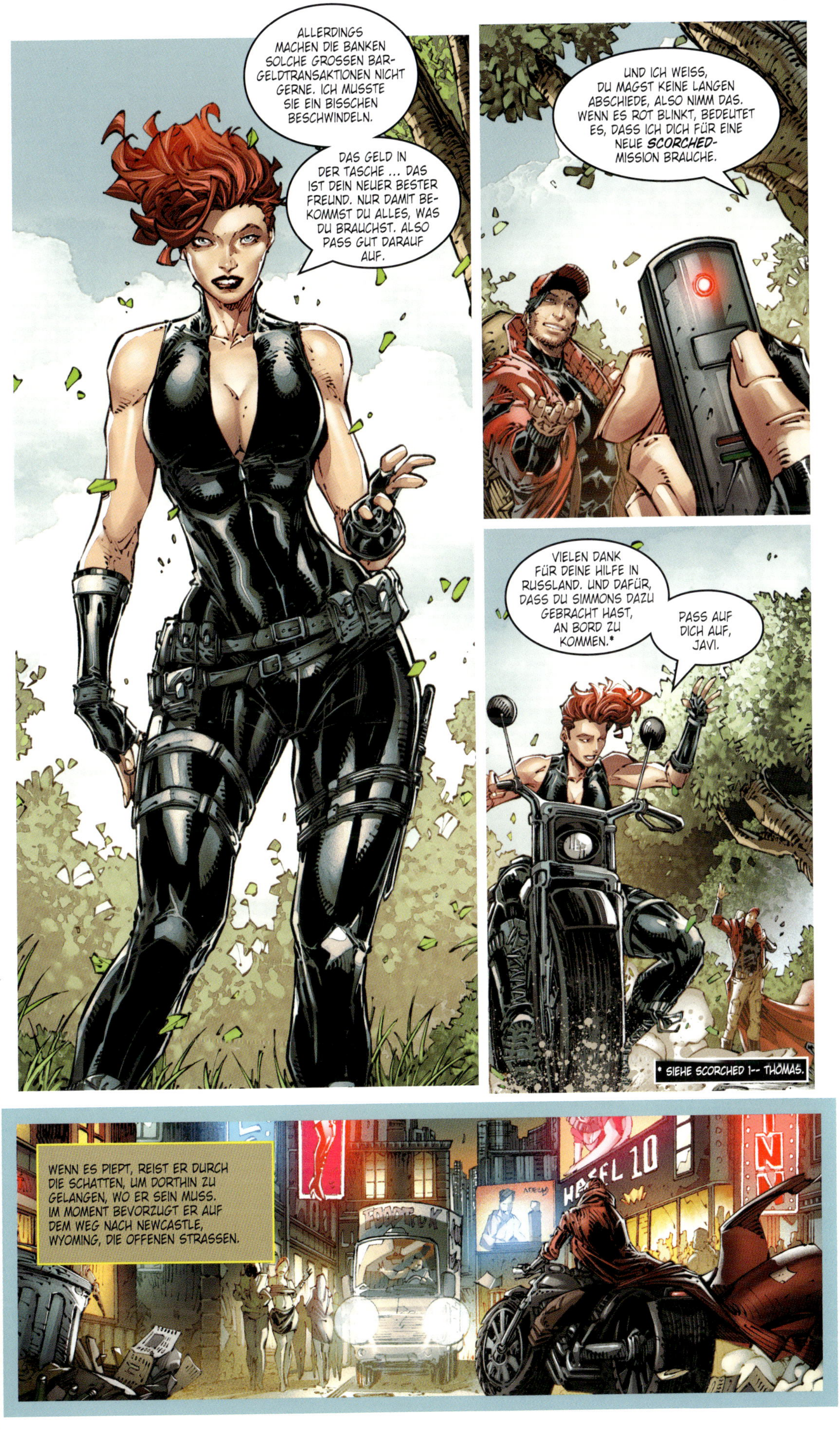

ALLERDINGS MACHEN DIE BANKEN SOLCHE GROSSEN BARGELDTRANSAKTIONEN NICHT GERNE. ICH MUSSTE SIE EIN BISSCHEN BESCHWINDELN.

DAS GELD IN DER TASCHE ... DAS IST DEIN NEUER BESTER FREUND. NUR DAMIT BEKOMMST DU ALLES, WAS DU BRAUCHST. ALSO PASS GUT DARAUF AUF.

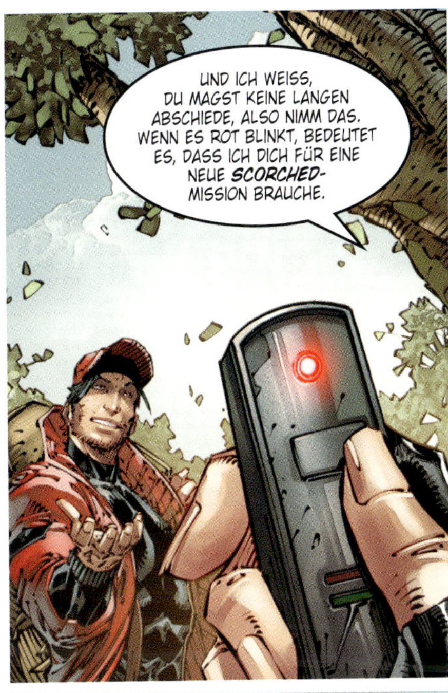

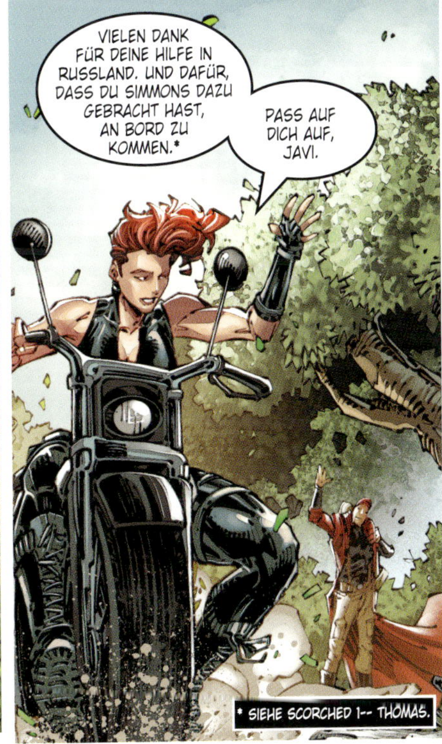

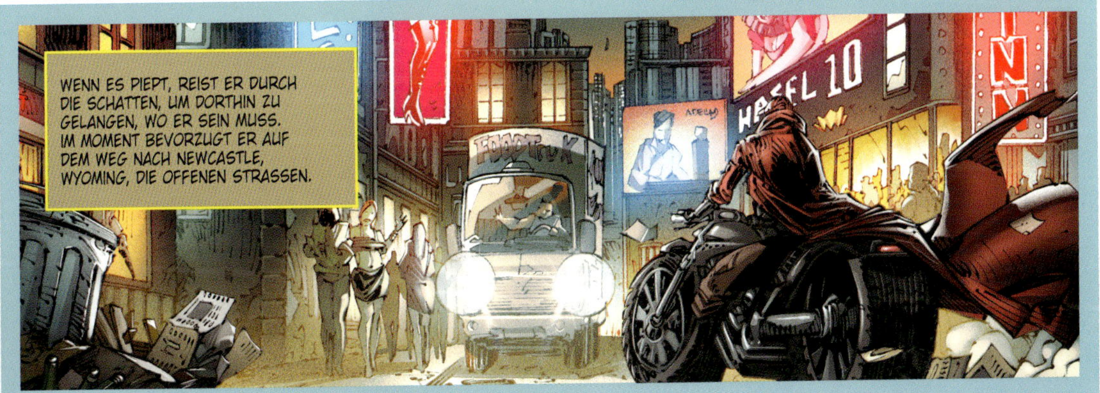

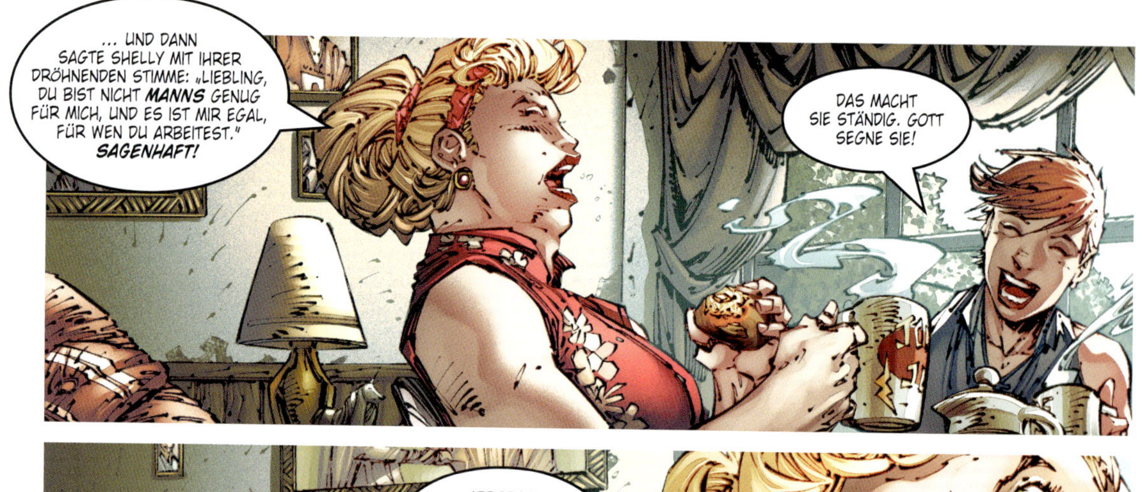
... UND DANN SAGTE SHELLY MIT IHRER DRÖHNENDEN STIMME: „LIEBLING, DU BIST NICHT **MANNS** GENUG FÜR MICH, UND ES IST MIR EGAL, FÜR WEN DU ARBEITEST." ***SAGENHAFT!***
DAS MACHT SIE STÄNDIG. GOTT SEGNE SIE!

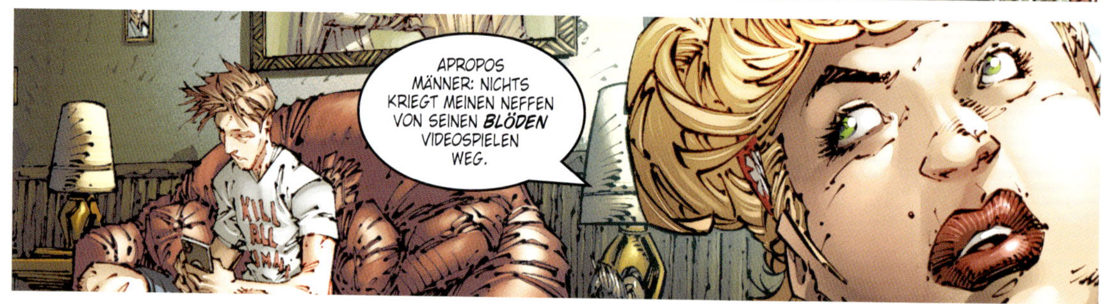
APROPOS MÄNNER: NICHTS KRIEGT MEINEN NEFFEN VON SEINEN ***BLÖDEN*** VIDEOSPIELEN WEG.

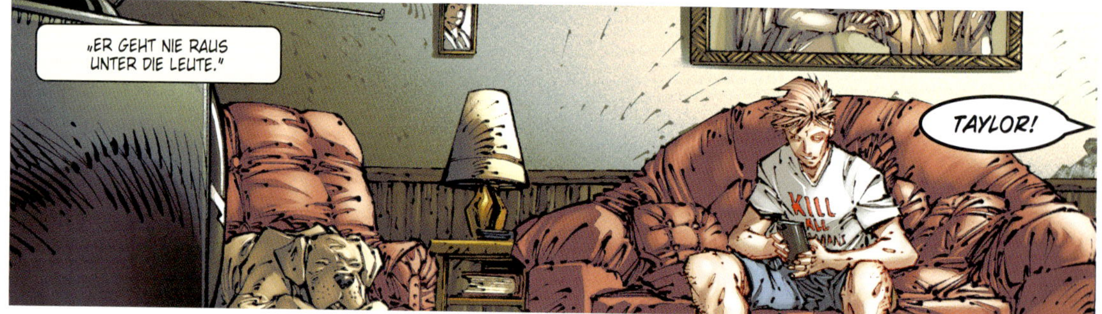
„ER GEHT NIE RAUS UNTER DIE LEUTE."
TAYLOR!

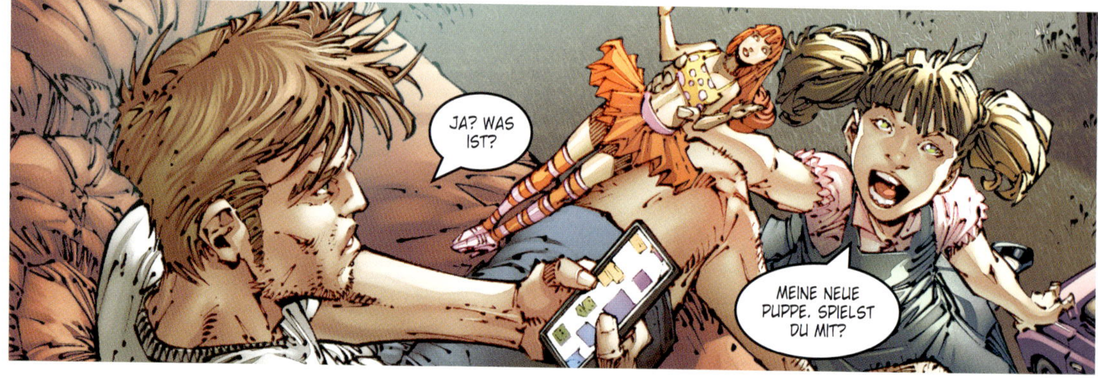
JA? WAS IST?
MEINE NEUE PUPPE. SPIELST DU MIT?

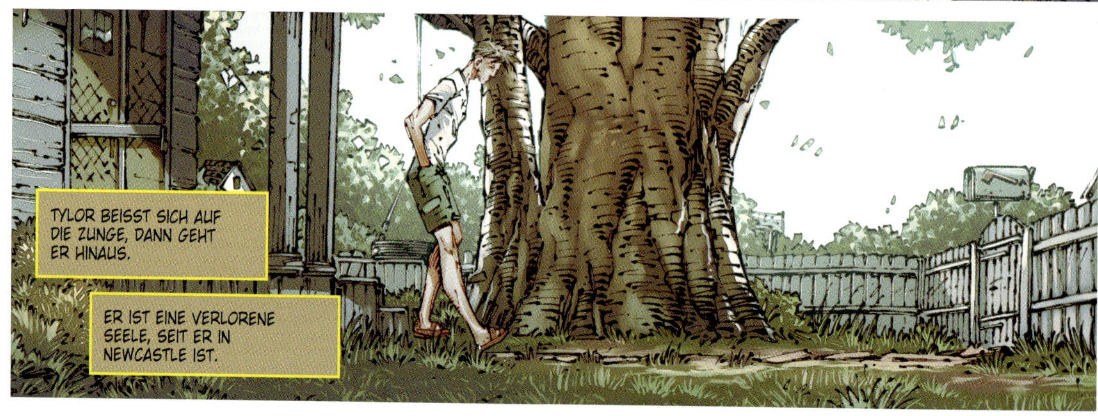
TYLOR BEISST SICH AUF DIE ZUNGE, DANN GEHT ER HINAUS.
ER IST EINE VERLORENE SEELE, SEIT ER IN NEWCASTLE IST.

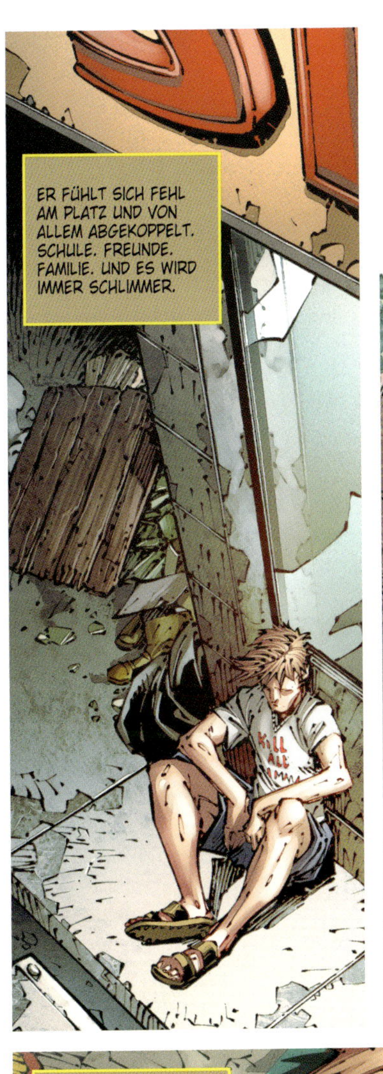
ER FÜHLT SICH FEHL AM PLATZ UND VON ALLEM ABGEKOPPELT. SCHULE. FREUNDE. FAMILIE. UND ES WIRD IMMER SCHLIMMER.

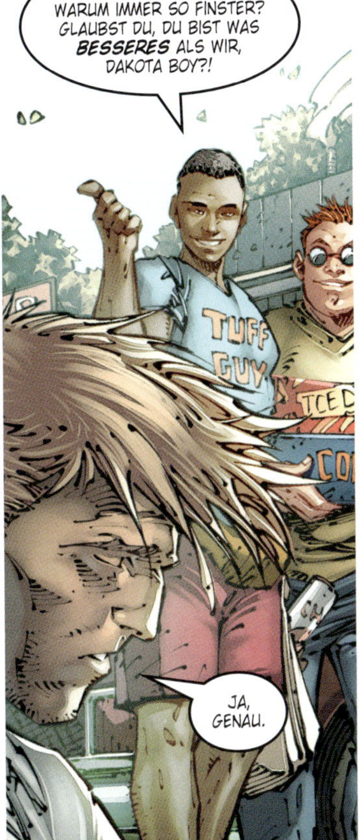
HEY, SCHWACHKOPF! WARUM IMMER SO FINSTER? GLAUBST DU, DU BIST WAS **BESSERES** ALS WIR, DAKOTA BOY?!
JA, GENAU.

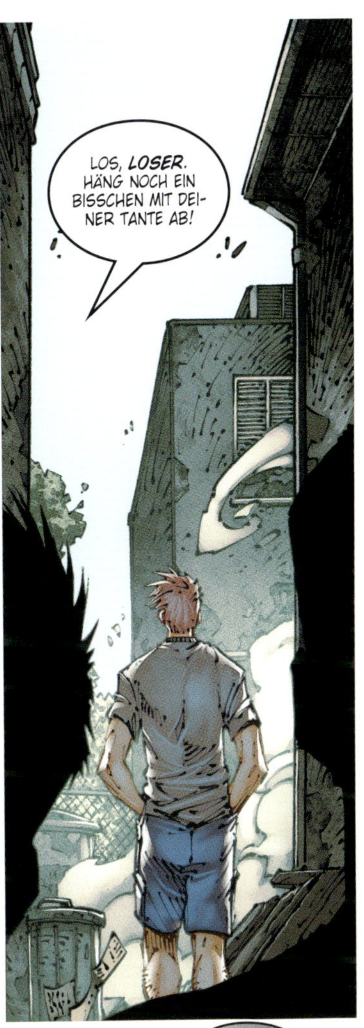
LOS, **LOSER**. HÄNG NOCH EIN BISSCHEN MIT DEINER TANTE AB!

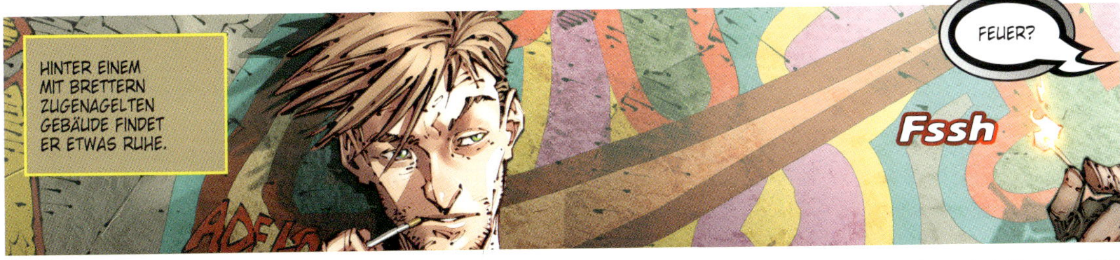
HINTER EINEM MIT BRETTERN ZUGENAGELTEN GEBÄUDE FINDET ER ETWAS RUHE.
FEUER?
Fssh

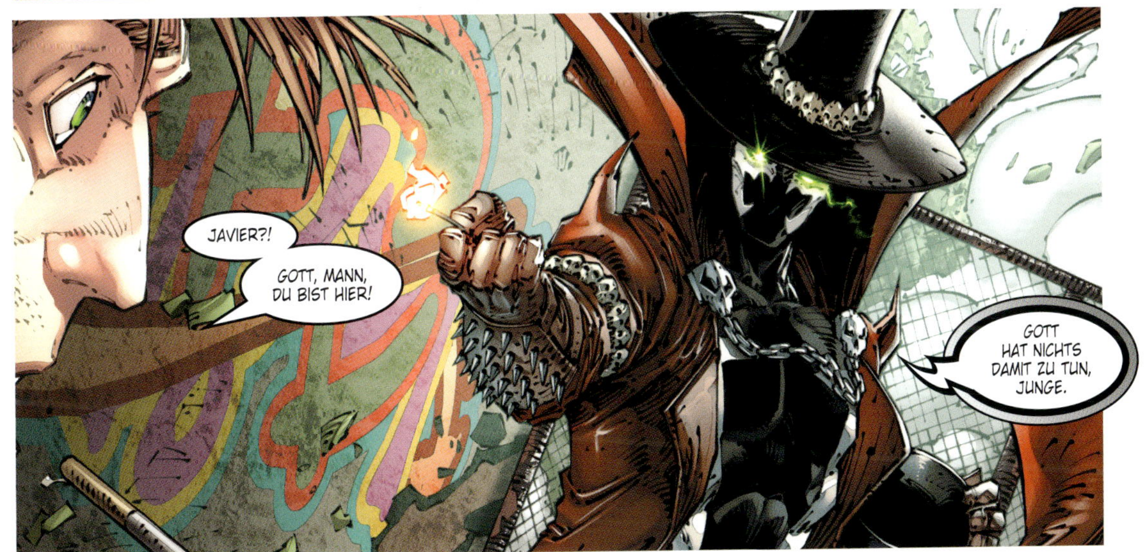
JAVIER?!
GOTT, MANN, DU BIST HIER!
GOTT HAT NICHTS DAMIT ZU TUN, JUNGE.

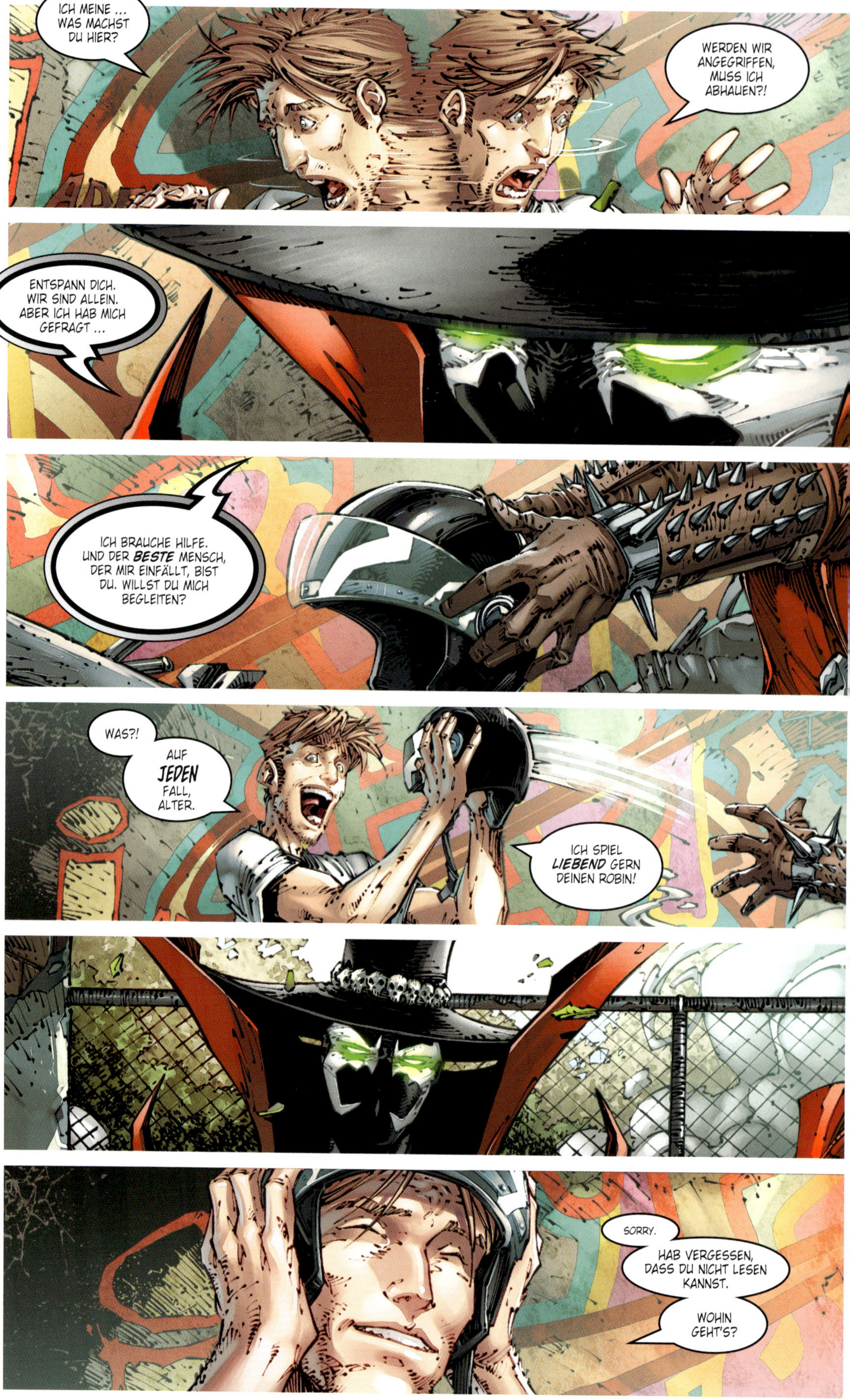

ICH MEINE ... WAS MACHST DU HIER?
WERDEN WIR ANGEGRIFFEN, MUSS ICH ABHAUEN?!

ENTSPANN DICH. WIR SIND ALLEIN. ABER ICH HAB MICH GEFRAGT ...

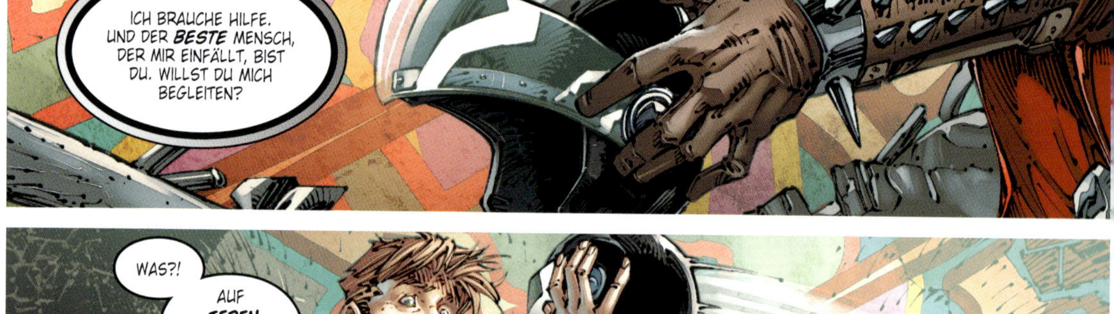

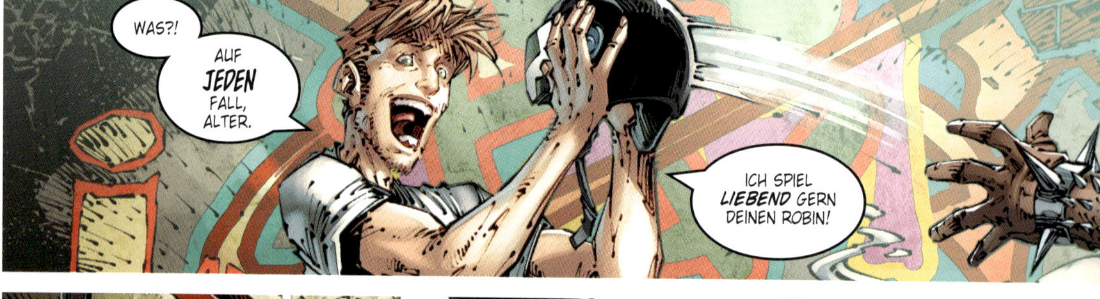

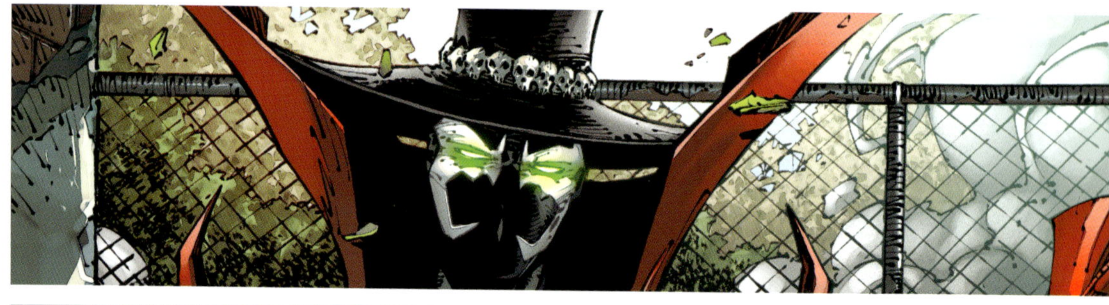

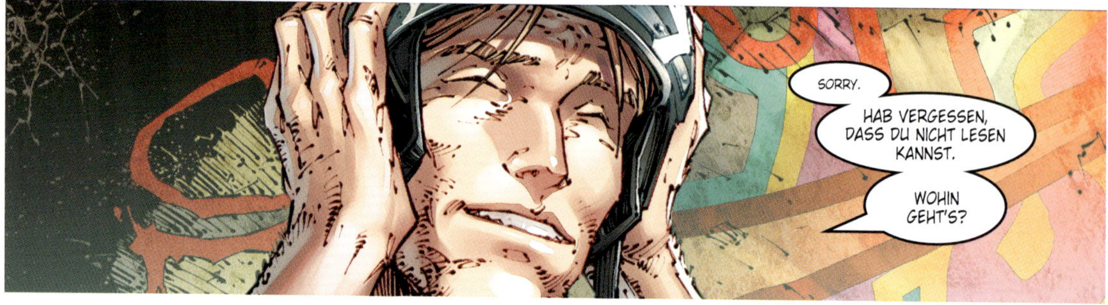

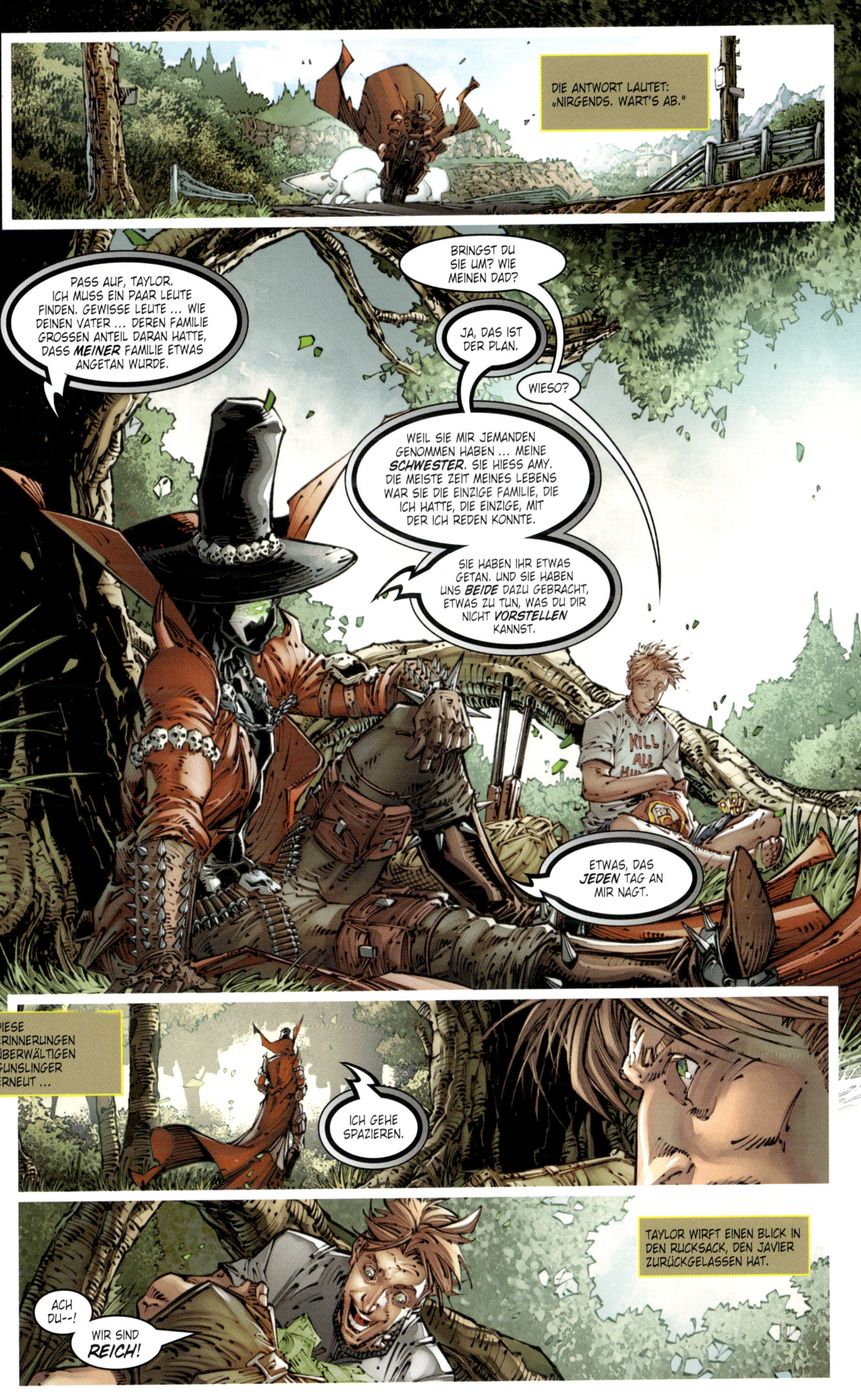
DIE ANTWORT LAUTET: „NIRGENDS. WART'S AB."
PASS AUF, TAYLOR. ICH MUSS EIN PAAR LEUTE FINDEN. GEWISSE LEUTE ... WIE DEINEN VATER ... DEREN FAMILIE GROSSEN ANTEIL DARAN HATTE, DASS MEINER FAMILIE ETWAS ANGETAN WURDE.
BRINGST DU SIE UM? WIE MEINEN DAD?
JA, DAS IST DER PLAN.
WIESO?
WEIL SIE MIR JEMANDEN GENOMMEN HABEN ... MEINE SCHWESTER. SIE HIESS AMY. DIE MEISTE ZEIT MEINES LEBENS WAR SIE DIE EINZIGE FAMILIE, DIE ICH HATTE, DIE EINZIGE, MIT DER ICH REDEN KONNTE.
SIE HABEN IHR ETWAS GETAN. UND SIE HABEN UNS BEIDE DAZU GEBRACHT, ETWAS ZU TUN, WAS DU DIR NICHT VORSTELLEN KANNST.
ETWAS, DAS JEDEN TAG AN MIR NAGT.
DIESE ERINNERUNGEN ÜBERWÄLTIGEN GUNSLINGER ERNEUT ...
ICH GEHE SPAZIEREN.
TAYLOR WIRFT EINEN BLICK IN DEN RUCKSACK, DEN JAVIER ZURÜCKGELASSEN HAT.
ACH DU--!
WIR SIND REICH!

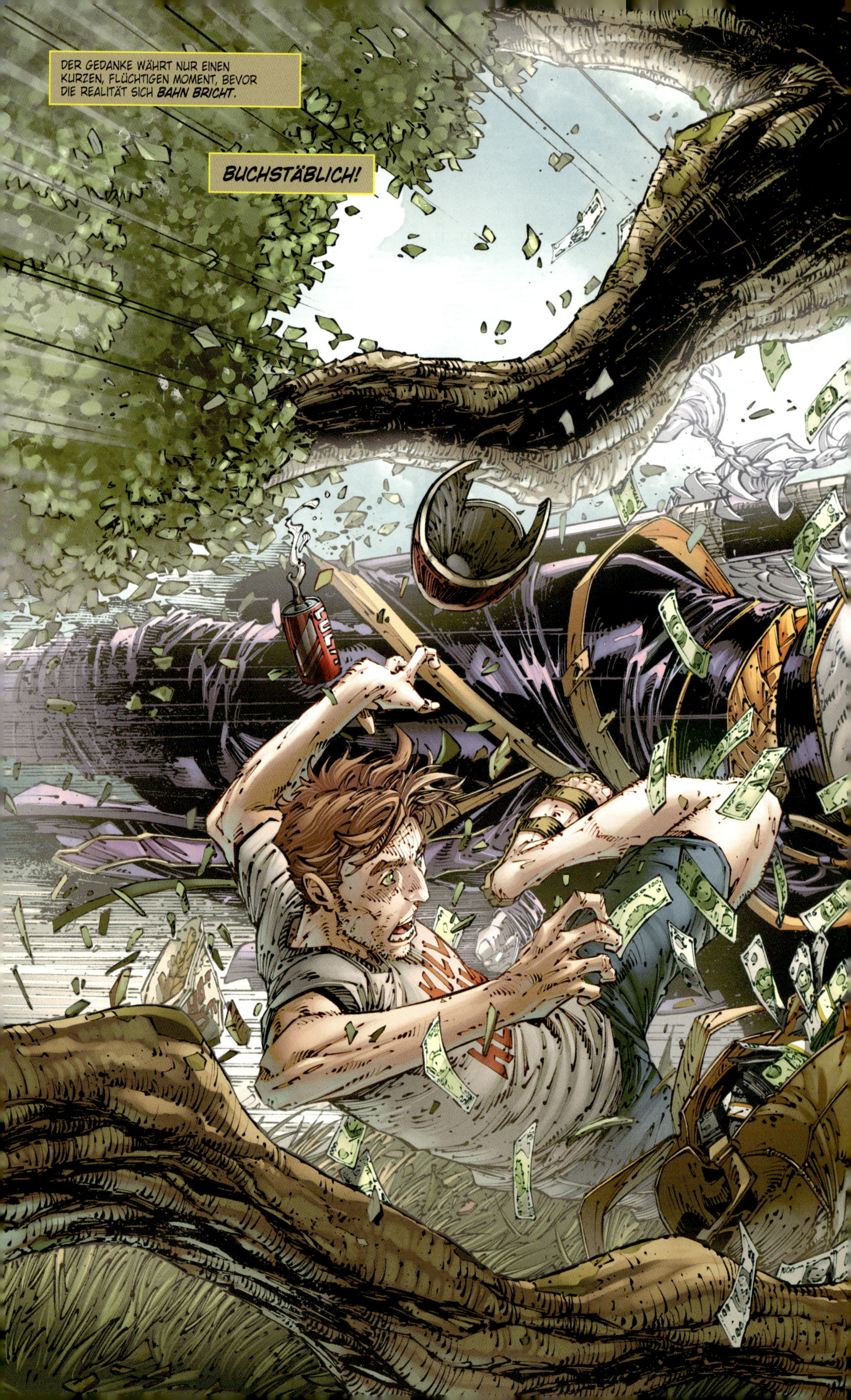
DER GEDANKE WÄHRT NUR EINEN KURZEN, FLÜCHTIGEN MOMENT, BEVOR DIE REALITÄT SICH BAHN BRICHT.
BUCHSTÄBLICH!

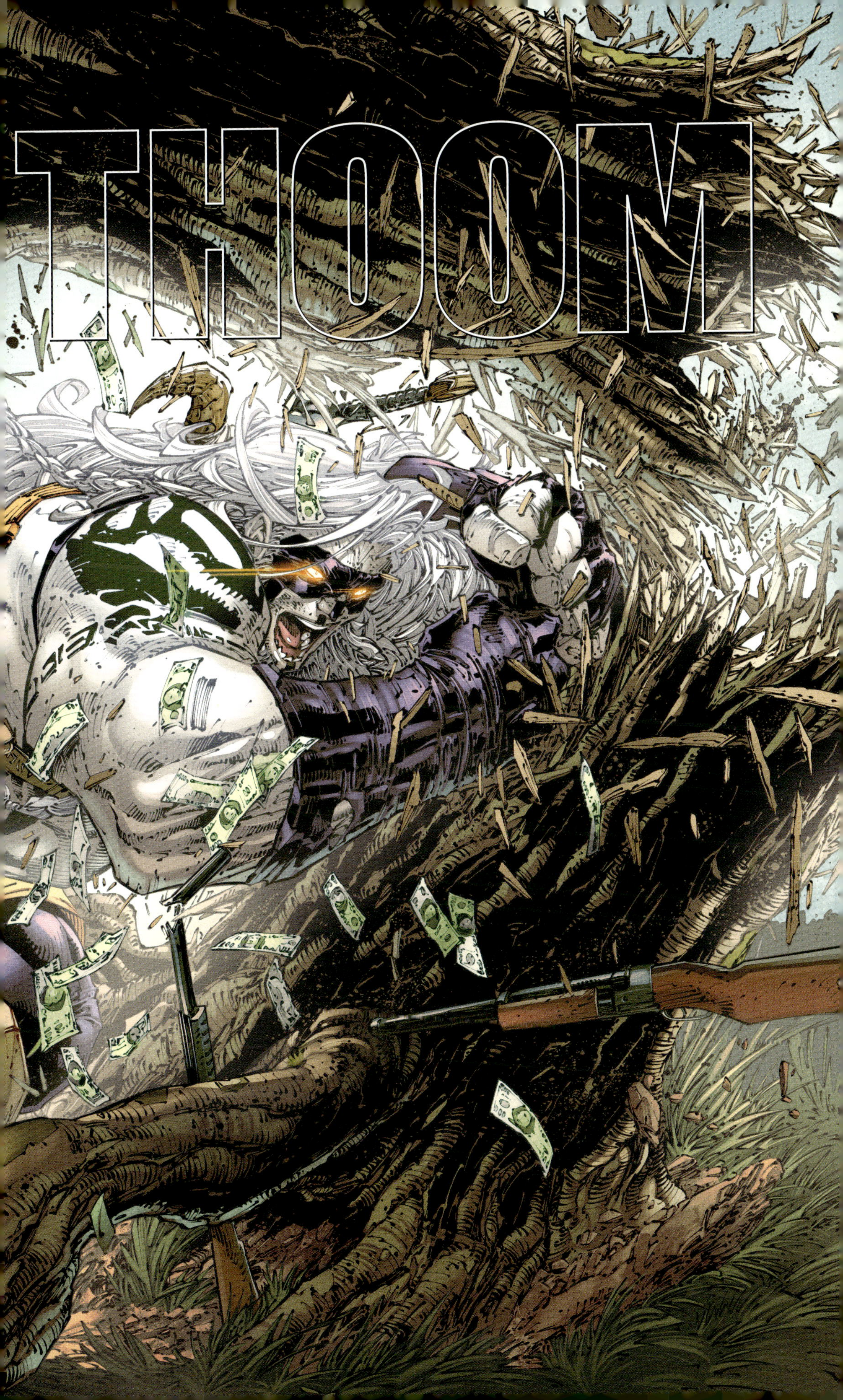
THOOM

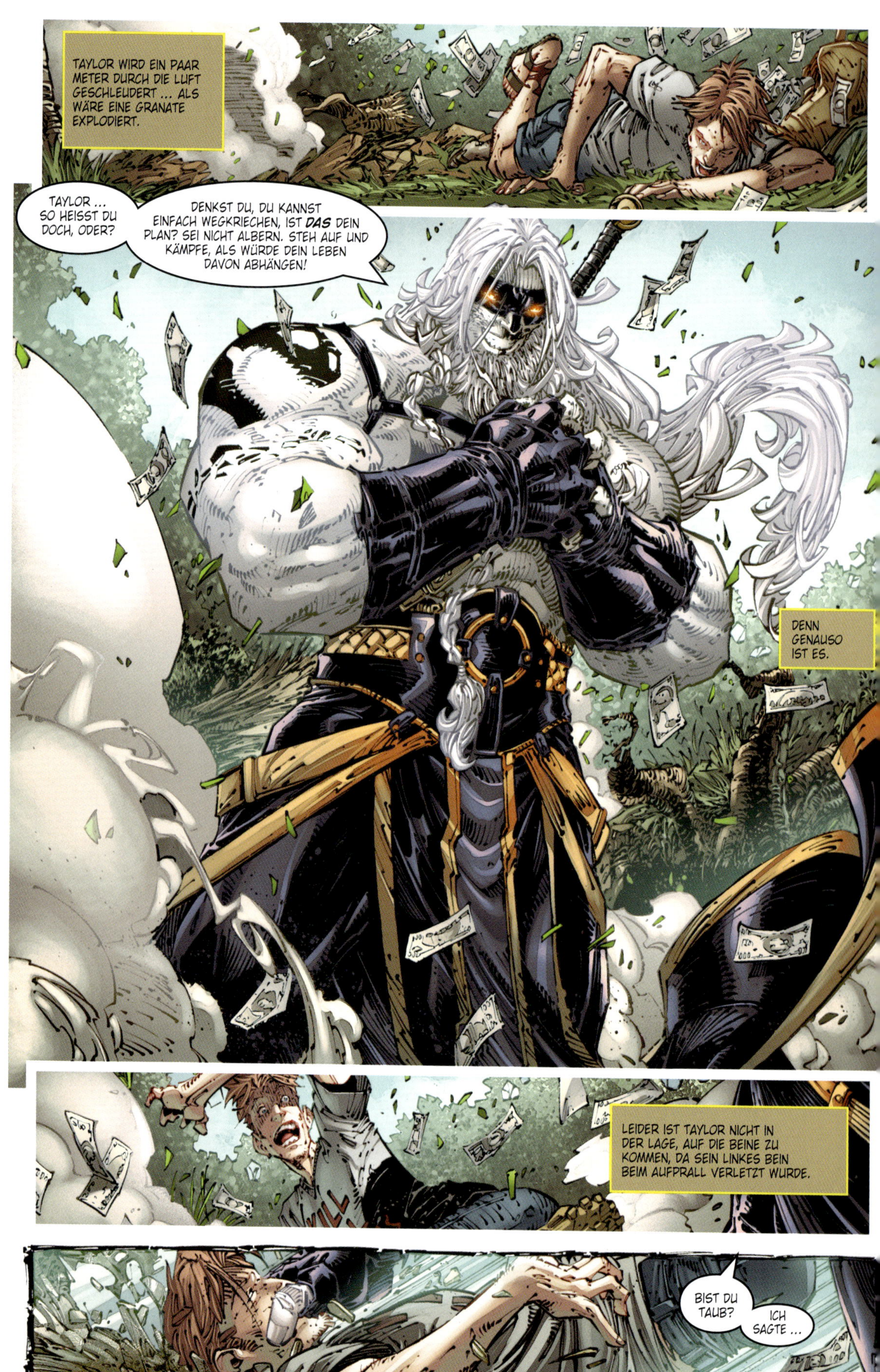
TAYLOR WIRD EIN PAAR METER DURCH DIE LUFT GESCHLEUDERT ... ALS WÄRE EINE GRANATE EXPLODIERT.
TAYLOR ... SO HEISST DU DOCH, ODER?
DENKST DU, DU KANNST EINFACH WEGKRIECHEN, IST **DAS** DEIN PLAN? SEI NICHT ALBERN. STEH AUF UND KÄMPFE, ALS WÜRDE DEIN LEBEN DAVON ABHÄNGEN!
DENN GENAUSO IST ES.
LEIDER IST TAYLOR NICHT IN DER LAGE, AUF DIE BEINE ZU KOMMEN, DA SEIN LINKES BEIN BEIM AUFPRALL VERLETZT WURDE.
BIST DU TAUB?
ICH SAGTE ...

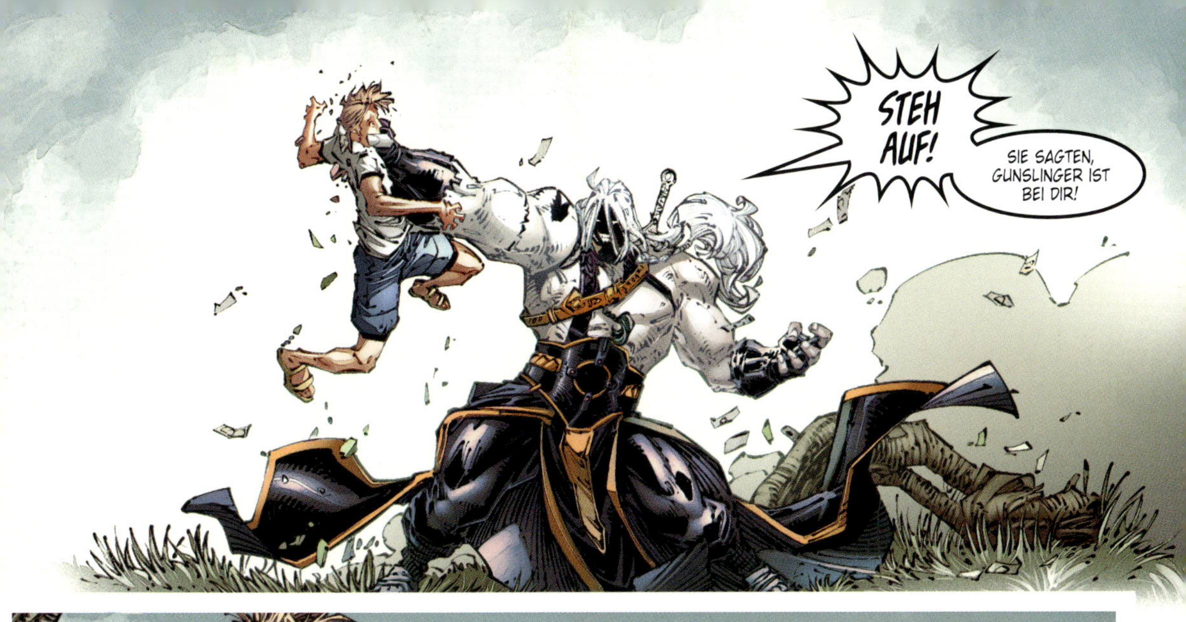
STEH AUF!
SIE SAGTEN, GUNSLINGER IST BEI DIR!
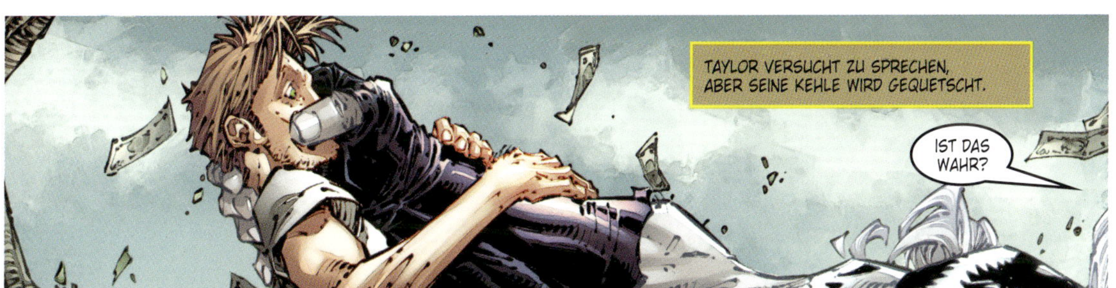
TAYLOR VERSUCHT ZU SPRECHEN, ABER SEINE KEHLE WIRD GEQUETSCHT.
IST DAS WAHR?
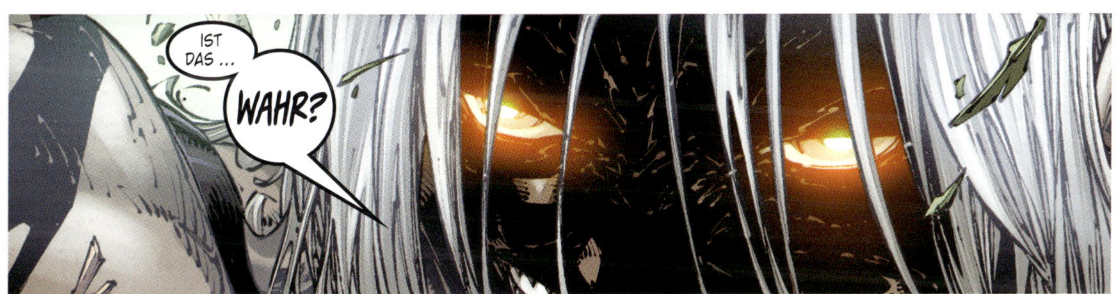
IST DAS ...
WAHR?
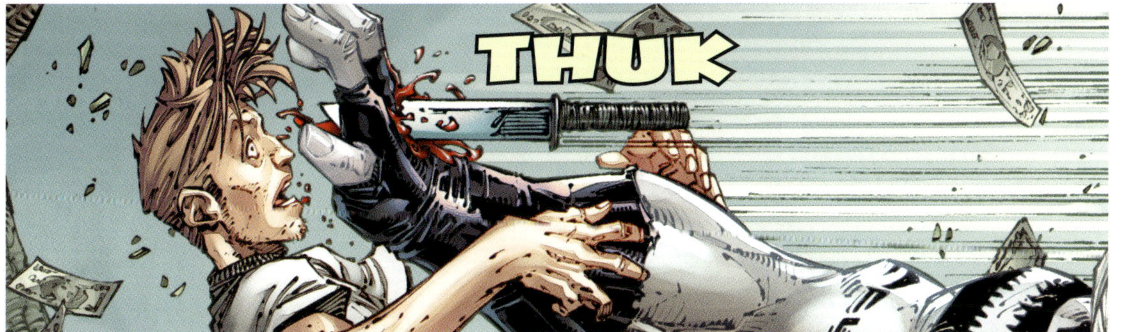
THUK
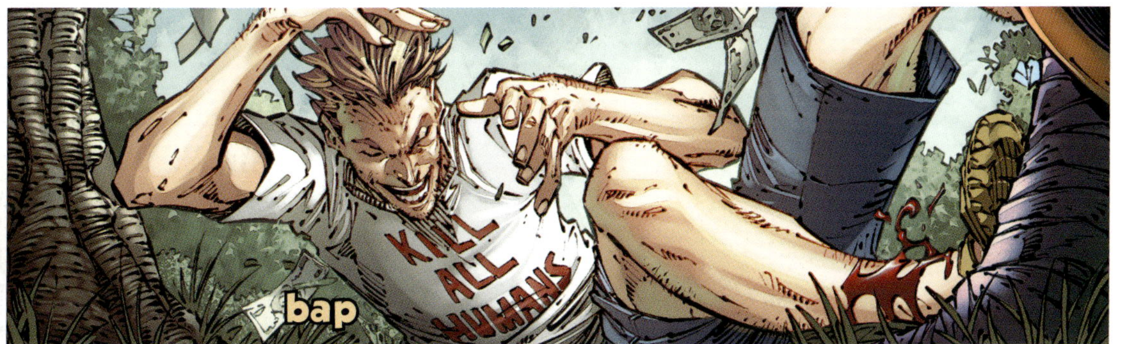
KILL ALL HUMANS
bap

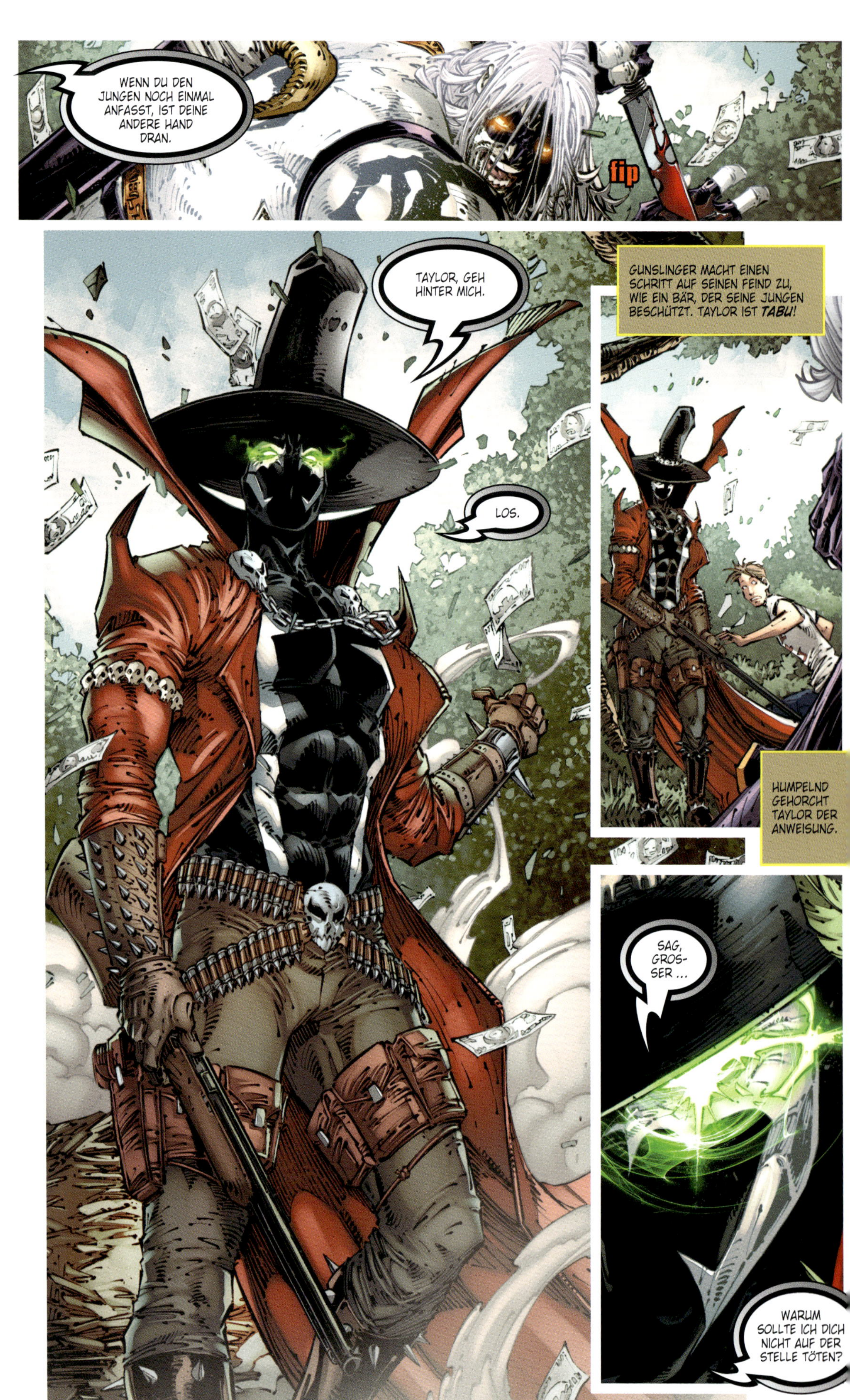
WENN DU DEN JUNGEN NOCH EINMAL ANFASST, IST DEINE ANDERE HAND DRAN.
fip
TAYLOR, GEH HINTER MICH.
LOS.
GUNSLINGER MACHT EINEN SCHRITT AUF SEINEN FEIND ZU, WIE EIN BÄR, DER SEINE JUNGEN BESCHÜTZT. TAYLOR IST *TABU!*
HUMPELND GEHORCHT TAYLOR DER ANWEISUNG.
SAG, GROS-SER ...
WARUM SOLLTE ICH DICH NICHT AUF DER STELLE TÖTEN?

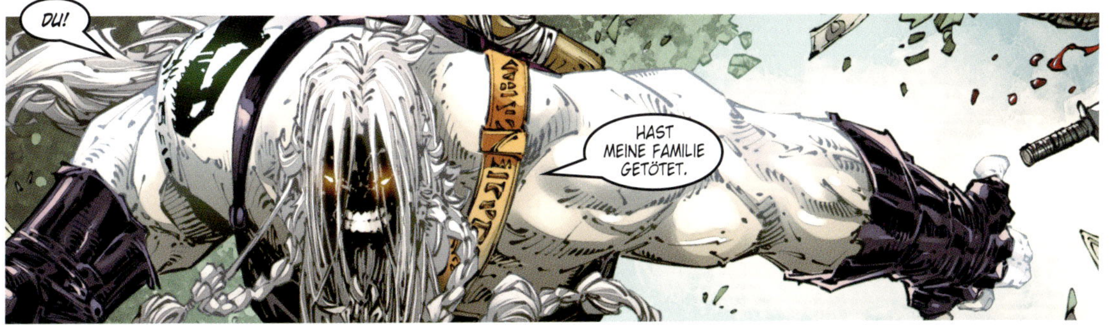
DU!
HAST MEINE FAMILIE GETÖTET.

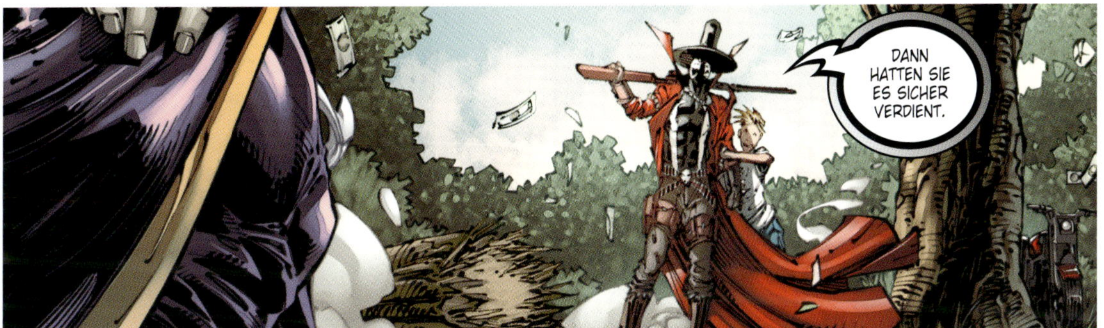
DANN HATTEN SIE ES SICHER VERDIENT.

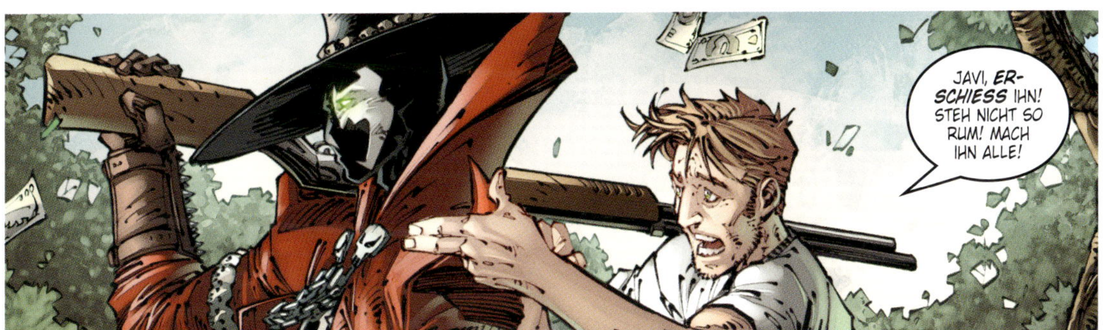
JAVI, ERSCHIESS IHN! STEH NICHT SO RUM! MACH IHN ALLE!

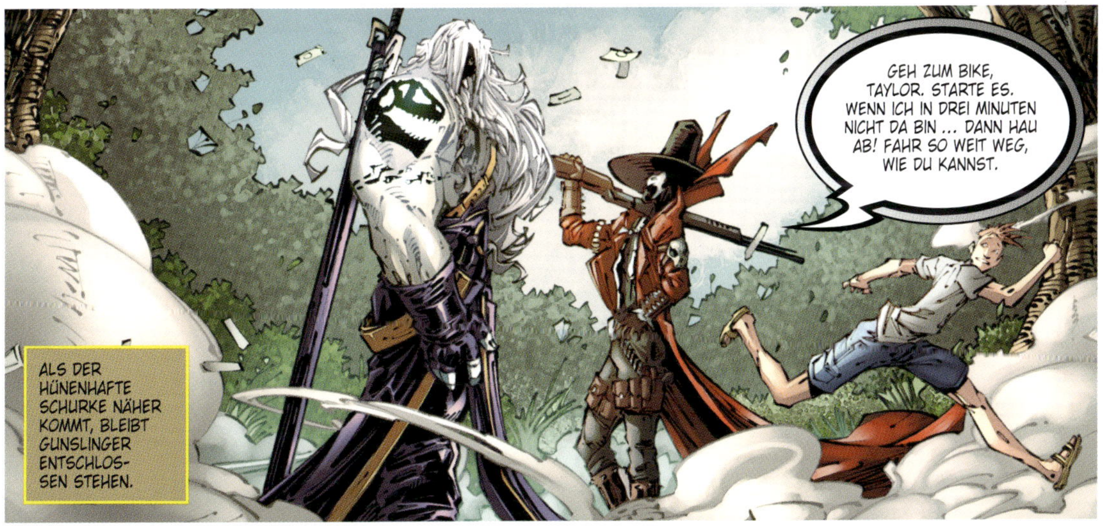
GEH ZUM BIKE, TAYLOR. STARTE ES. WENN ICH IN DREI MINUTEN NICHT DA BIN ... DANN HAU AB! FAHR SO WEIT WEG, WIE DU KANNST.
ALS DER HÜNENHAFTE SCHURKE NÄHER KOMMT, BLEIBT GUNSLINGER ENTSCHLOSSEN STEHEN.

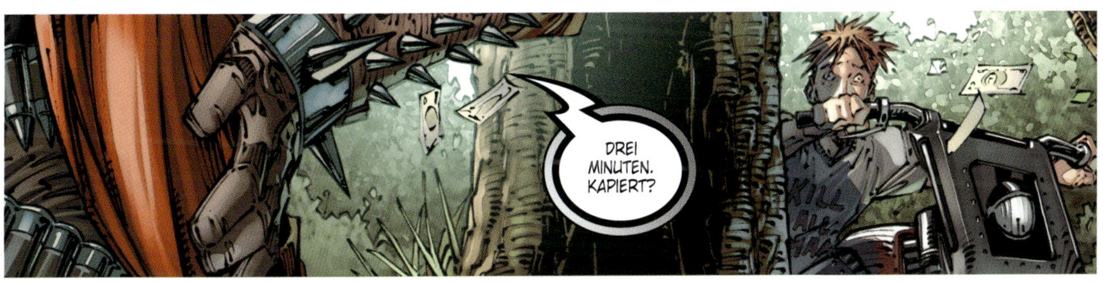
DREI MINUTEN. KAPIERT?

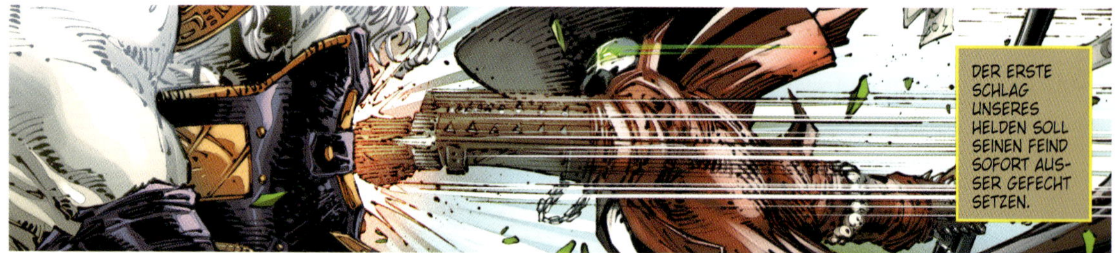
DER ERSTE SCHLAG UNSERES HELDEN SOLL SEINEN FEIND SOFORT AUS-SER GEFECHT SETZEN.

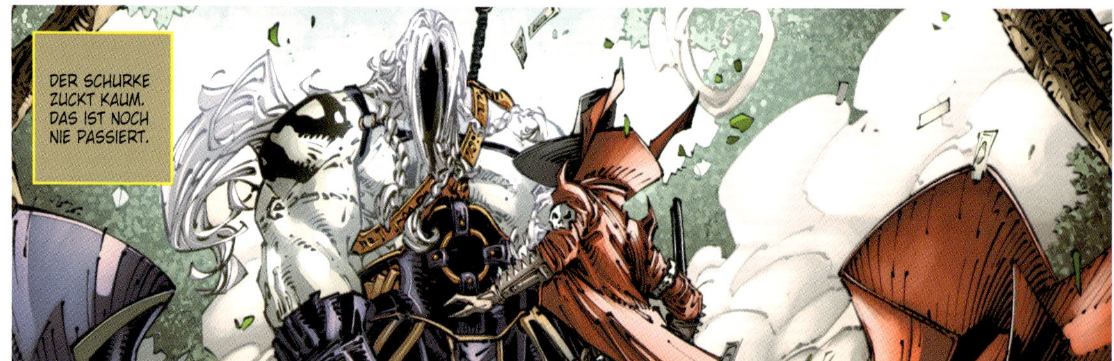
DER SCHURKE ZUCKT KAUM. DAS IST NOCH NIE PASSIERT.

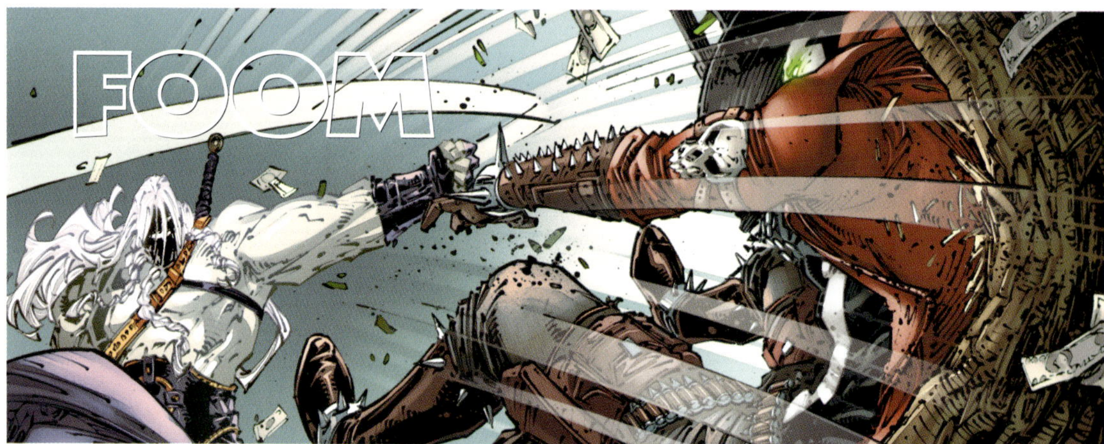
FOOM

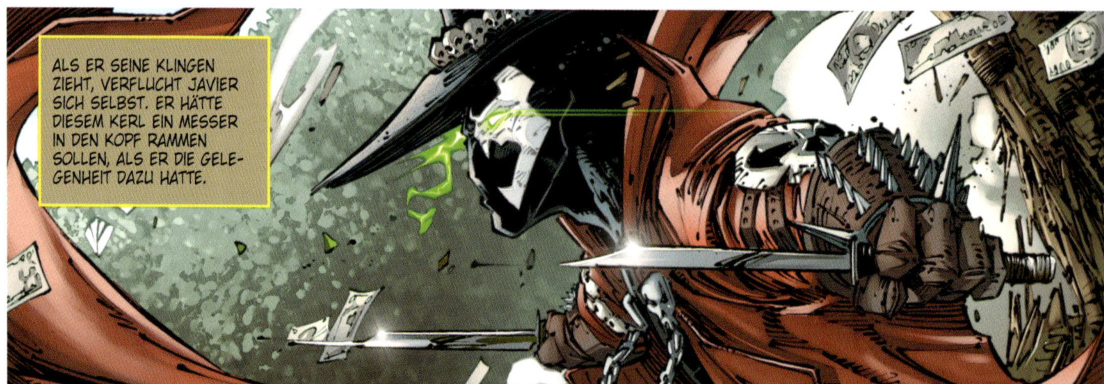
ALS ER SEINE KLINGEN ZIEHT, VERFLUCHT JAVIER SICH SELBST. ER HÄTTE DIESEM KERL EIN MESSER IN DEN KOPF RAMMEN SOLLEN, ALS ER DIE GELE-GENHEIT DAZU HATTE.

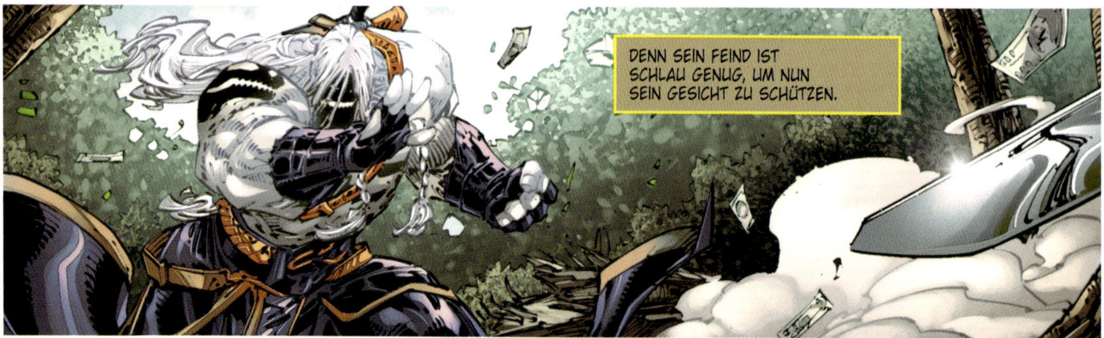
DENN SEIN FEIND IST SCHLAU GENUG, UM NUN SEIN GESICHT ZU SCHÜTZEN.

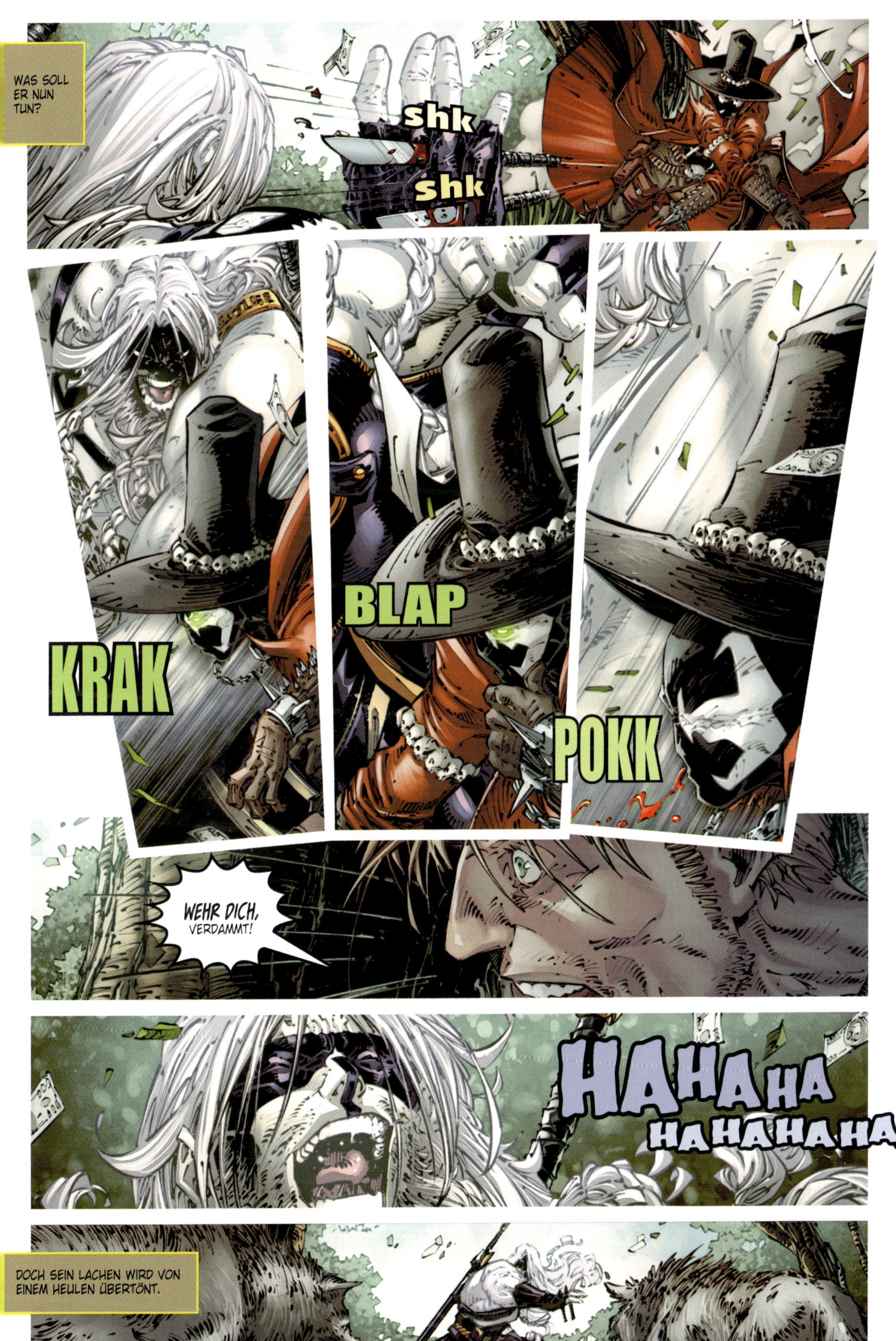
WAS SOLL ER NUN TUN?
shk
shk
KRAK
BLAP
POKK
WEHR DICH, VERDAMMT!
HAHAHAHA
HAHAHAHAHA!
DOCH SEIN LACHEN WIRD VON EINEM HEULEN ÜBERTÖNT.

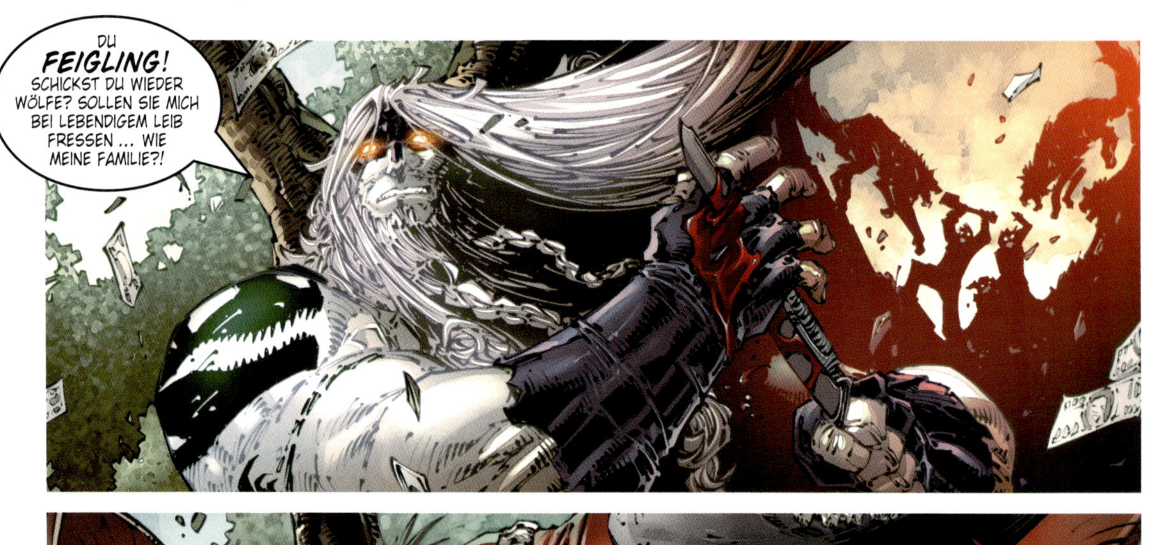
DU FEIGLING! SCHICKST DU WIEDER WÖLFE? SOLLEN SIE MICH BEI LEBENDIGEM LEIB FRESSEN ... WIE MEINE FAMILIE?!

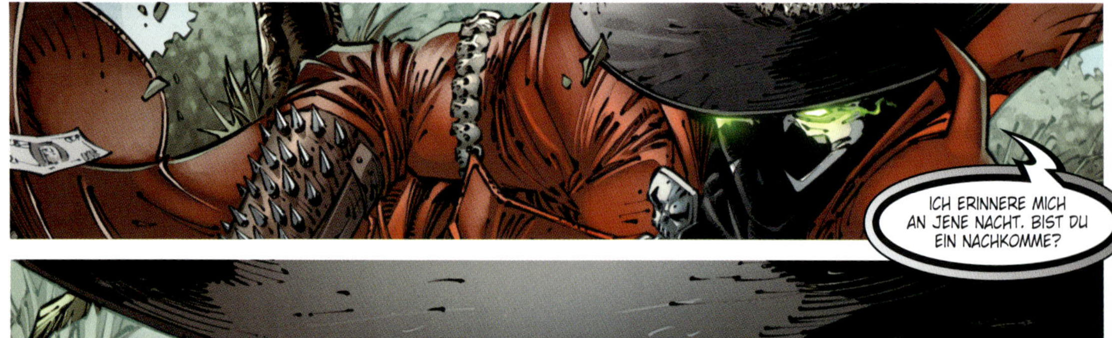
ICH ERINNERE MICH AN JENE NACHT. BIST DU EIN NACHKOMME?

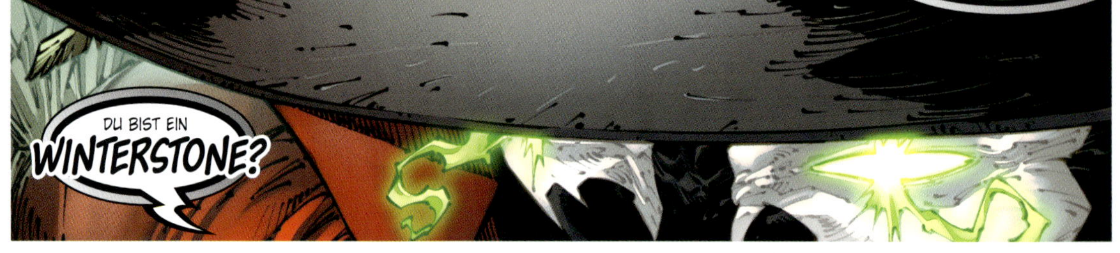
DU BIST EIN WINTERSTONE?

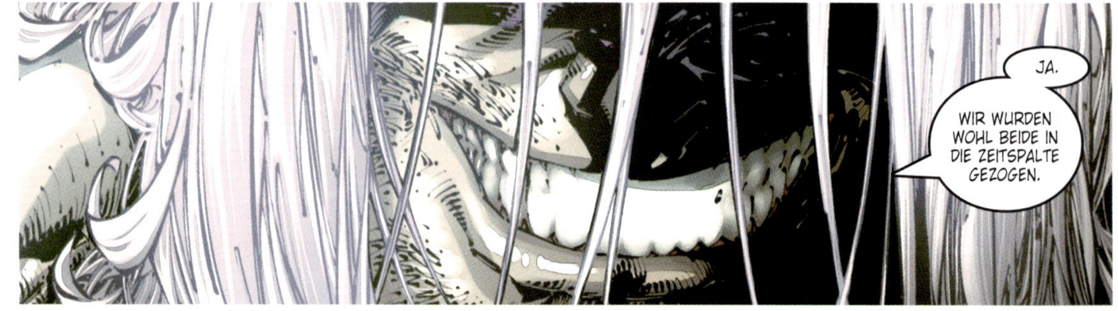
JA.
WIR WURDEN WOHL BEIDE IN DIE ZEITSPALTE GEZOGEN.

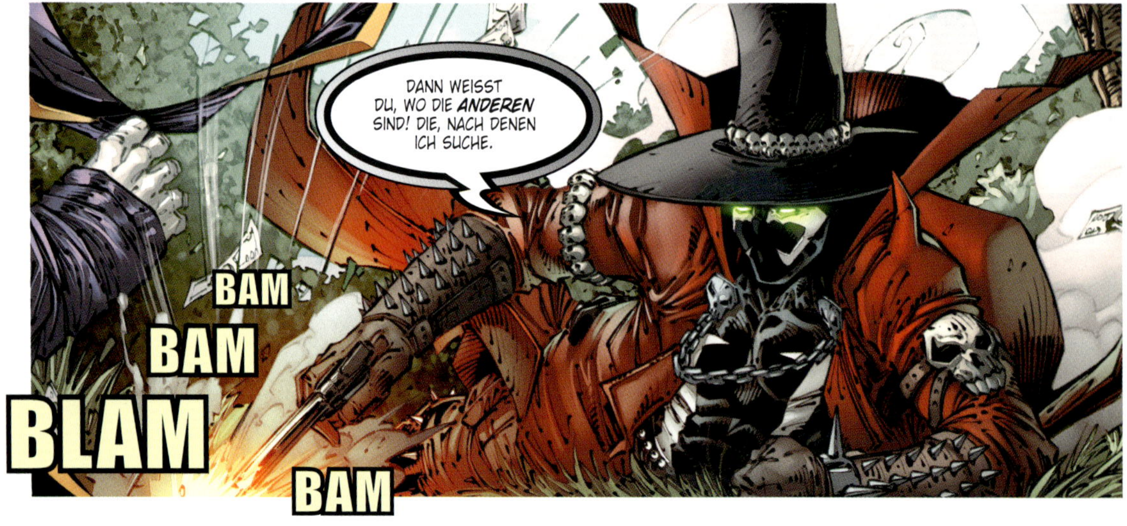
DANN WEISST DU, WO DIE ANDEREN SIND! DIE, NACH DENEN ICH SUCHE.
BAM
BAM
BLAM
BAM

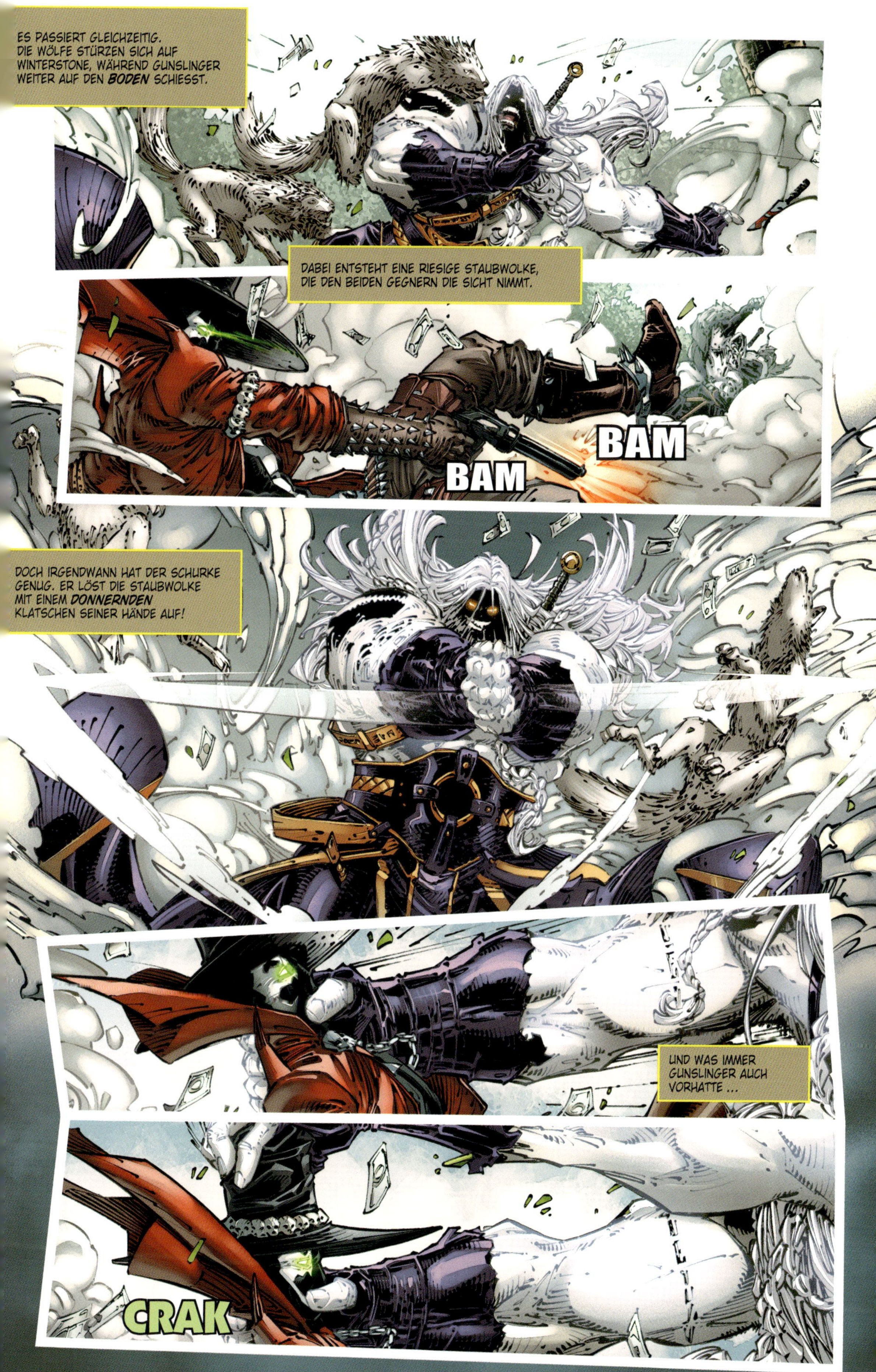
ES PASSIERT GLEICHZEITIG.
DIE WÖLFE STÜRZEN SICH AUF WINTERSTONE, WÄHREND GUNSLINGER WEITER AUF DEN BODEN SCHIESST.
DABEI ENTSTEHT EINE RIESIGE STAUBWOLKE, DIE DEN BEIDEN GEGNERN DIE SICHT NIMMT.
BAM
BAM
DOCH IRGENDWANN HAT DER SCHURKE GENUG. ER LÖST DIE STAUBWOLKE MIT EINEM DONNERNDEN KLATSCHEN SEINER HÄNDE AUF!
UND WAS IMMER GUNSLINGER AUCH VORHATTE ...
CRAK

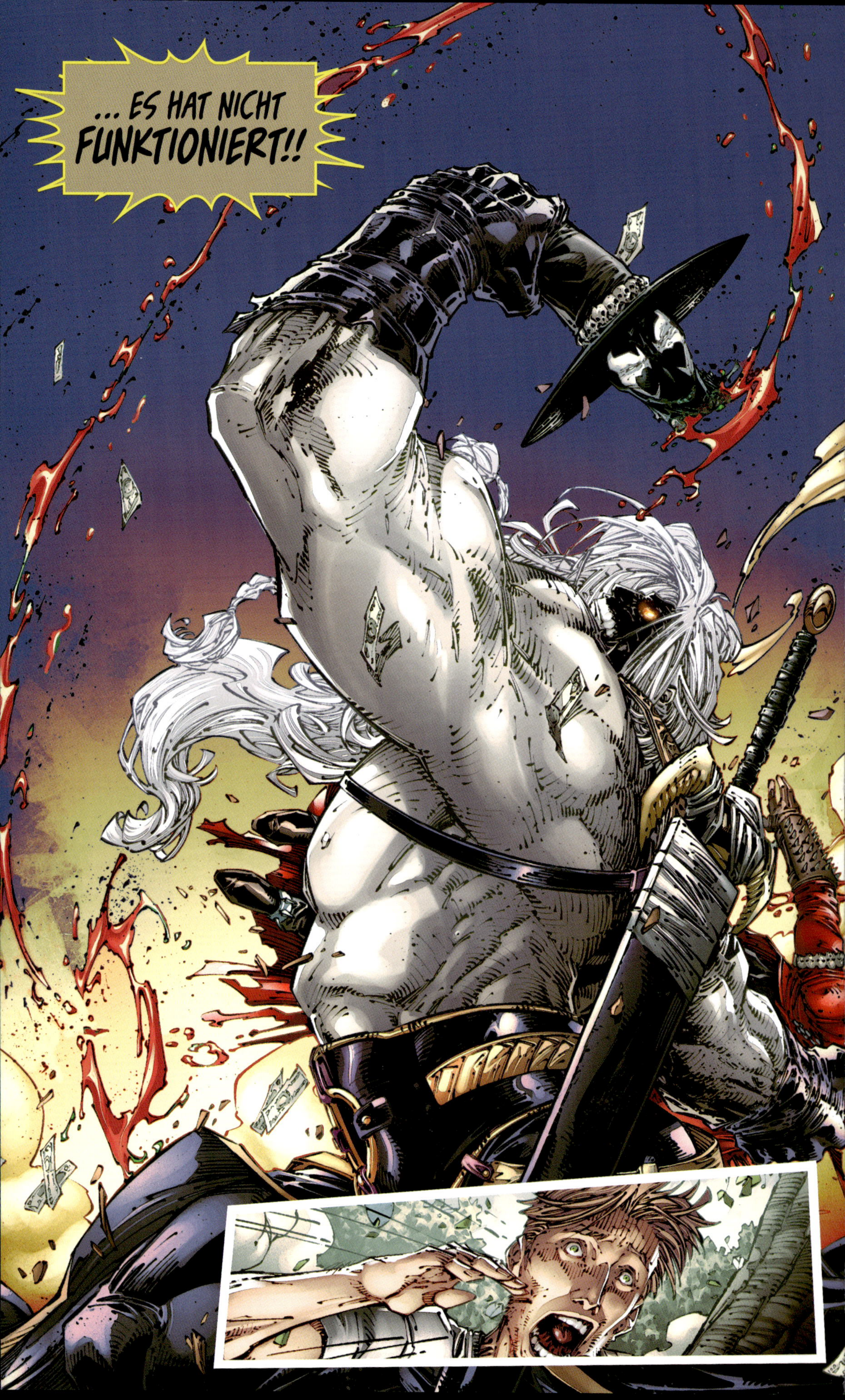
... ES HAT NICHT FUNKTIONIERT!!

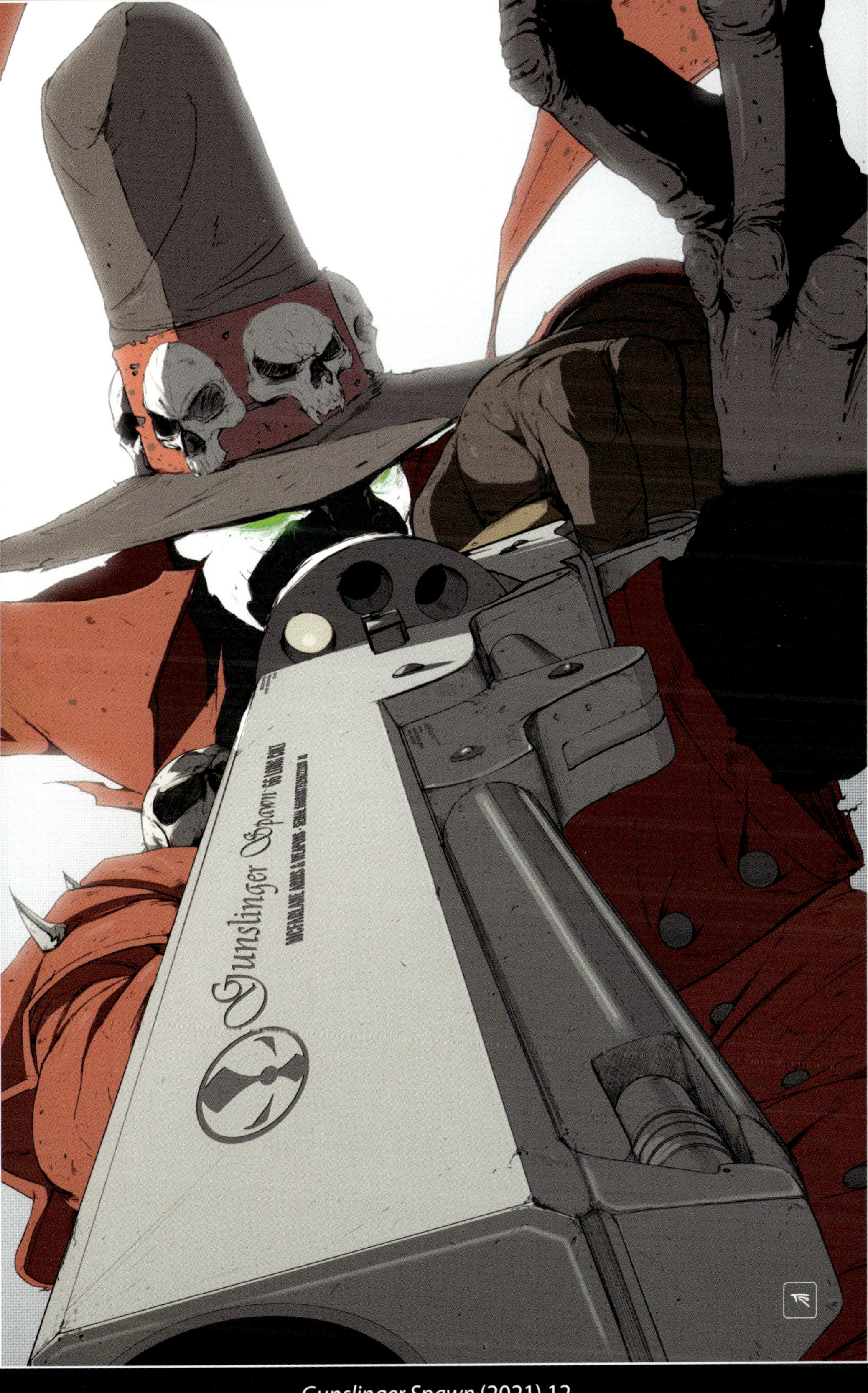

Gunslinger Spawn (2021) 12

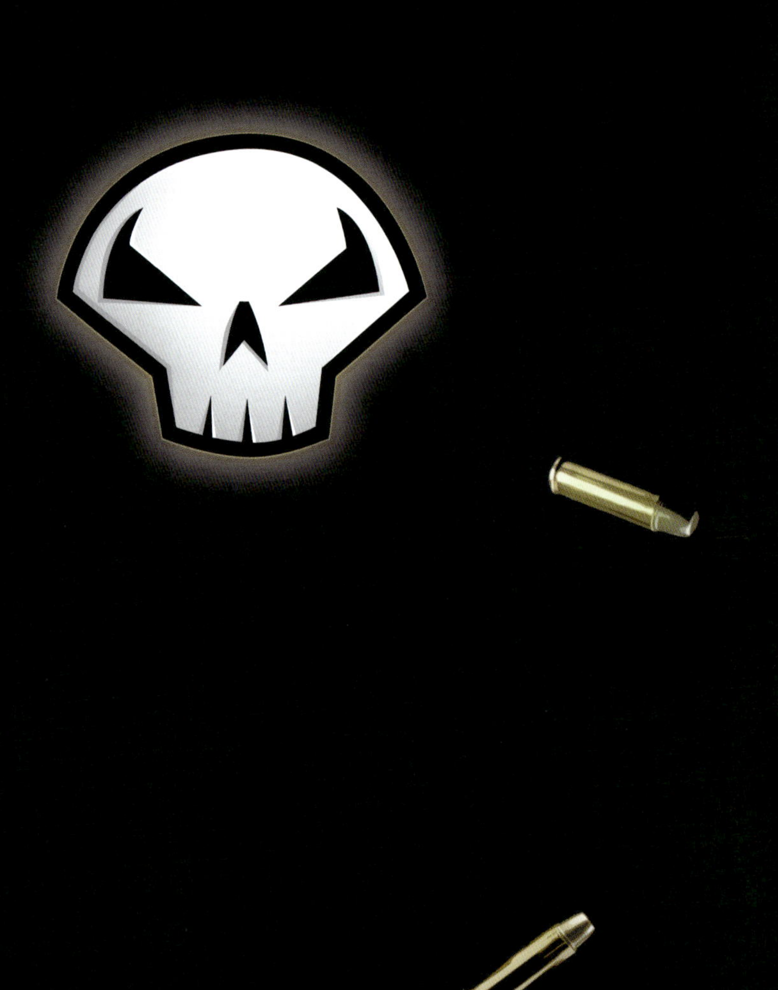

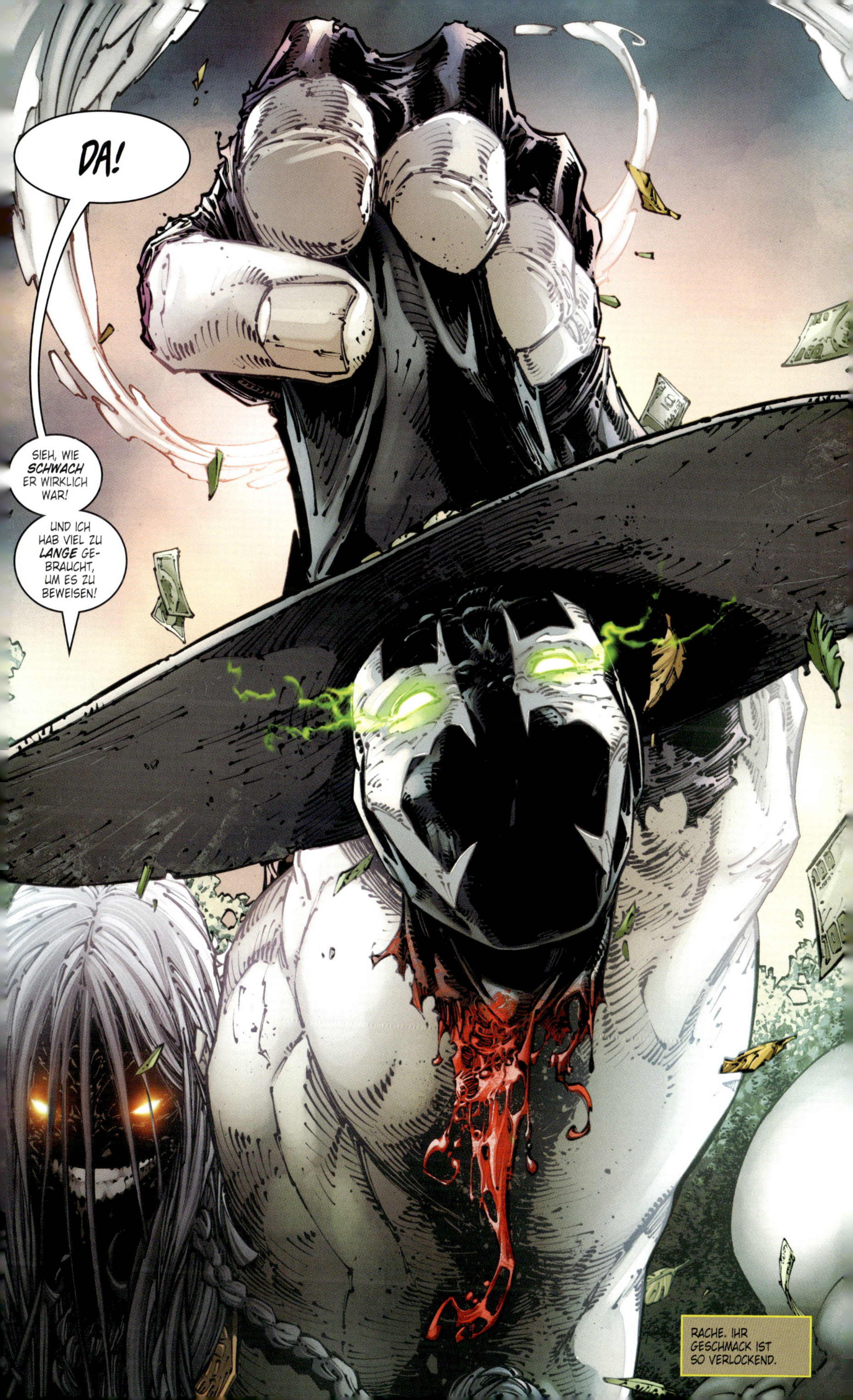
DA!
SIEH, WIE SCHWACH ER WIRKLICH WAR!
UND ICH HAB VIEL ZU LANGE GEBRAUCHT, UM ES ZU BEWEISEN!
RACHE. IHR GESCHMACK IST SO VERLOCKEND.

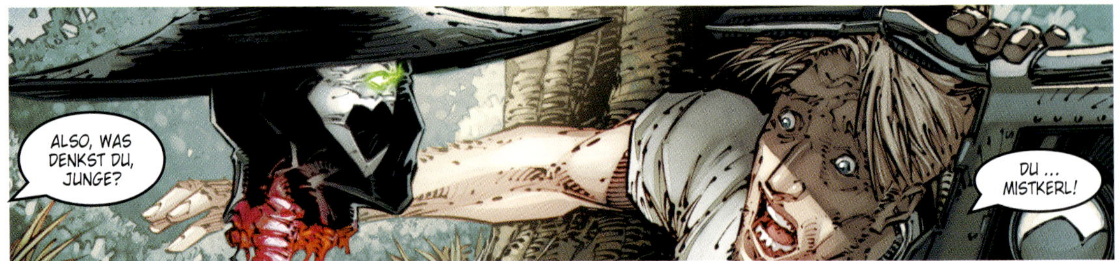
ALSO, WAS DENKST DU, JUNGE?
DU ... MISTKERL!

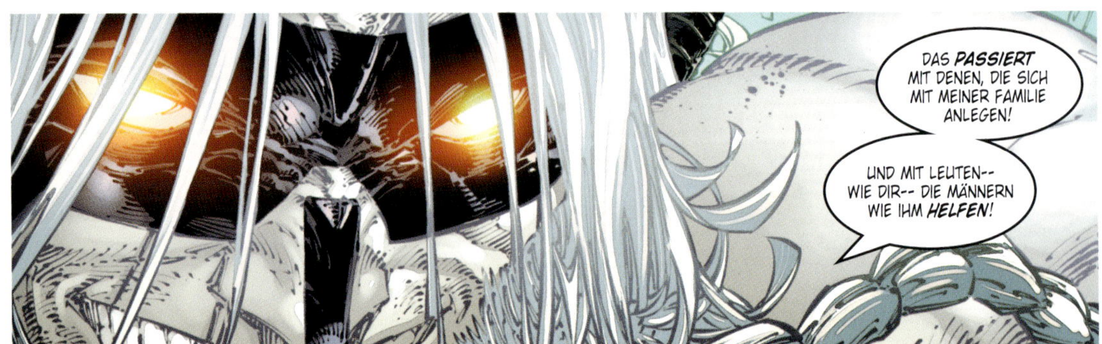
DAS PASSIERT MIT DENEN, DIE SICH MIT MEINER FAMILIE ANLEGEN!
UND MIT LEUTEN-- WIE DIR-- DIE MÄNNERN WIE IHM HELFEN!

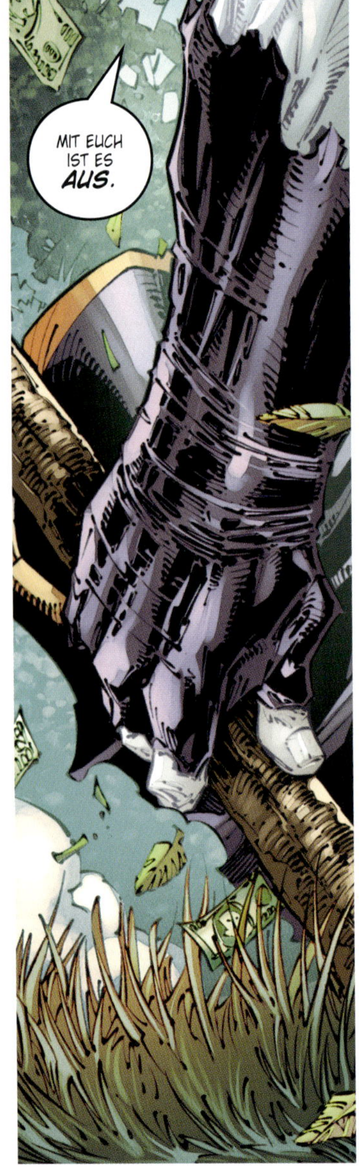
MIT EUCH IST ES AUS.

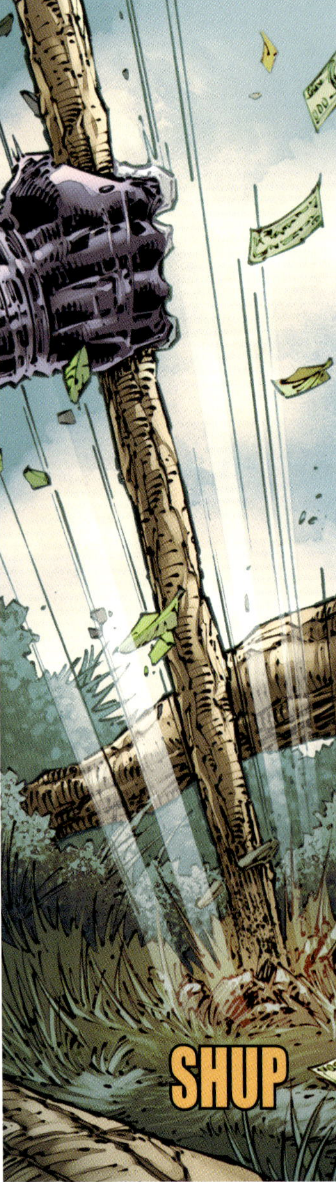
SHUP

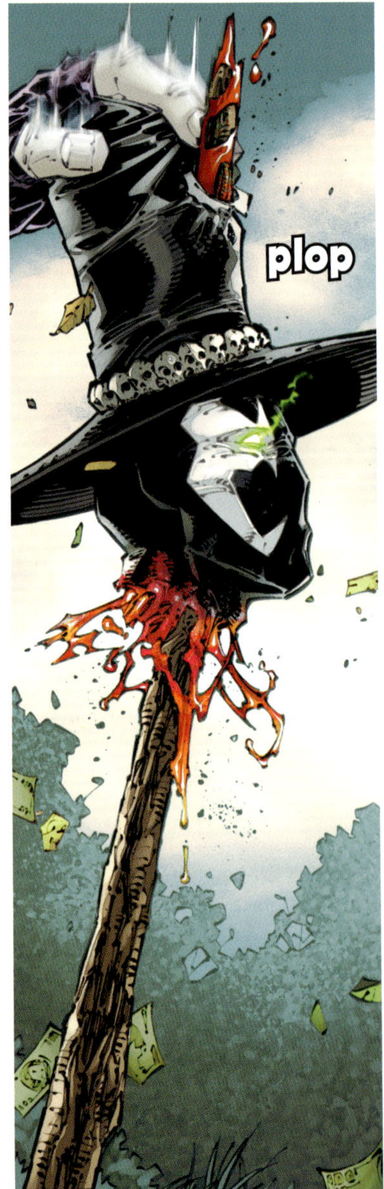
plop

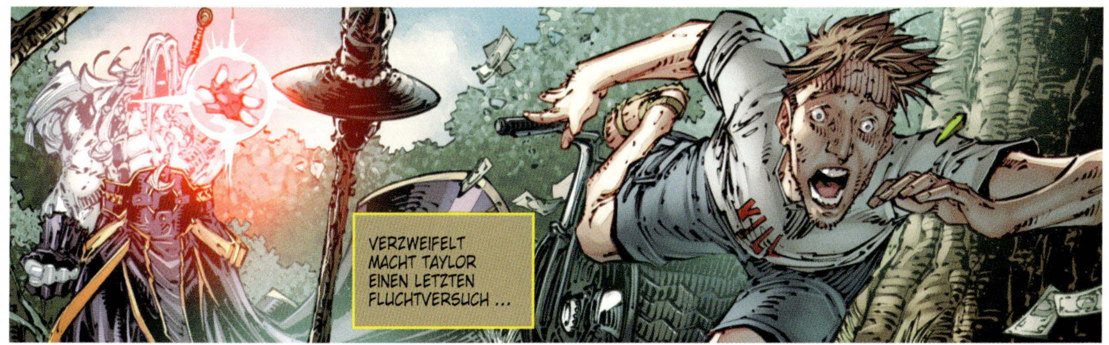
VERZWEIFELT MACHT TAYLOR EINEN LETZTEN FLUCHTVERSUCH ...

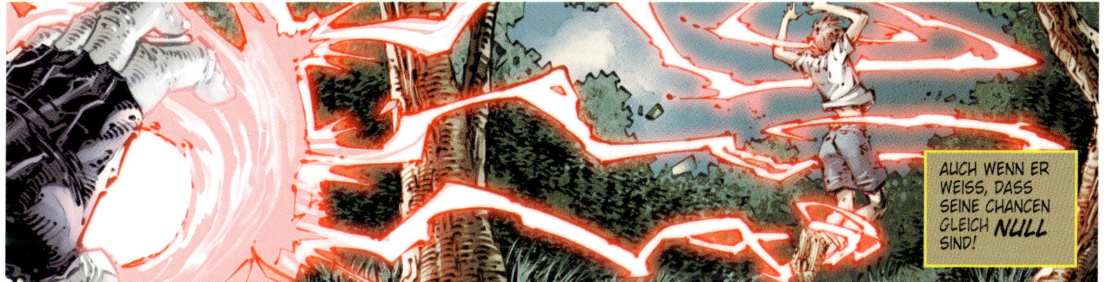
AUCH WENN ER WEISS, DASS SEINE CHANCEN GLEICH NULL SIND!

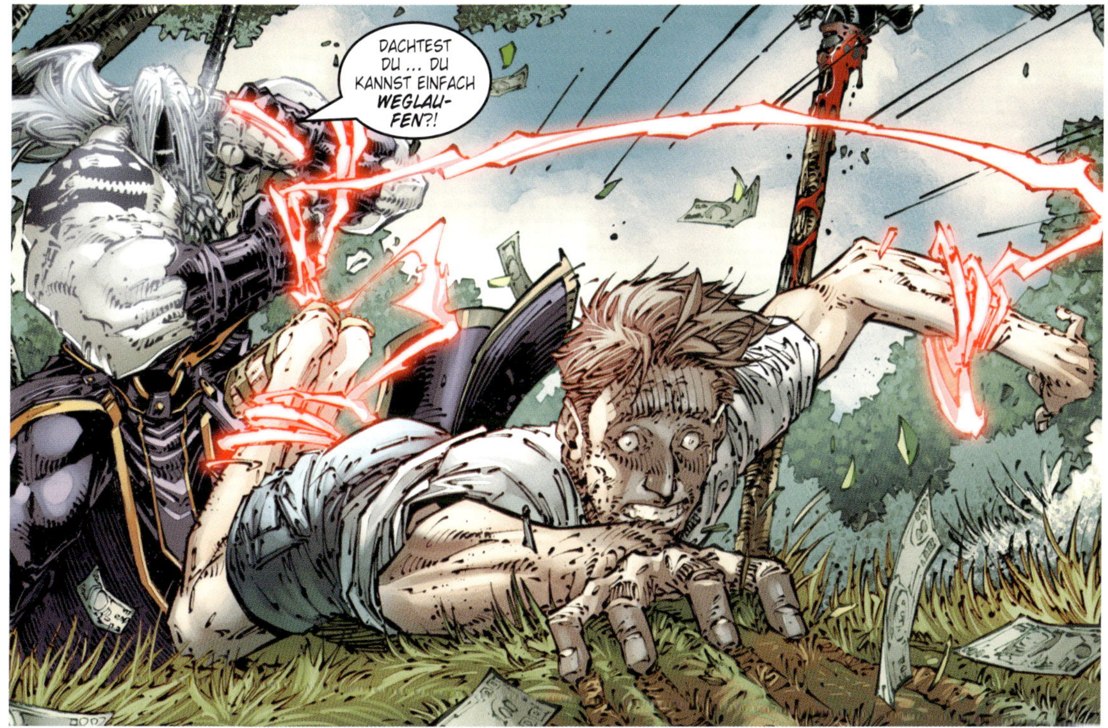
DACHTEST DU ... DU KANNST EINFACH WEGLAUFEN?!

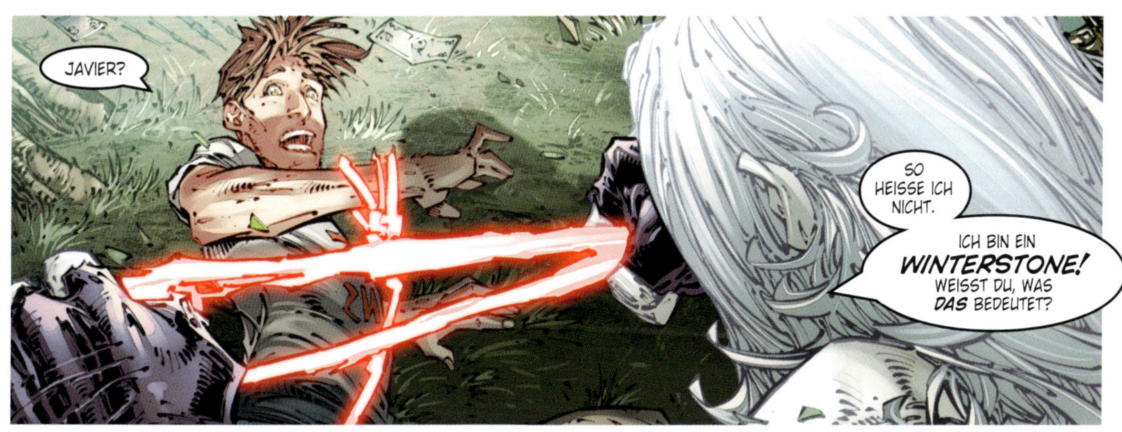
JAVIER?
SO HEISSE ICH NICHT.
ICH BIN EIN WINTERSTONE! WEISST DU, WAS DAS BEDEUTET?

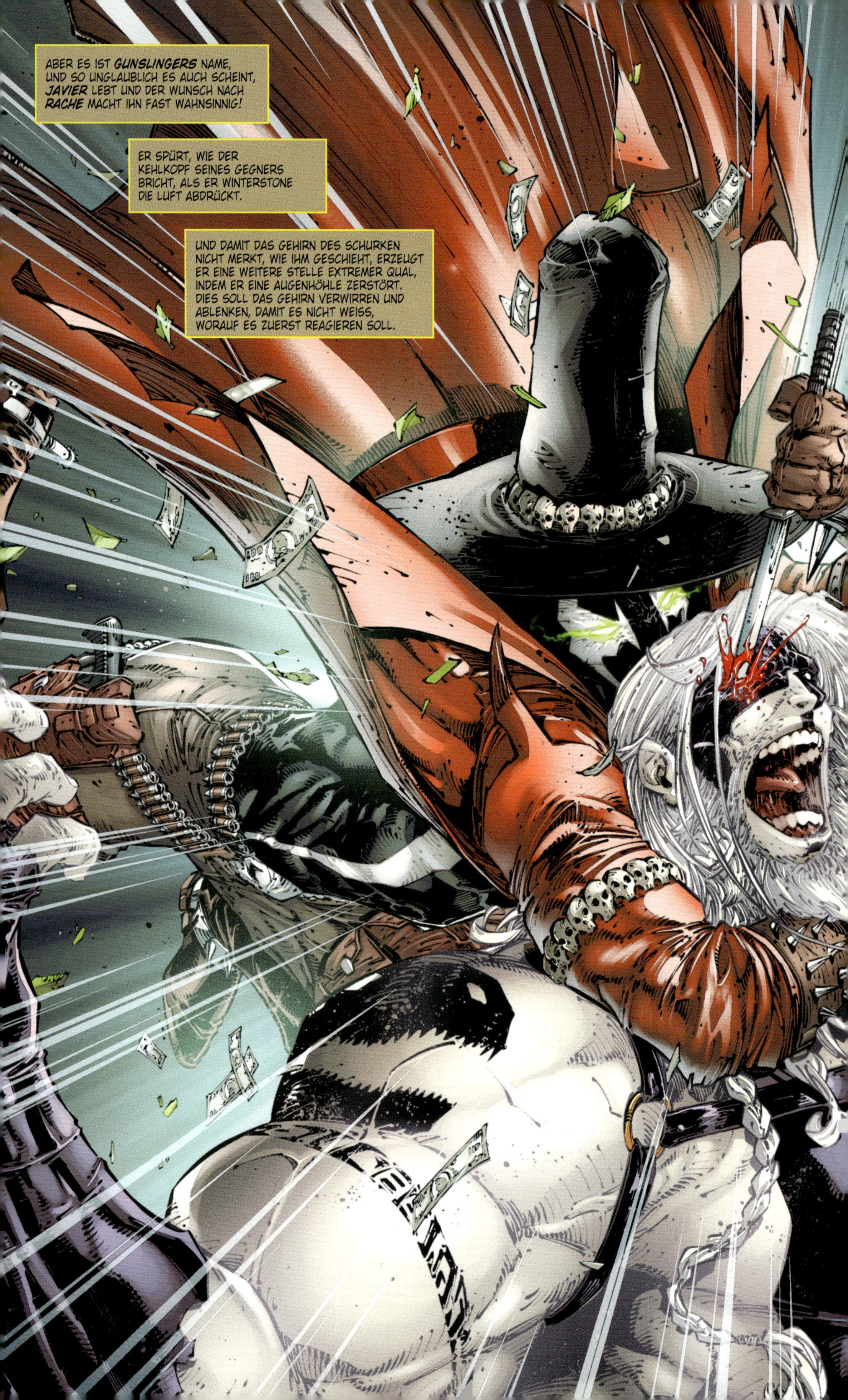
ABER ES IST GUNSLINGERS NAME, UND SO UNGLAUBLICH ES AUCH SCHEINT, JAVIER LEBT UND DER WUNSCH NACH RACHE MACHT IHN FAST WAHNSINNIG!
ER SPÜRT, WIE DER KEHLKOPF SEINES GEGNERS BRICHT, ALS ER WINTERSTONE DIE LUFT ABDRÜCKT.
UND DAMIT DAS GEHIRN DES SCHURKEN NICHT MERKT, WIE IHM GESCHIEHT, ERZEUGT ER EINE WEITERE STELLE EXTREMER QUAL, INDEM ER EINE AUGENHÖHLE ZERSTÖRT. DIES SOLL DAS GEHIRN VERWIRREN UND ABLENKEN, DAMIT ES NICHT WEISS, WORAUF ES ZUERST REAGIEREN SOLL.

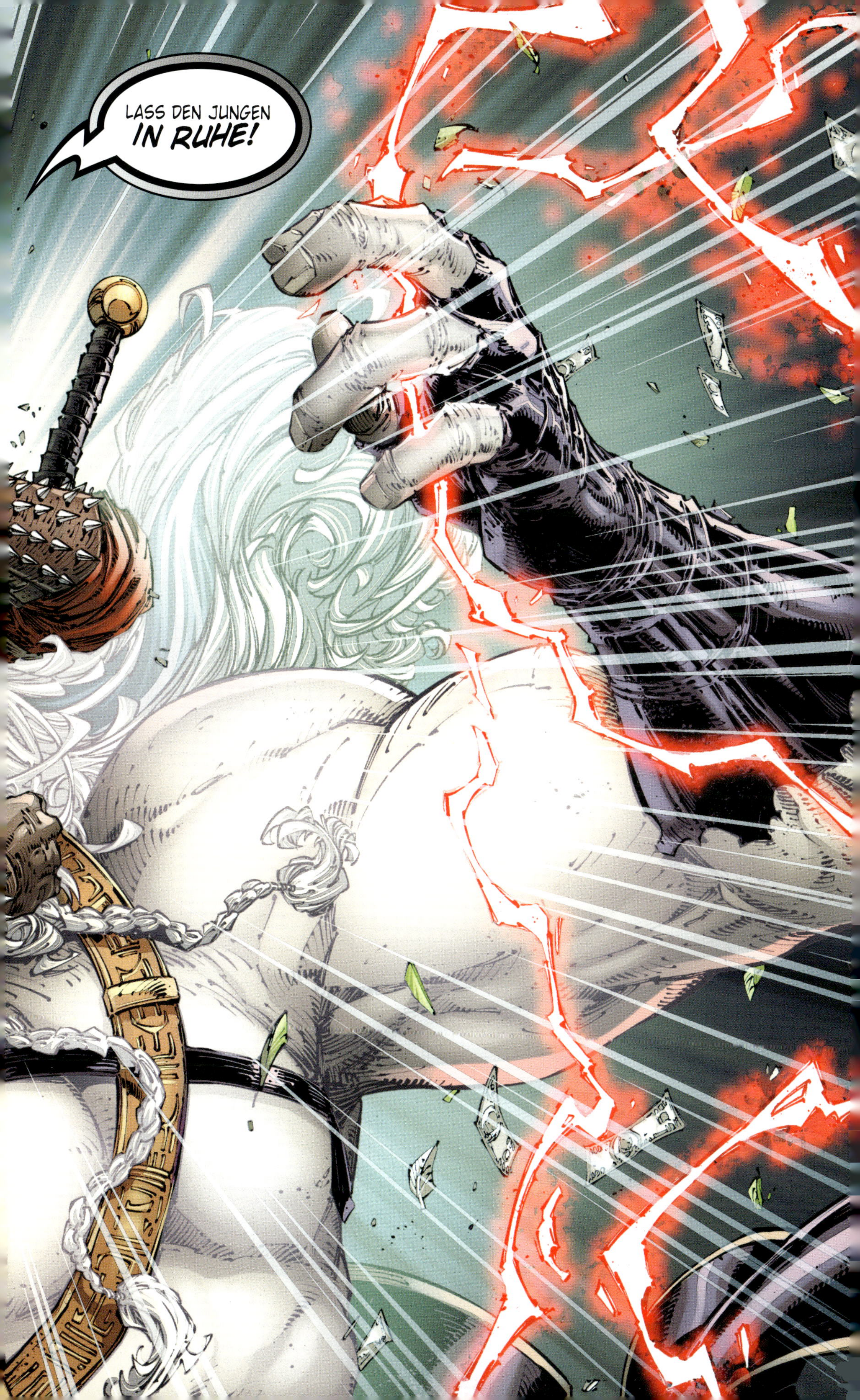
LASS DEN JUNGEN
IN RUHE!

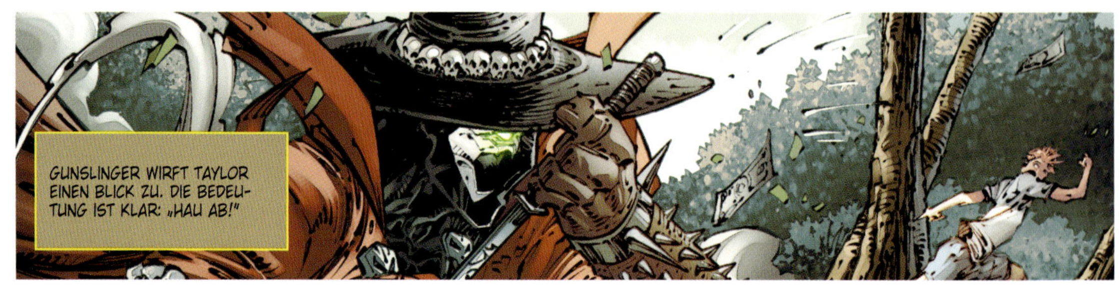
GUNSLINGER WIRFT TAYLOR EINEN BLICK ZU. DIE BEDEUTUNG IST KLAR: „HAU AB!"
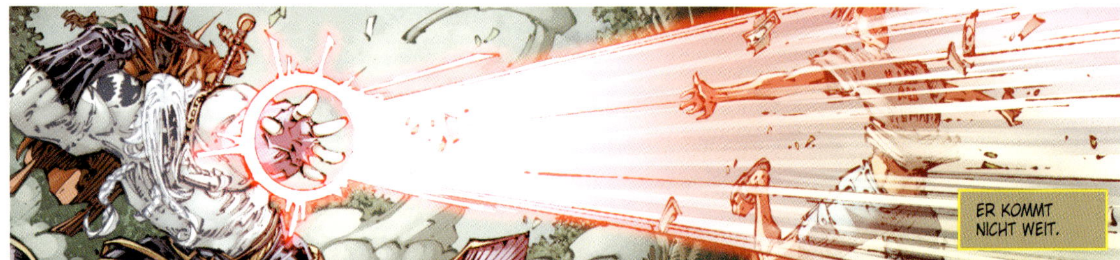
ER KOMMT NICHT WEIT.
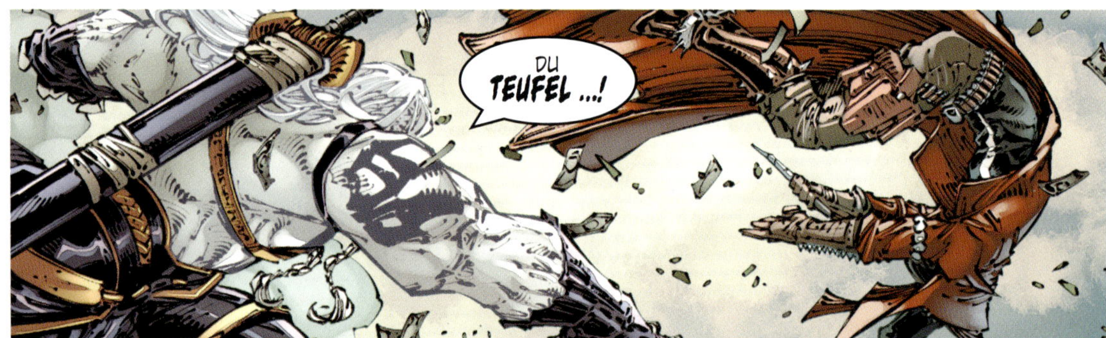
DU TEUFEL ...!
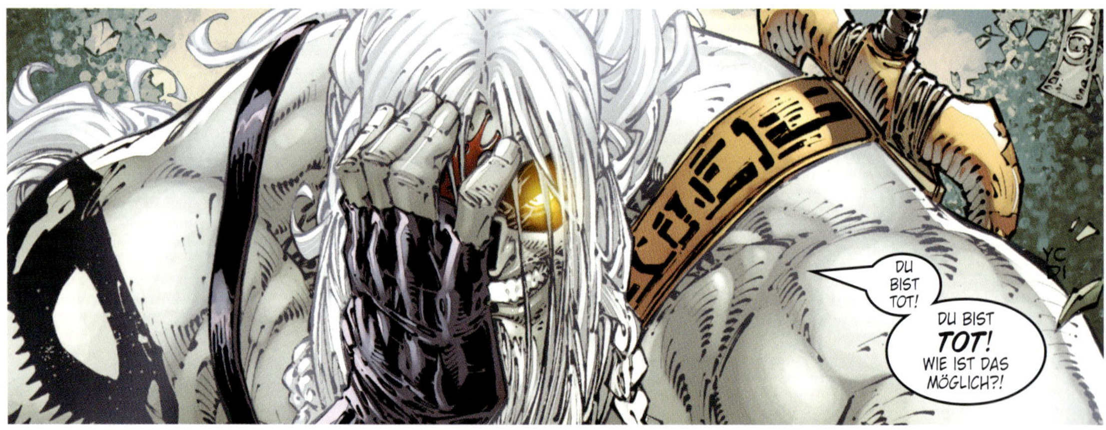
DU BIST TOT!
DU BIST TOT! WIE IST DAS MÖGLICH?!
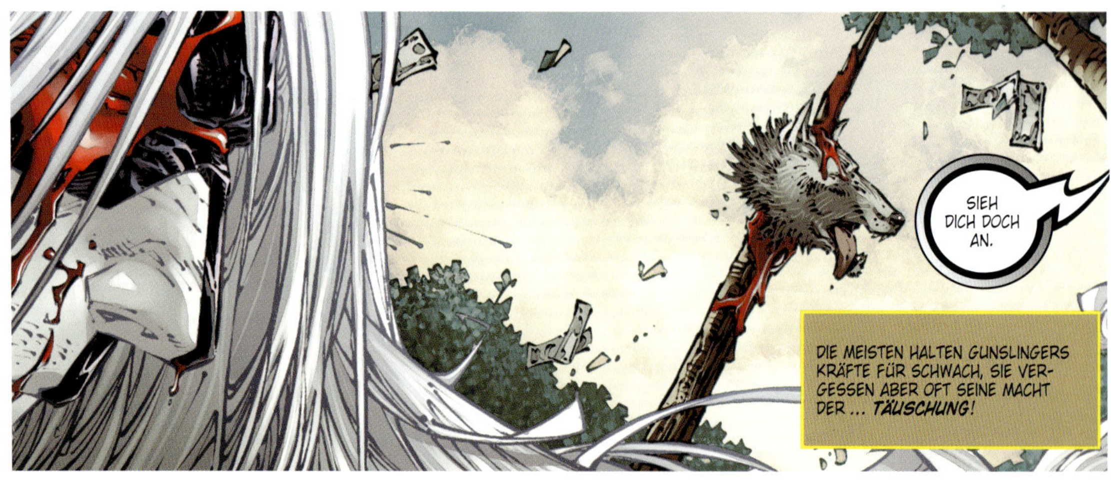
SIEH DICH DOCH AN.
DIE MEISTEN HALTEN GUNSLINGERS KRÄFTE FÜR SCHWACH, SIE VERGESSEN ABER OFT SEINE MACHT DER ... TÄUSCHUNG!

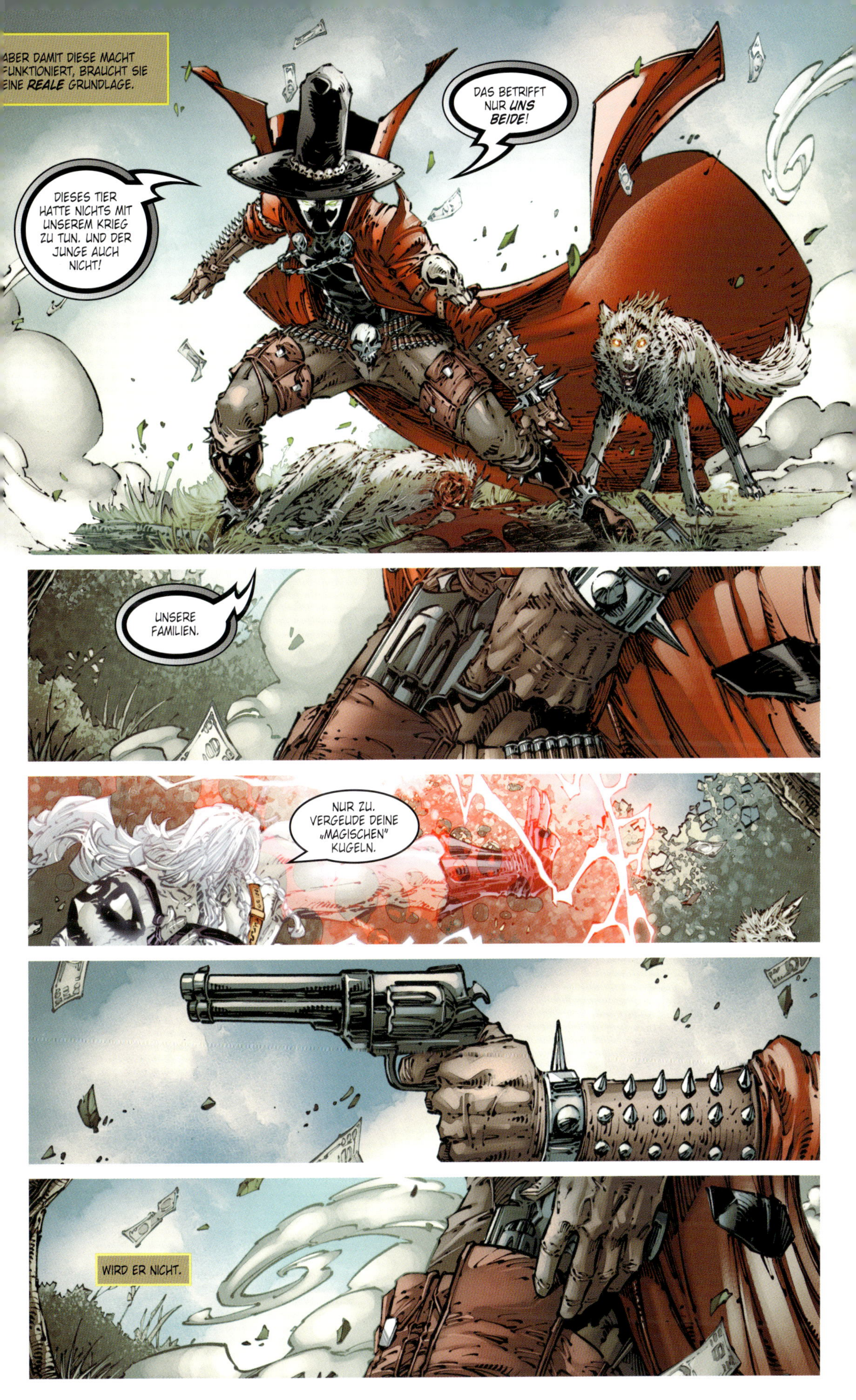

ABER DAMIT DIESE MACHT FUNKTIONIERT, BRAUCHT SIE EINE ***REALE*** GRUNDLAGE.

DIESES TIER HATTE NICHTS MIT UNSEREM KRIEG ZU TUN. UND DER JUNGE AUCH NICHT!

DAS BETRIFFT NUR ***UNS BEIDE!***

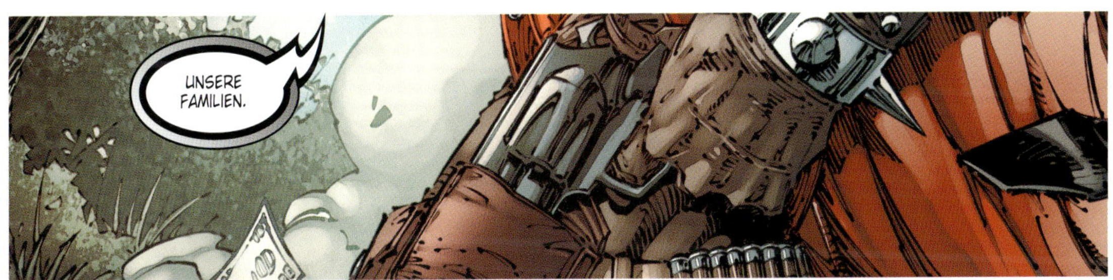

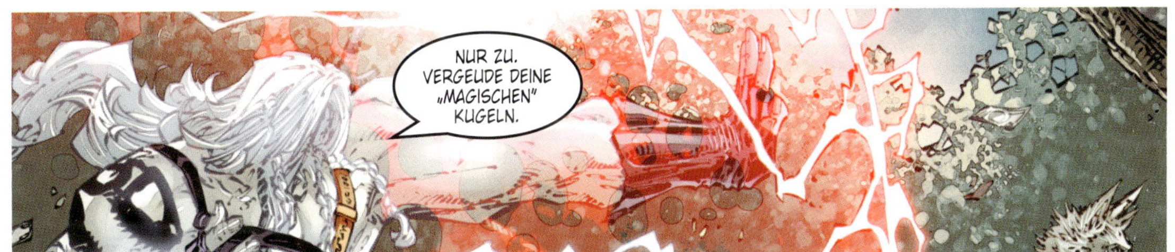

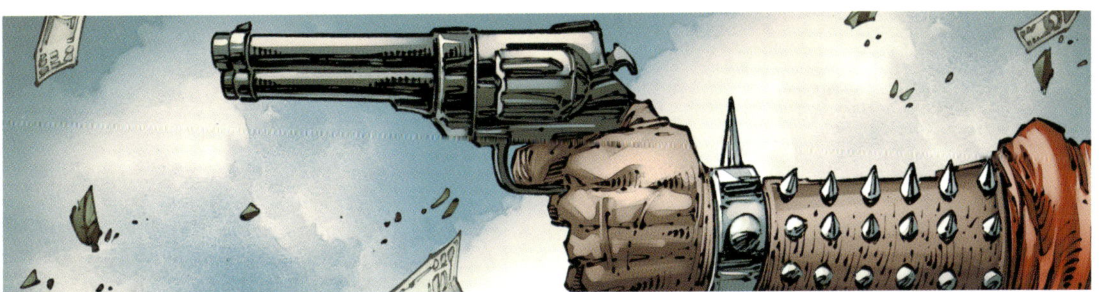

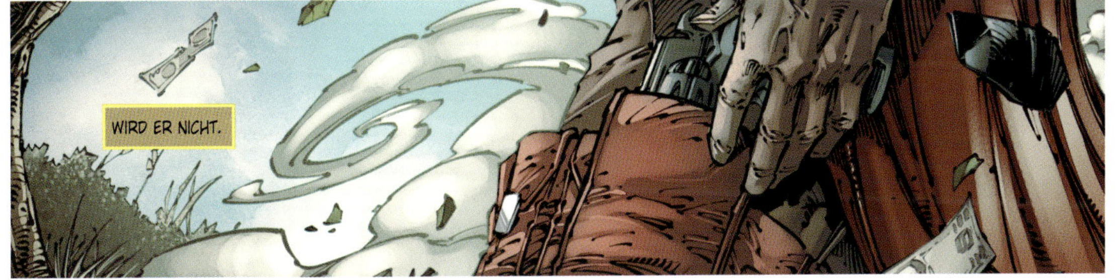

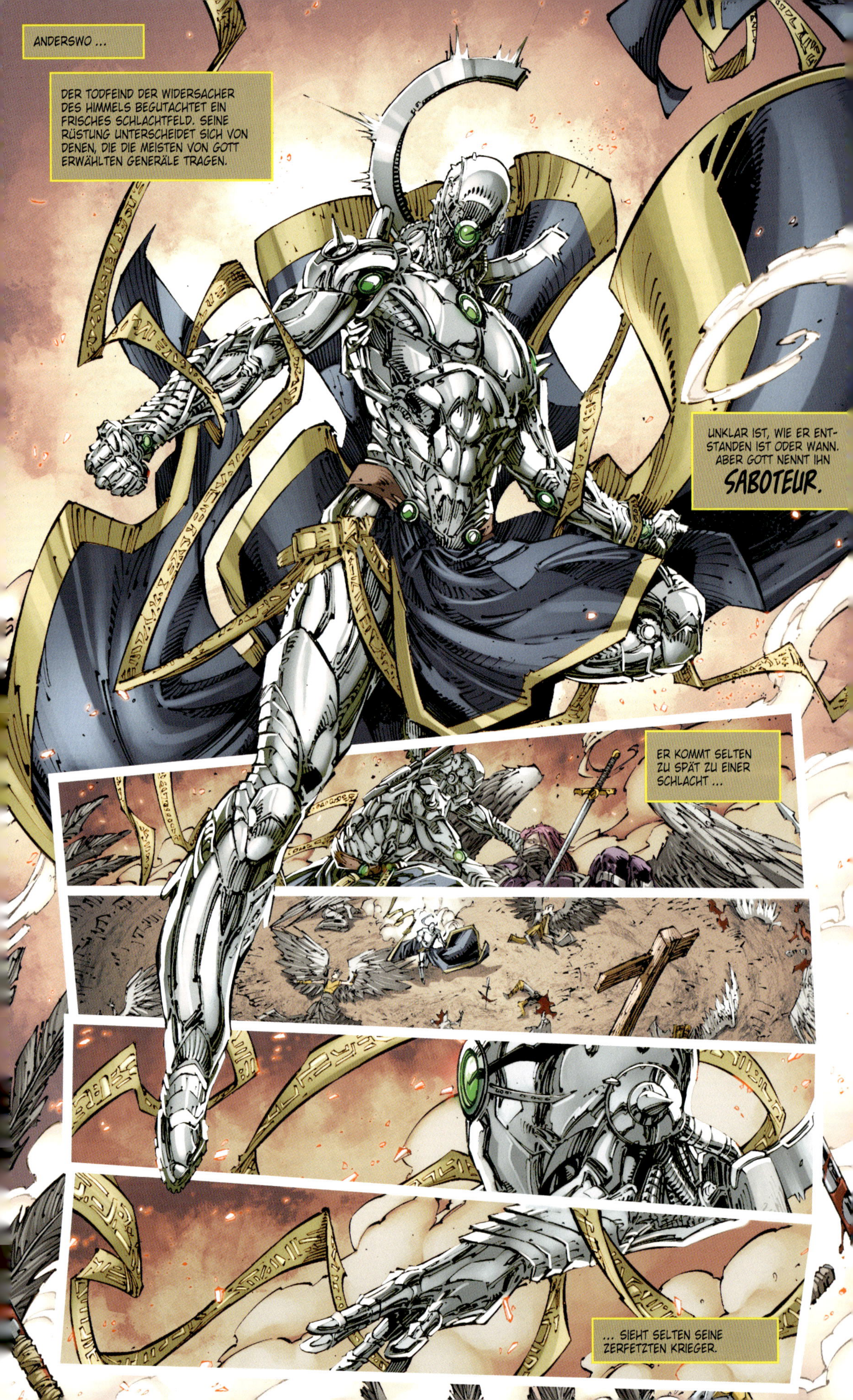
ANDERSWO ...
DER TODFEIND DER WIDERSACHER DES HIMMELS BEGUTACHTET EIN FRISCHES SCHLACHTFELD. SEINE RÜSTUNG UNTERSCHEIDET SICH VON DENEN, DIE DIE MEISTEN VON GOTT ERWÄHLTEN GENERÄLE TRAGEN.
UNKLAR IST, WIE ER ENTSTANDEN IST ODER WANN. ABER GOTT NENNT IHN SABOTEUR.
ER KOMMT SELTEN ZU SPÄT ZU EINER SCHLACHT ...
... SIEHT SELTEN SEINE ZERFETZTEN KRIEGER.

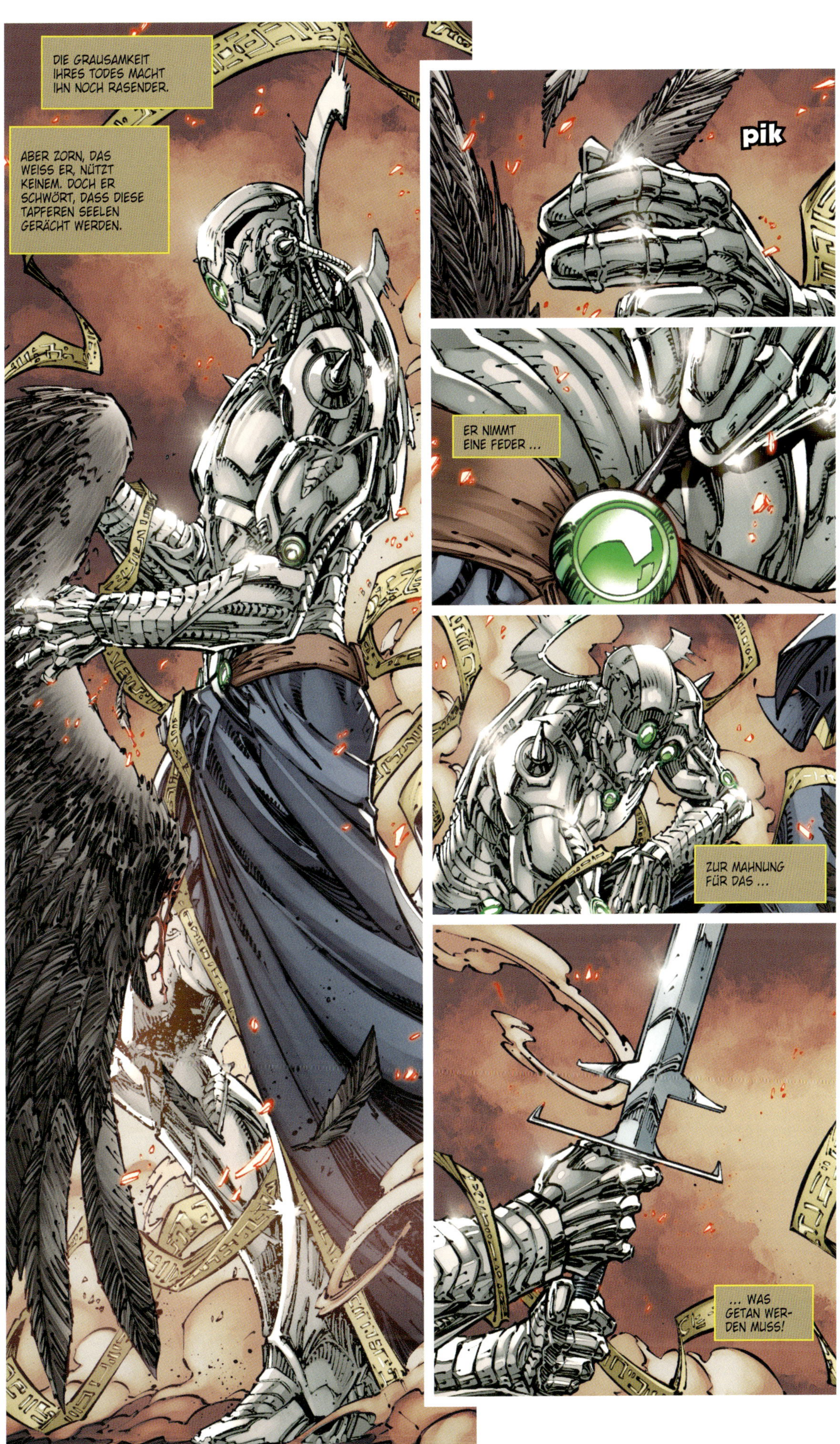
DIE GRAUSAMKEIT IHRES TODES MACHT IHN NOCH RASENDER.
ABER ZORN, DAS WEISS ER, NÜTZT KEINEM. DOCH ER SCHWÖRT, DASS DIESE TAPFEREN SEELEN GERÄCHT WERDEN.
pik
ER NIMMT EINE FEDER ...
ZUR MAHNUNG FÜR DAS ...
... WAS GETAN WERDEN MUSS!

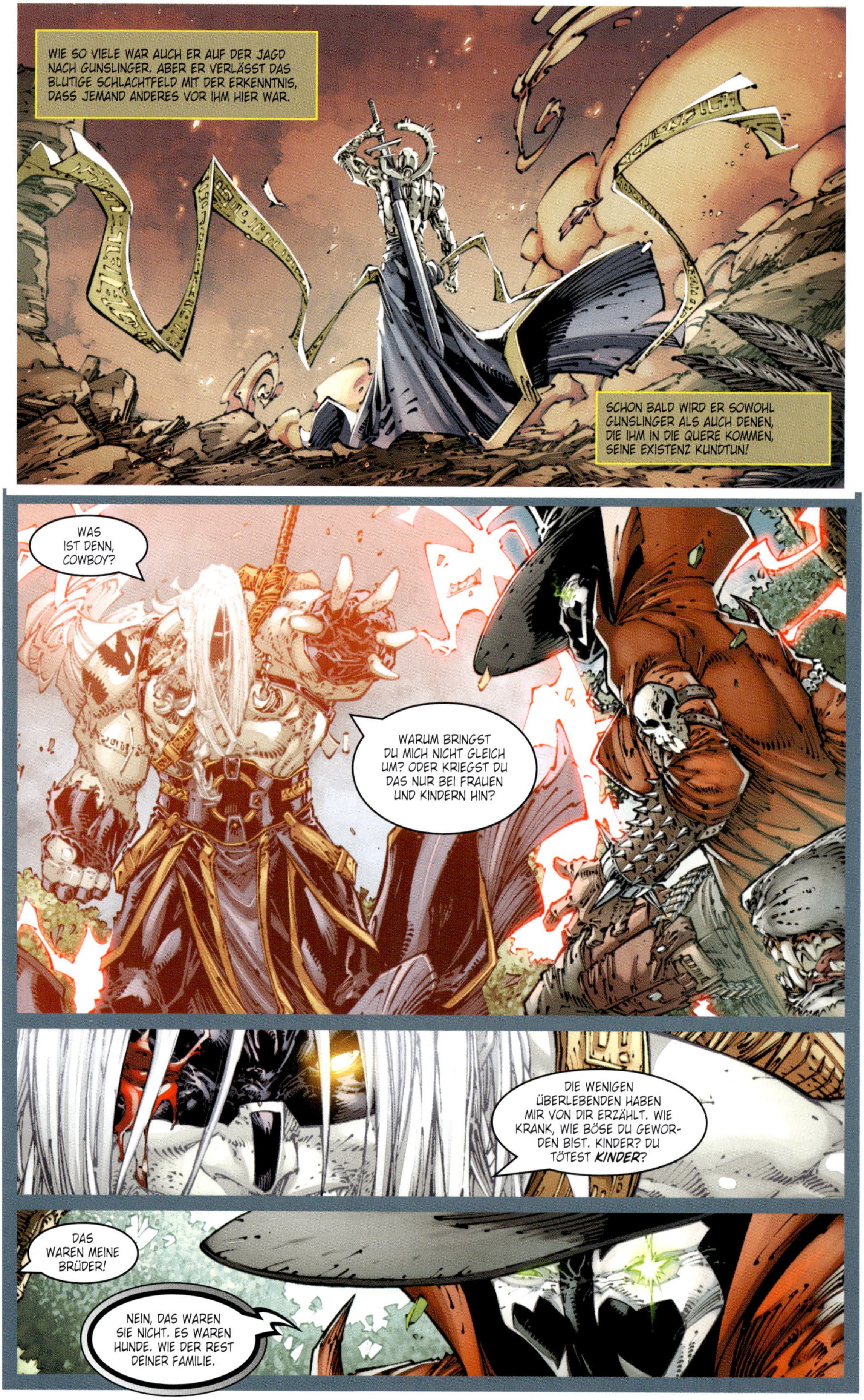

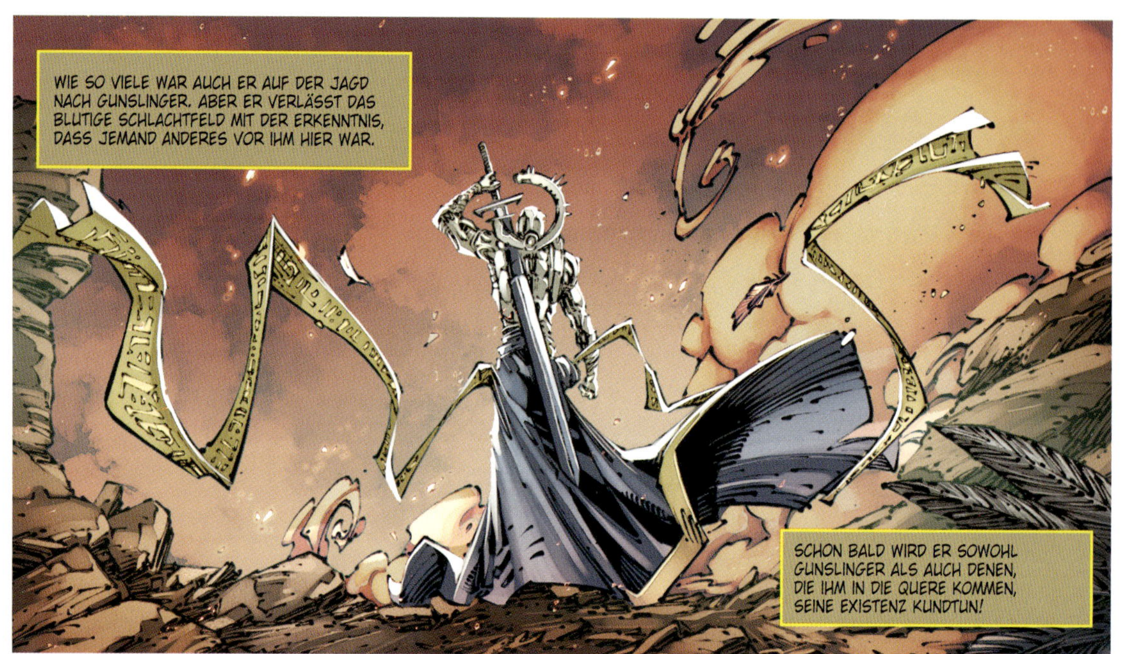

WAS IST DENN, COWBOY?

WARUM BRINGST DU MICH NICHT GLEICH UM? ODER KRIEGST DU DAS NUR BEI FRAUEN UND KINDERN HIN?

DIE WENIGEN ÜBERLEBENDEN HABEN MIR VON DIR ERZÄHLT. WIE KRANK, WIE BÖSE DU GEWORDEN BIST. KINDER? DU TÖTEST ***KINDER***?

DAS WAREN MEINE BRÜDER!

NEIN, DAS WAREN SIE NICHT. ES WAREN HUNDE. WIE DER REST DEINER FAMILIE.

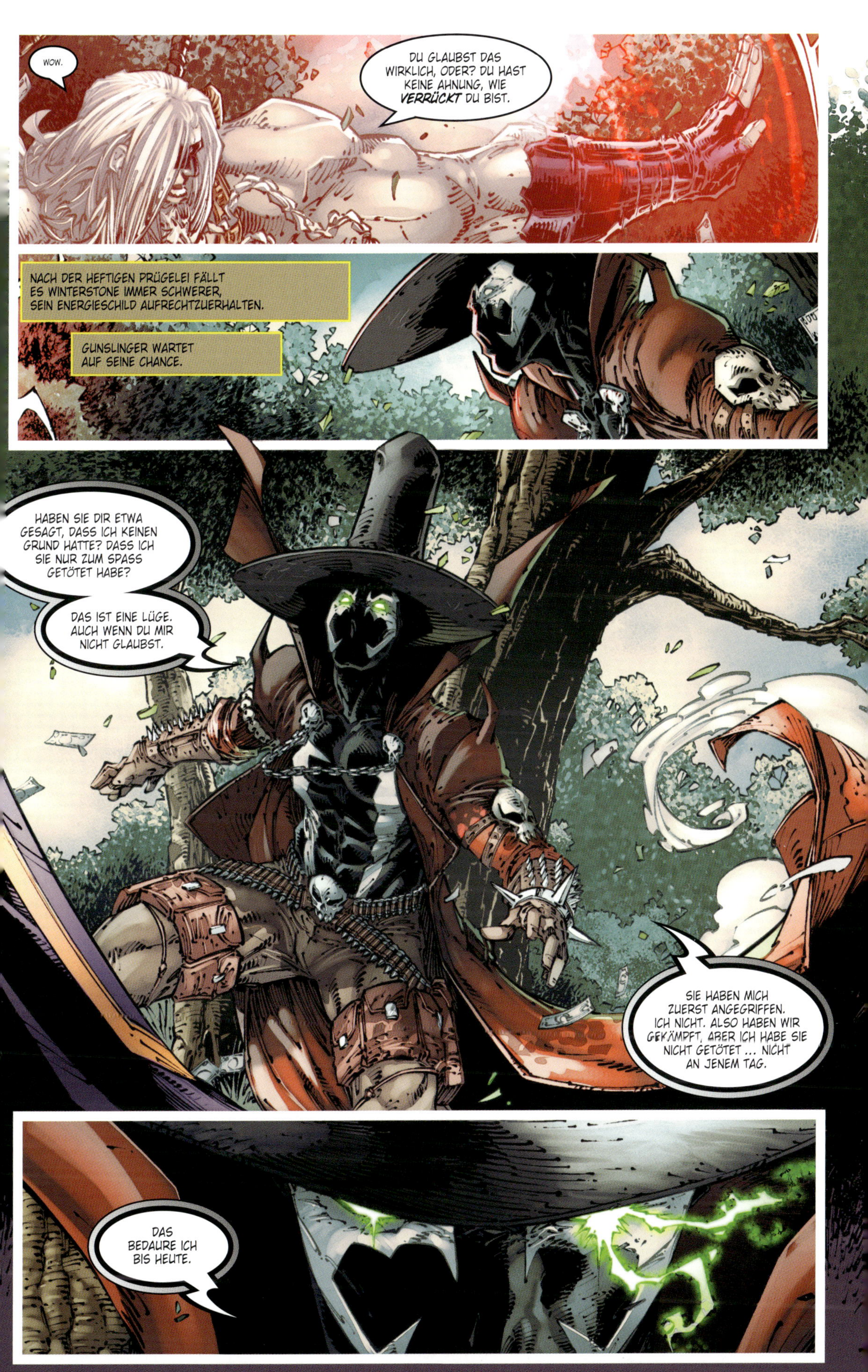
WOW.
DU GLAUBST DAS WIRKLICH, ODER? DU HAST KEINE AHNUNG, WIE VERRÜCKT DU BIST.
NACH DER HEFTIGEN PRÜGELEI FÄLLT ES WINTERSTONE IMMER SCHWERER, SEIN ENERGIESCHILD AUFRECHTZUERHALTEN.
GUNSLINGER WARTET AUF SEINE CHANCE.
HABEN SIE DIR ETWA GESAGT, DASS ICH KEINEN GRUND HATTE? DASS ICH SIE NUR ZUM SPASS GETÖTET HABE?
DAS IST EINE LÜGE. AUCH WENN DU MIR NICHT GLAUBST.
SIE HABEN MICH ZUERST ANGEGRIFFEN. ICH NICHT. ALSO HABEN WIR GEKÄMPFT, ABER ICH HABE SIE NICHT GETÖTET ... NICHT AN JENEM TAG.
DAS BEDAURE ICH BIS HEUTE.

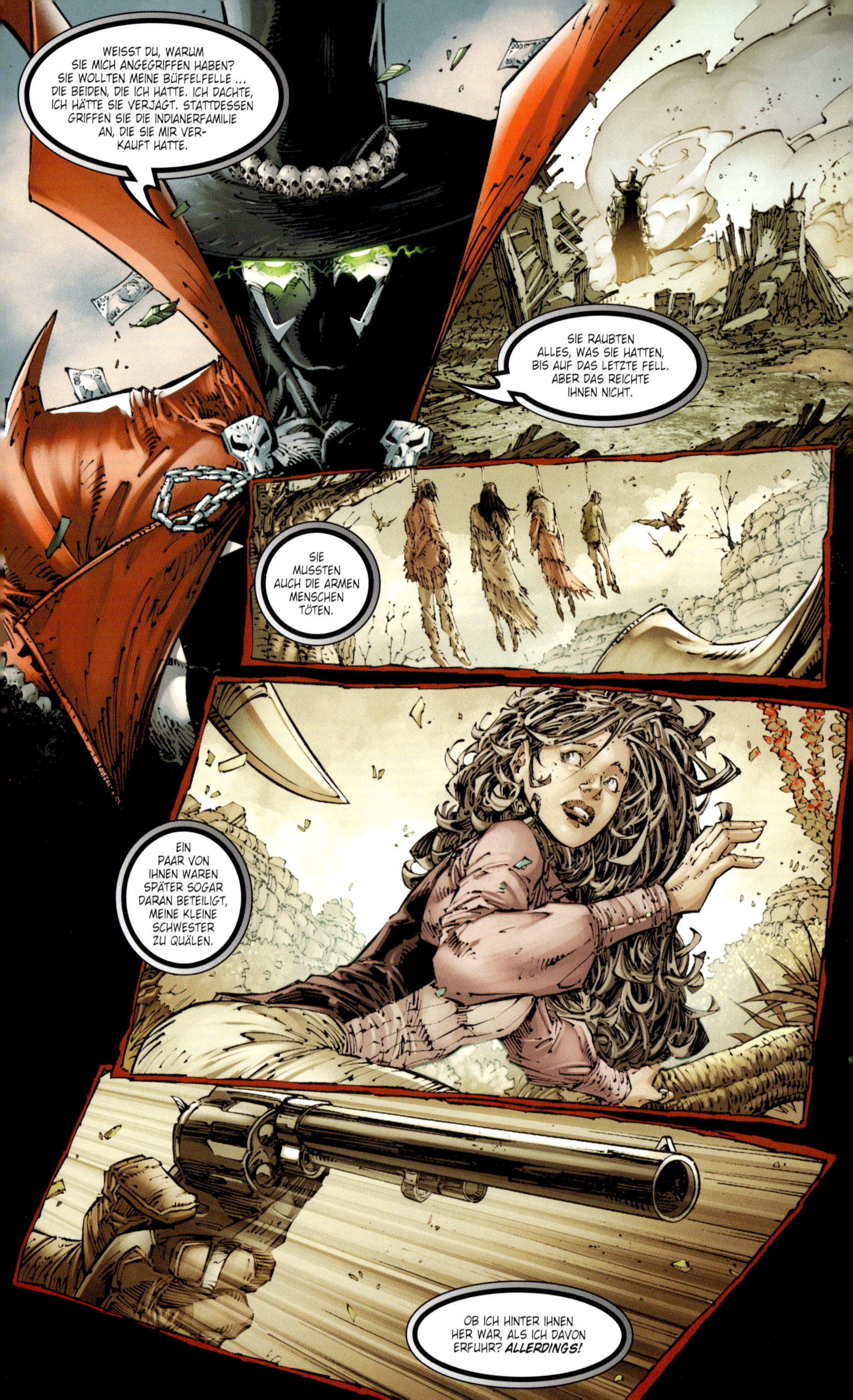
WEISST DU, WARUM SIE MICH ANGEGRIFFEN HABEN? SIE WOLLTEN MEINE BÜFFELFELLE ... DIE BEIDEN, DIE ICH HATTE. ICH DACHTE, ICH HÄTTE SIE VERJAGT. STATTDESSEN GRIFFEN SIE DIE INDIANERFAMILIE AN, DIE SIE MIR VERKAUFT HATTE.
SIE RAUBTEN ALLES, WAS SIE HATTEN, BIS AUF DAS LETZTE FELL. ABER DAS REICHTE IHNEN NICHT.
SIE MUSSTEN AUCH DIE ARMEN MENSCHEN TÖTEN.
EIN PAAR VON IHNEN WAREN SPÄTER SOGAR DARAN BETEILIGT, MEINE KLEINE SCHWESTER ZU QUÄLEN.
OB ICH HINTER IHNEN HER WAR, ALS ICH DAVON ERFUHR? ALLERDINGS!

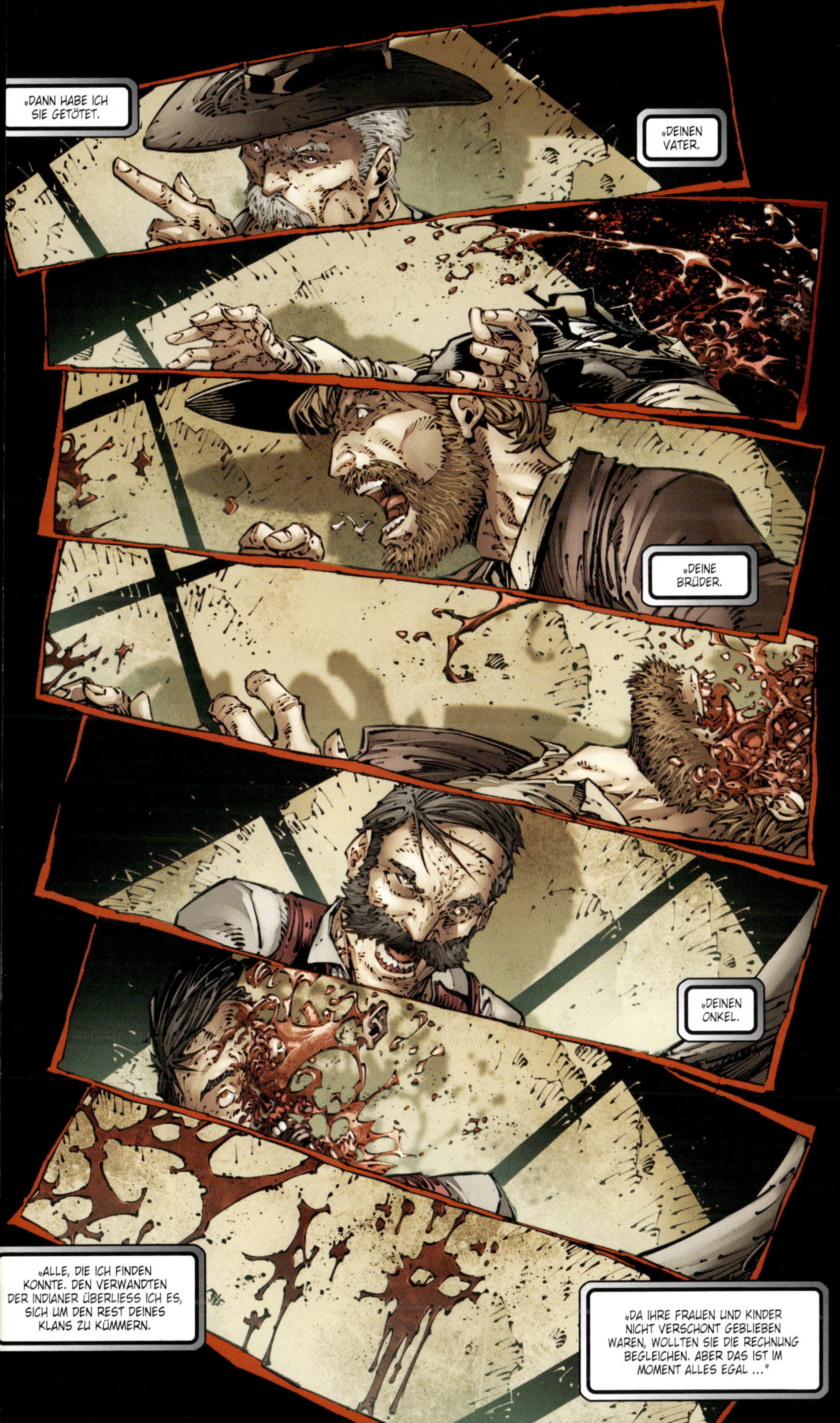
„DANN HABE ICH SIE GETÖTET.
„DEINEN VATER.
„DEINE BRÜDER.
„DEINEN ONKEL.
„ALLE, DIE ICH FINDEN KONNTE. DEN VERWANDTEN DER INDIANER ÜBERLIESS ICH ES, SICH UM DEN REST DEINES KLANS ZU KÜMMERN.
„DA IHRE FRAUEN UND KINDER NICHT VERSCHONT GEBLIEBEN WAREN, WOLLTEN SIE DIE RECHNUNG BEGLEICHEN. ABER DAS IST IM MOMENT ALLES EGAL ...“

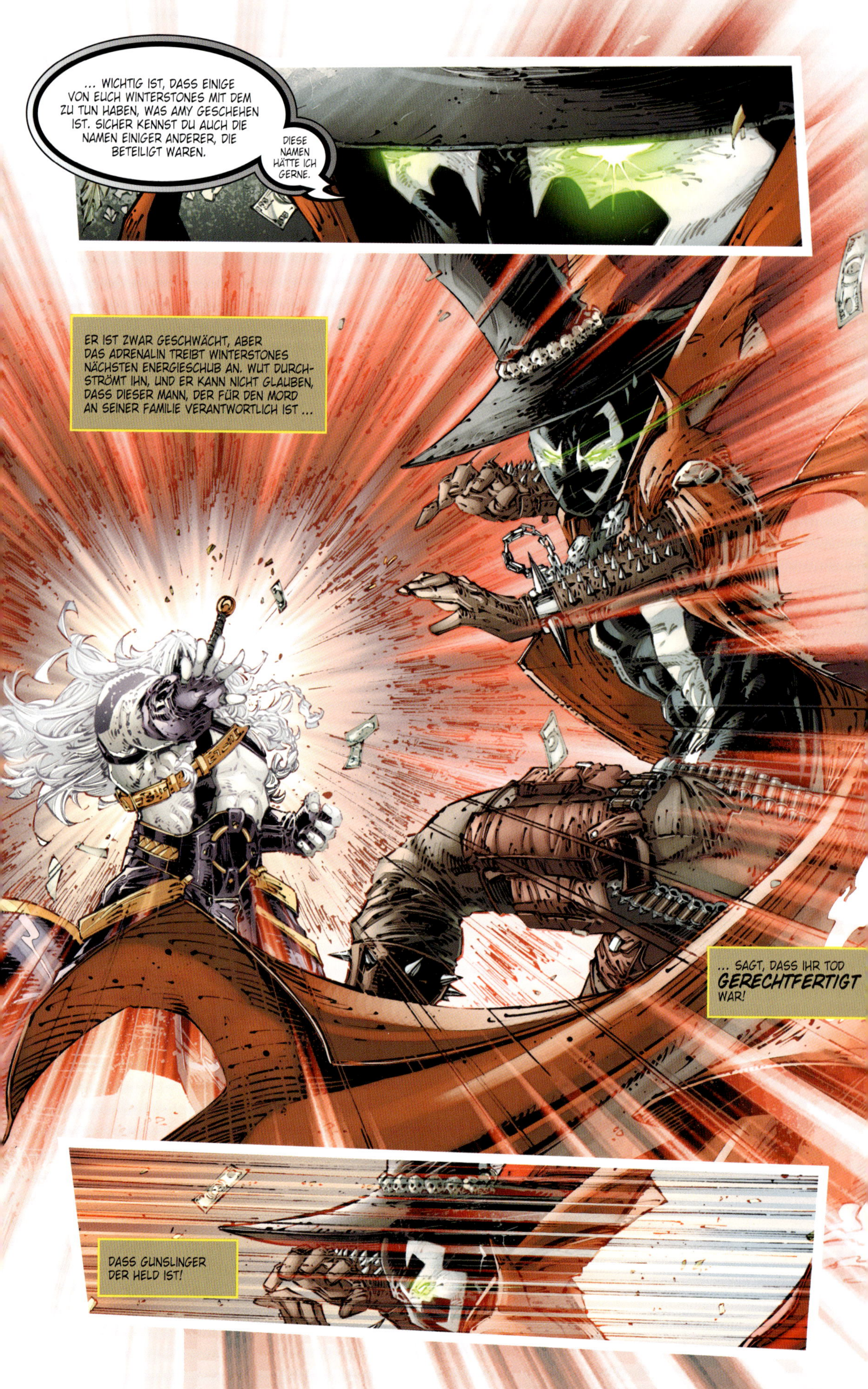
... WICHTIG IST, DASS EINIGE VON EUCH WINTERSTONES MIT DEM ZU TUN HABEN, WAS AMY GESCHEHEN IST. SICHER KENNST DU AUCH DIE NAMEN EINIGER ANDERER, DIE BETEILIGT WAREN.
DIESE NAMEN HÄTTE ICH GERNE.
ER IST ZWAR GESCHWÄCHT, ABER DAS ADRENALIN TREIBT WINTERSTONES NÄCHSTEN ENERGIESCHUB AN. WUT DURCHSTRÖMT IHN, UND ER KANN NICHT GLAUBEN, DASS DIESER MANN, DER FÜR DEN MORD AN SEINER FAMILIE VERANTWORTLICH IST ...
... SAGT, DASS IHR TOD GERECHTFERTIGT WAR!
DASS GUNSLINGER DER HELD IST!

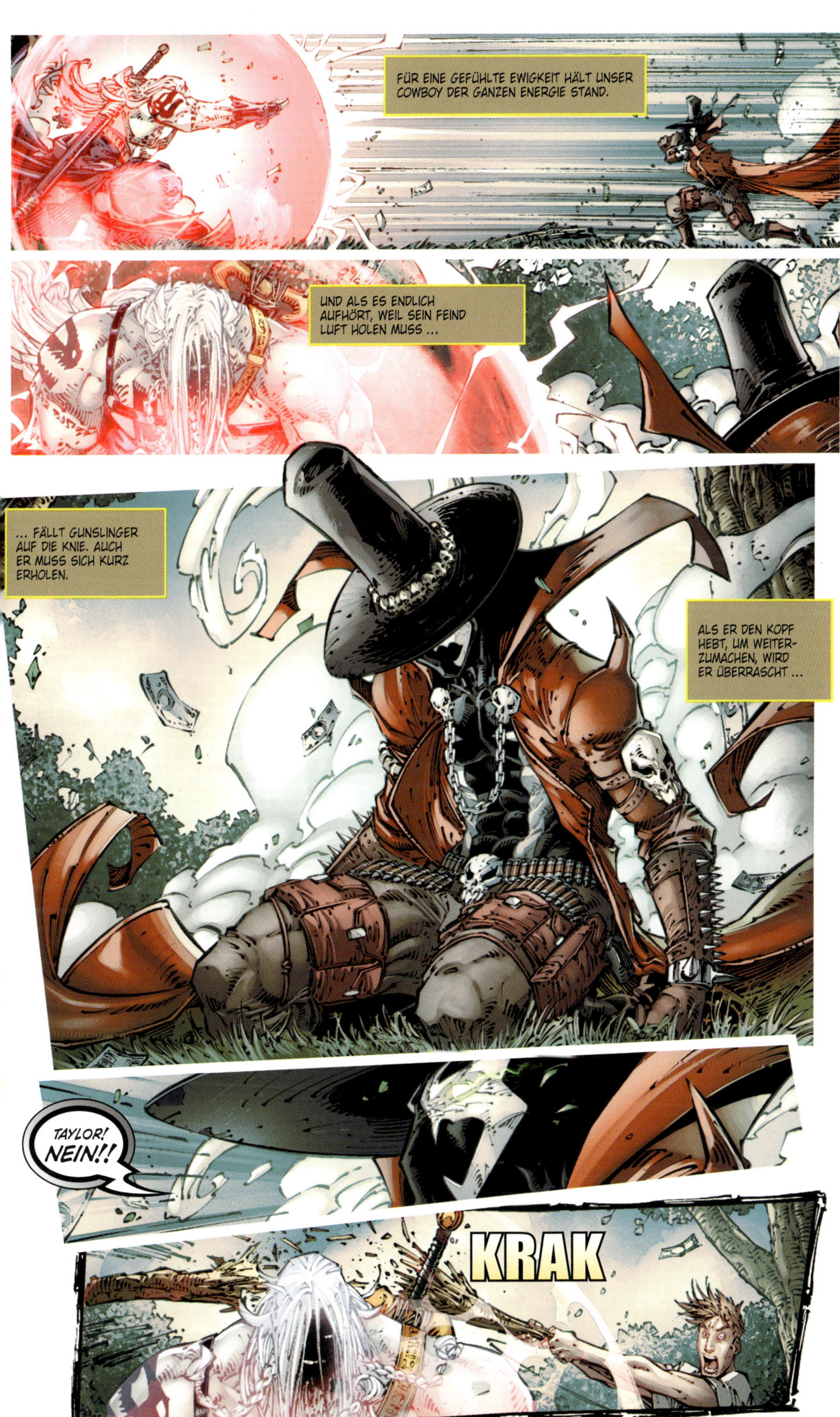
FÜR EINE GEFÜHLTE EWIGKEIT HÄLT UNSER COWBOY DER GANZEN ENERGIE STAND.
UND ALS ES ENDLICH AUFHÖRT, WEIL SEIN FEIND LUFT HOLEN MUSS …
… FÄLLT GUNSLINGER AUF DIE KNIE. AUCH ER MUSS SICH KURZ ERHOLEN.
ALS ER DEN KOPF HEBT, UM WEITER-ZUMACHEN, WIRD ER ÜBERRASCHT …
TAYLOR! NEIN!!
KRAK

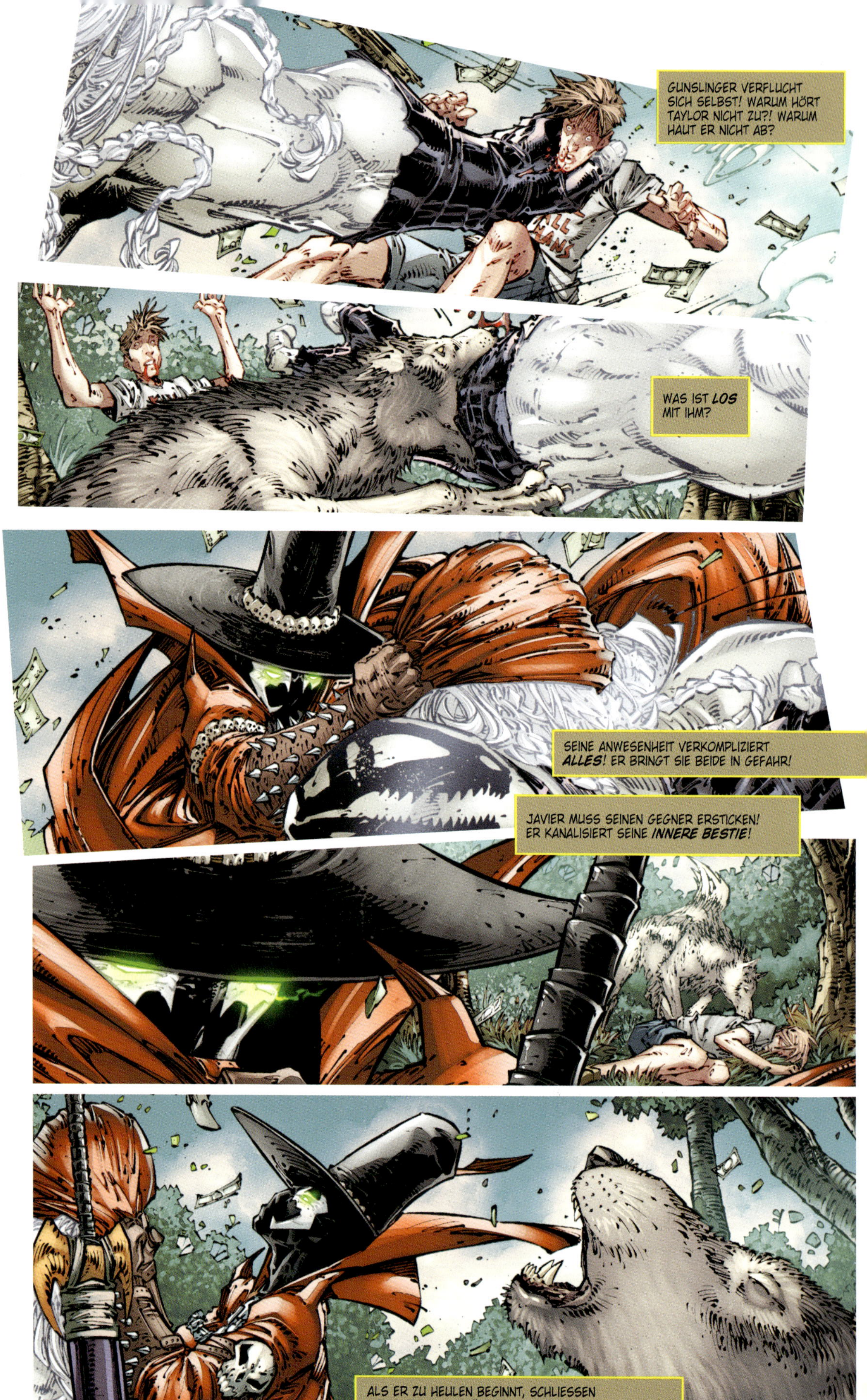
GUNSLINGER VERFLUCHT SICH SELBST! WARUM HÖRT TAYLOR NICHT ZU?! WARUM HAUT ER NICHT AB?
WAS IST **LOS** MIT IHM?
SEINE ANWESENHEIT VERKOMPLIZIERT **ALLES**! ER BRINGT SIE BEIDE IN GEFAHR!
JAVIER MUSS SEINEN GEGNER ERSTICKEN! ER KANALISIERT SEINE ***INNERE BESTIE***!
ALS ER ZU HEULEN BEGINNT, SCHLIESSEN SEINE TREUEN GEFÄHRTEN SICH AN.

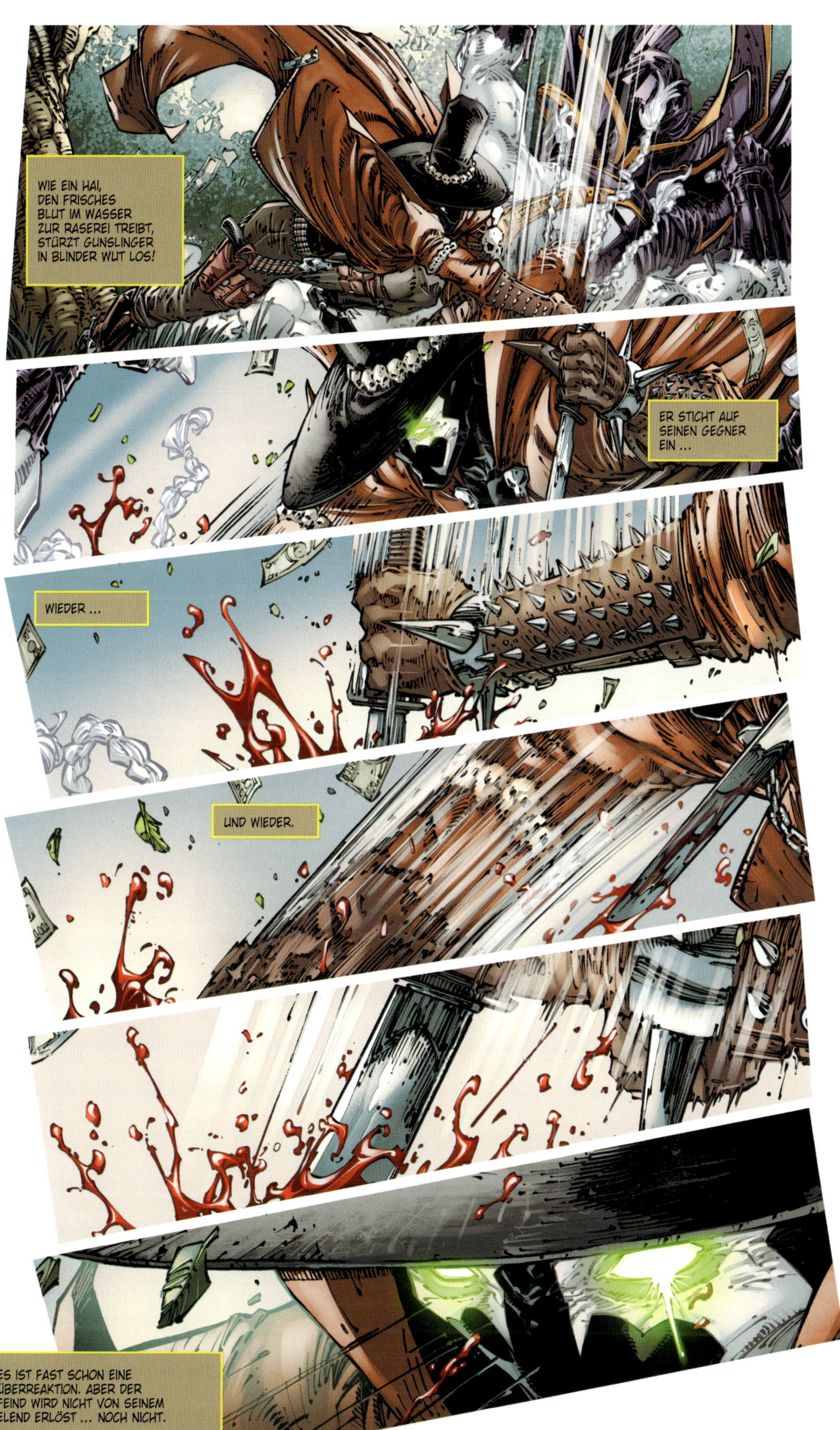
WIE EIN HAI,
DEN FRISCHES
BLUT IM WASSER
ZUR RASEREI TREIBT,
STÜRZT GUNSLINGER
IN BLINDER WUT LOS!
ER STICHT AUF
SEINEN GEGNER
EIN ...
WIEDER ...
UND WIEDER.
ES IST FAST SCHON EINE
ÜBERREAKTION. ABER DER
FEIND WIRD NICHT VON SEINEM
ELEND ERLÖST ... NOCH NICHT.

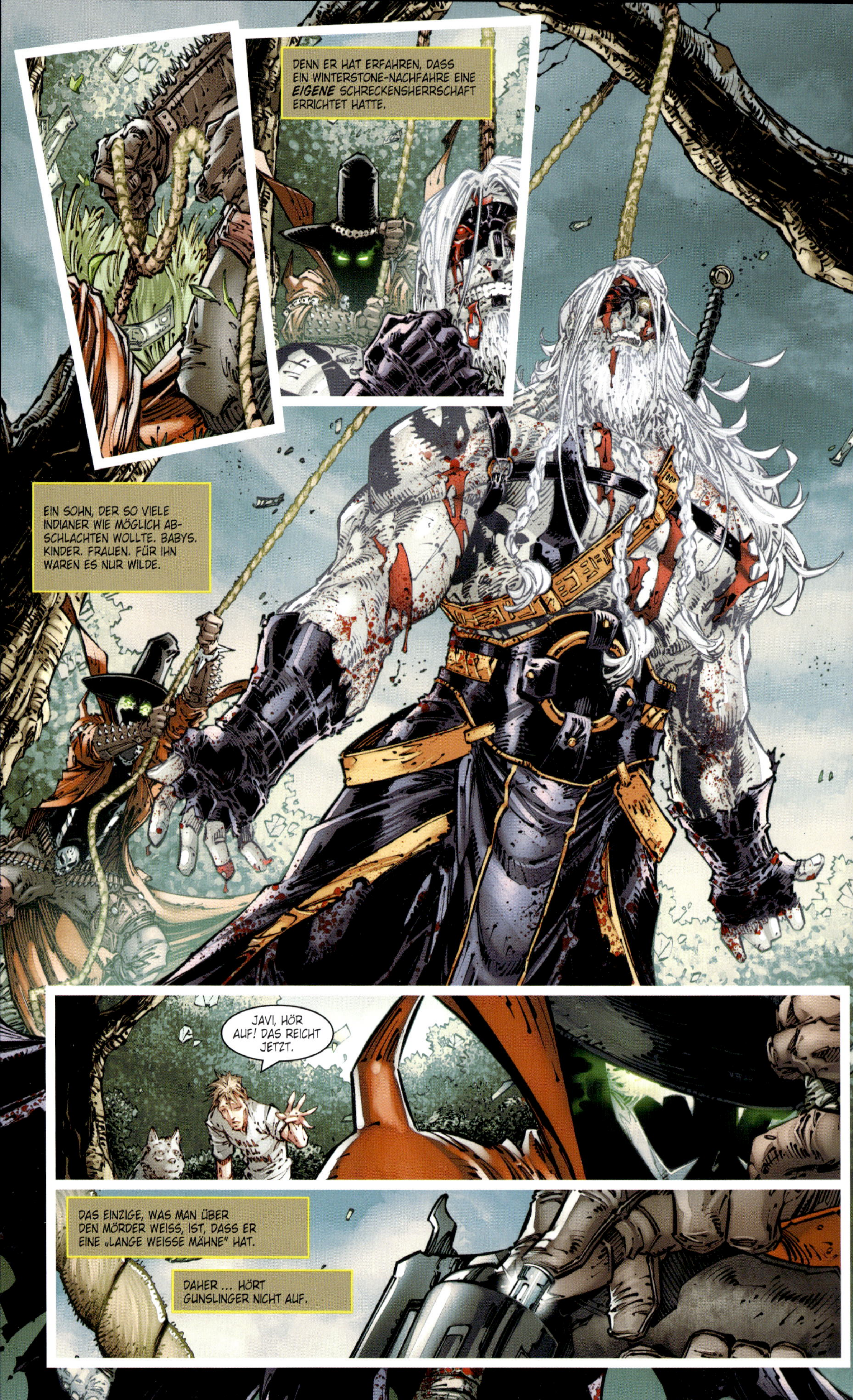
DENN ER HAT ERFAHREN, DASS EIN WINTERSTONE-NACHFAHRE EINE *EIGENE* SCHRECKENSHERRSCHAFT ERRICHTET HATTE.
EIN SOHN, DER SO VIELE INDIANER WIE MÖGLICH ABSCHLACHTEN WOLLTE. BABYS. KINDER. FRAUEN. FÜR IHN WAREN ES NUR WILDE.
JAVI, HÖR AUF! DAS REICHT JETZT.
DAS EINZIGE, WAS MAN ÜBER DEN MÖRDER WEISS, IST, DASS ER EINE „LANGE WEISSE MÄHNE" HAT.
DAHER ... HÖRT GUNSLINGER NICHT AUF.

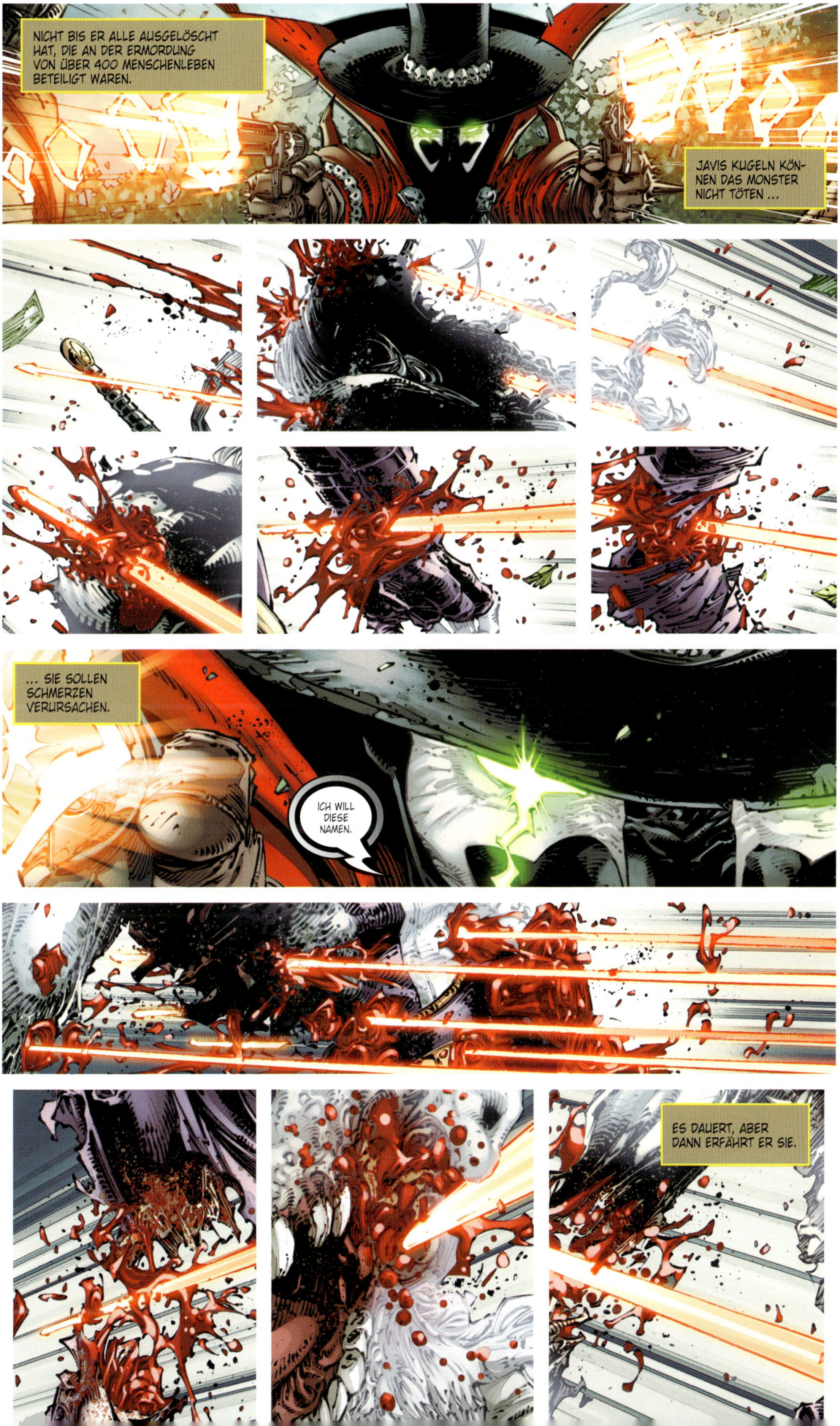

NICHT BIS ER ALLE AUSGELÖSCHT HAT, DIE AN DER ERMORDUNG VON ÜBER 400 MENSCHENLEBEN BETEILIGT WAREN.

JAVIS KUGELN KÖNNEN DAS MONSTER NICHT TÖTEN ...

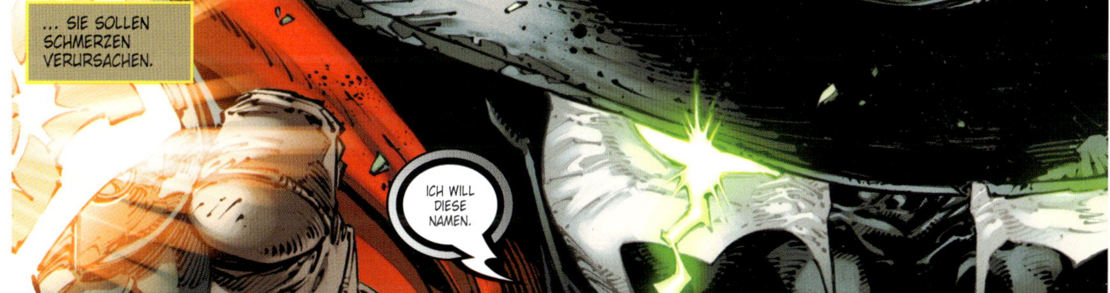

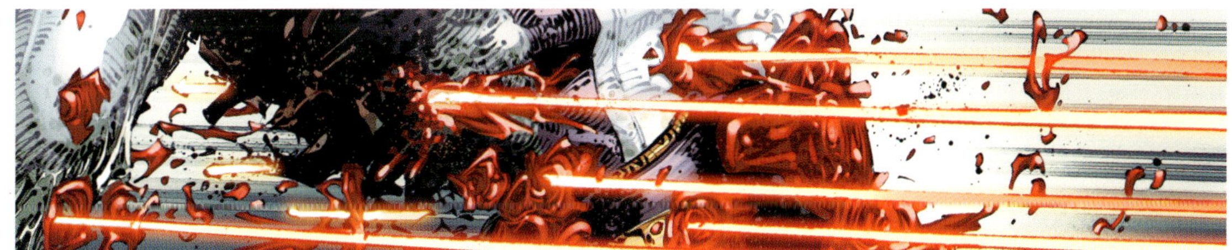

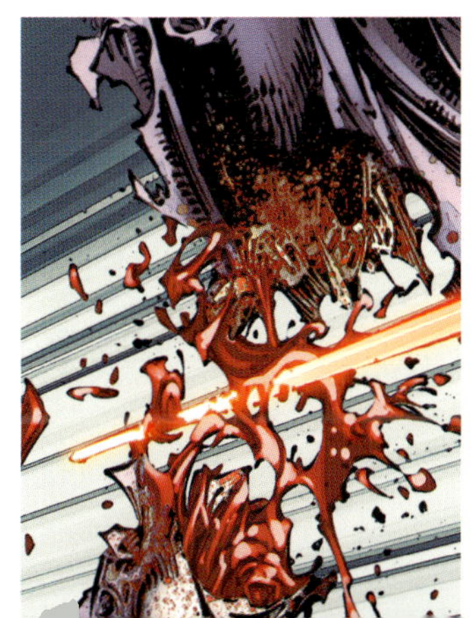

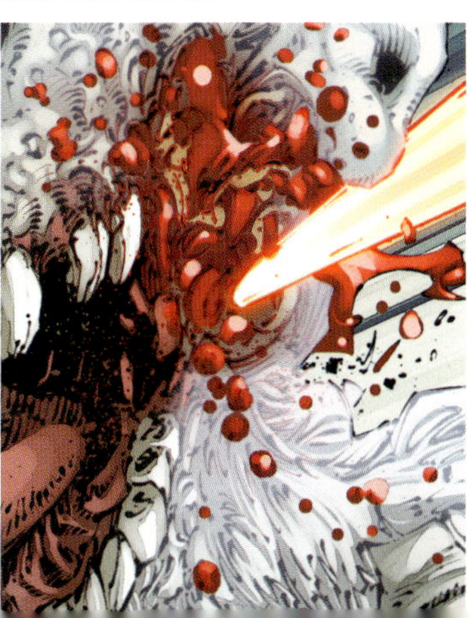

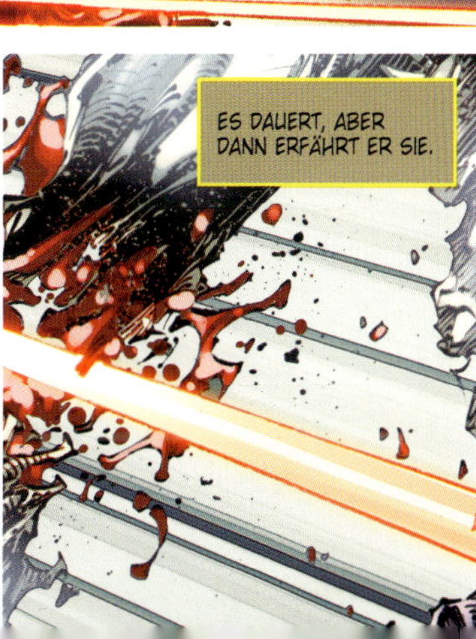

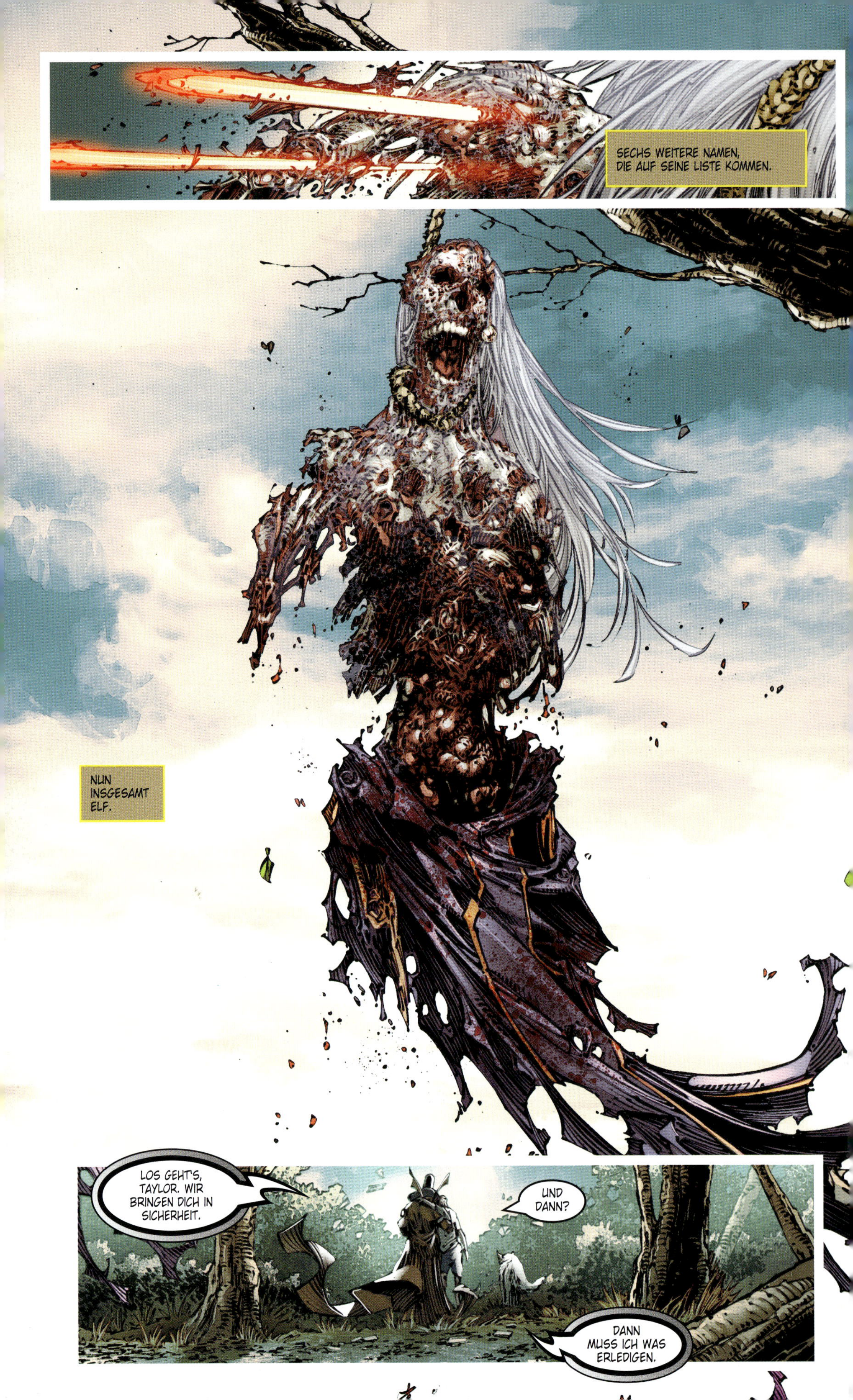
SECHS WEITERE NAMEN,
DIE AUF SEINE LISTE KOMMEN.
NUN INSGESAMT ELF.
LOS GEHT'S, TAYLOR. WIR BRINGEN DICH IN SICHERHEIT.
UND DANN?
DANN MUSS ICH WAS ERLEDIGEN.

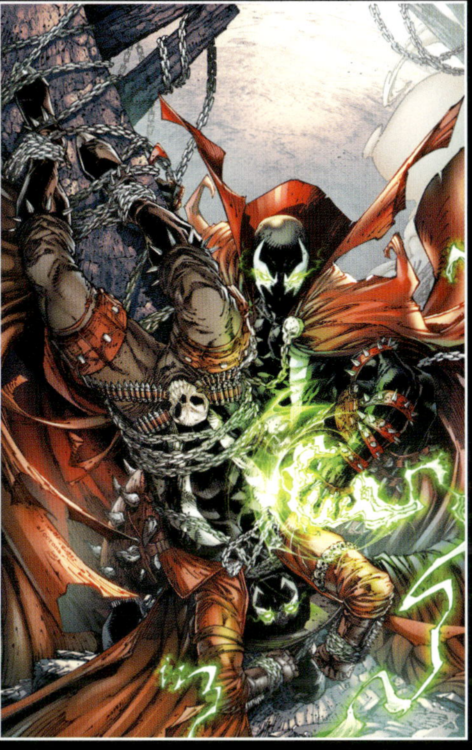

Gunslinger Spawn (2021) 9
Variant-Cover von **BRETT BOOTH**

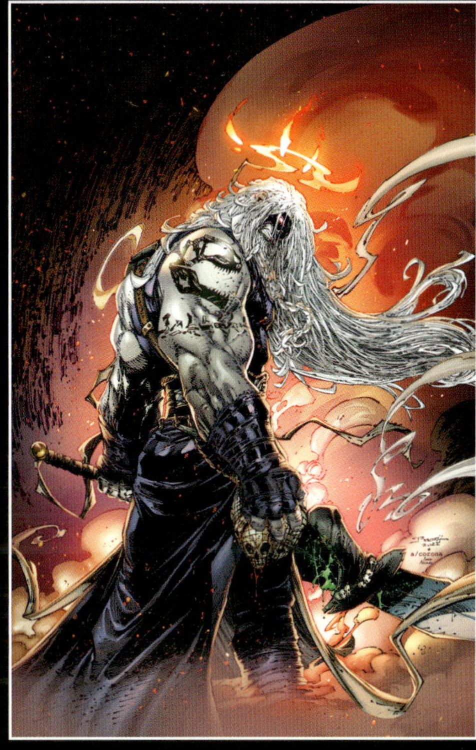

Gunslinger Spawn (2021) 10
Variant-Cover von **BRETT BOOTH**

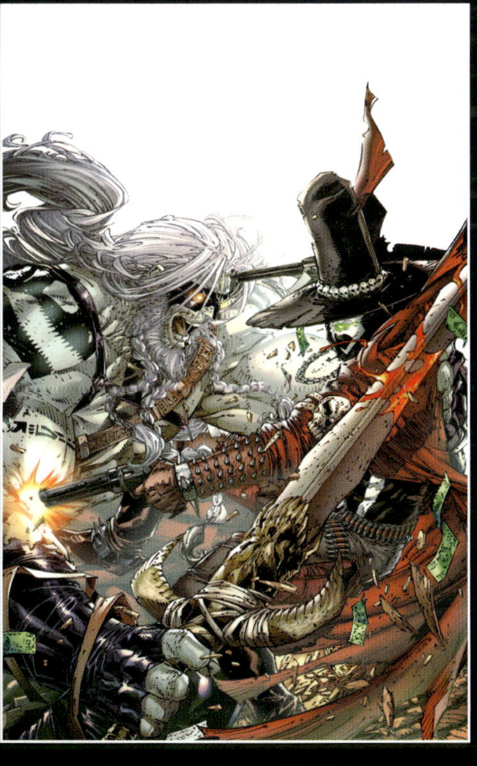

Gunslinger Spawn (2021) 11
Variant-Cover von **BRETT BOOTH**

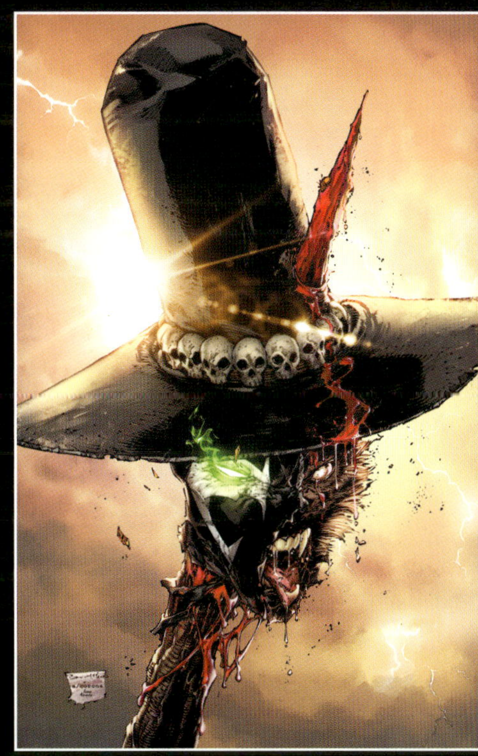

Gunslinger Spawn (2021) 12
Variant-Cover von **BRETT BOOTH**

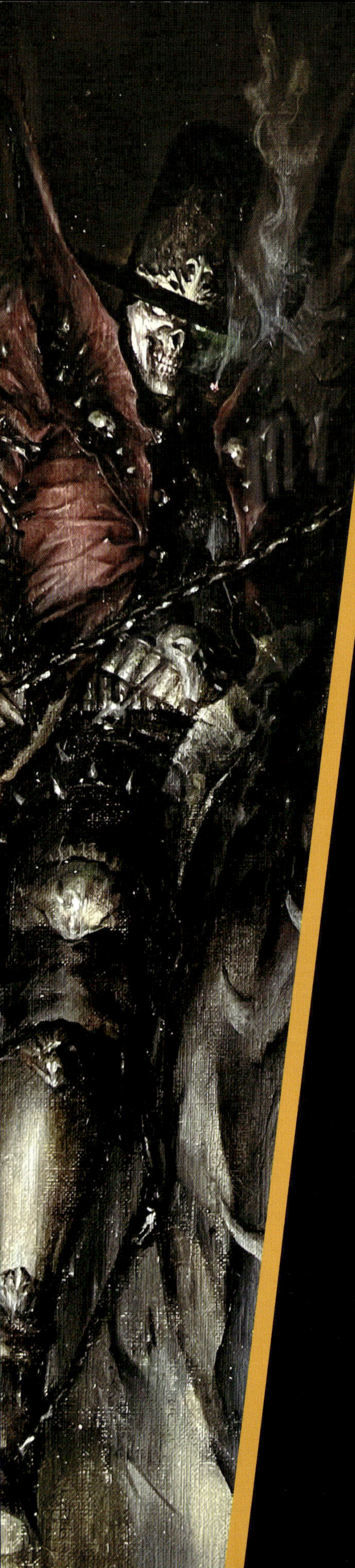

TODD McFARLANE musste aufgrund einer Verletzung seinen Jugendtraum, Baseballprofi zu werden, begraben. Stattdessen widmete er sich dem Zeichnen und Schreiben von Comics und schuf nicht nur einen der erfolgreichsten SPIDER-MAN-Comics aller Zeiten, sondern 1992 auch SPAWN, der sich zu den erfolgreichsten Comic-Serien der USA entwickelte, die ihrem Schöpfer sogar einen Eintrag ins Guinnessbuch der Rekorde einbrachte. Darüber hinaus ist der gebürtige Kanadier Mitbegründer des Comic-Verlags Image Comics sowie der Spielzeugfirma McFarlane Toys. Seine ersten Sporen im Comic-Business verdiente er sich bei den Platzhirschen MARVEL und DC.

BRETT BOOTH ist ein amerikanischer Comic-Zeichner, der sich durch seine Arbeit an der Serie *Backlash* einen Namen machte, die er gemeinsam mit Jim Lee für die Wildstorm Studios entwarf. Für den Comic-Giganten DC wirkte er an Serien wie TEEN TITANS, TITANS, FLASH und FLASH FORWARD mit. Für MARVEL arbeitete er an SPIDER-MAN, X-MEN und *Fantastic Four*. Darüber hinaus illustrierte er die Serien *Anita Blake – Vampire Hunter*, *Dean Koontz' Frankenstein* und *Wildcore*. Booth lebt und arbeitet in Texas.